O CRIME
À LUZ DA
PSICANÁLISE
LACANIANA

O GEN | Grupo Editorial Nacional – maior plataforma editorial brasileira no segmento científico, técnico e profissional – publica conteúdos nas áreas de ciências humanas, exatas, jurídicas, da saúde e sociais aplicadas, além de prover serviços direcionados à educação continuada e à preparação para concursos.

As editoras que integram o GEN, das mais respeitadas no mercado editorial, construíram catálogos inigualáveis, com obras decisivas para a formação acadêmica e o aperfeiçoamento de várias gerações de profissionais e estudantes, tendo se tornado sinônimo de qualidade e seriedade.

A missão do GEN e dos núcleos de conteúdo que o compõem é prover a melhor informação científica e distribuí-la de maneira flexível e conveniente, a preços justos, gerando benefícios e servindo a autores, docentes, livreiros, funcionários, colaboradores e acionistas.

Nosso comportamento ético incondicional e nossa responsabilidade social e ambiental são reforçados pela natureza educacional de nossa atividade e dão sustentabilidade ao crescimento contínuo e à rentabilidade do grupo.

O CRIME
À LUZ DA
PSICANÁLISE
LACANIANA

Manoel Barros da Motta

Rio de Janeiro

- A EDITORA FORENSE se responsabiliza pelos vícios do produto no que concerne à sua edição, aí compreendidas a impressão e a apresentação, a fim de possibilitar ao consumidor bem manuseá-lo e lê-lo. Os vícios relacionados à atualização da obra, aos conceitos doutrinários, às concepções ideológicas e referências indevidas são de responsabilidade do autor e/ou atualizador.

  As reclamações devem ser feitas até noventa dias a partir da compra e venda com nota fiscal (interpretação do art. 26 da Lei n. 8.078, de 11.09.1990).

- **O crime à luz da psicanálise lacaniana**
  ISBN 978-85-309-7575-3
  Direitos exclusivos para o Brasil na língua portuguesa
  Copyright © 2017 by
  FORENSE UNIVERSITÁRIA um selo da EDITORA FORENSE LTDA.
  Uma editora integrante do GEN | Grupo Editorial Nacional
  Travessa do Ouvidor, 11 – 6º andar – 20040-040 – Rio de Janeiro – RJ
  SAC: (11) 5080-0751 | faleconosco@grupogen.com.br
  bilacpinto@grupogen.com.br | www.grupogen.com.br

- O titular cuja obra seja fraudulentamente reproduzida, divulgada ou de qualquer forma utilizada poderá requerer a apreensão dos exemplares reproduzidos ou a suspensão da divulgação, sem prejuízo da indenização cabível (art. 102 da Lei n. 9.610, de 19.02.1998). Quem vender, expuser à venda, ocultar, adquirir, distribuir, tiver em depósito ou utilizar obra ou fonograma reproduzidos com fraude, com a finalidade de vender, obter ganho, vantagem, proveito, lucro direto ou indireto, para si ou para outrem, será solidariamente responsável com o contrafator, nos termos dos artigos precedentes, respondendo como contrafatores o importador e o distribuidor em caso de reprodução no exterior (art. 104 da Lei n. 9.610/98).

  1ª edição – 2017

  Foto de capa: http://www.istockphoto.com | Artem_Furman
  Foto de quarta capa: http://www.istockphoto.com | GeorgePeters

- CIP – Brasil. Catalogação na publicação
  Sindicato Nacional dos Editores de Livros, RJ

M875c

Motta, Manoel Barros da
    O crime à luz da psicanálise lacaniana / Manoel Barros da Motta. - 1. ed. - Rio de Janeiro: Forense Universitária, 2017.
    330 p. : il.

    ISBN 978-85-309-7575-3

    1. Ciência - Filosofia. 2. Ciências sociais - Filosofia. I. Título.

17-40574
    CDD: 121
    CDU: 165

Aos meus pais
Darcy Alves da Motta e Elsa Barros da Motta.
A meu irmão João Alves da Motta,
pelo incentivo permanente na busca do saber e
a prosseguir meu trabalho de tese.

Este trabalho não teria sido possível sem a intervenção inteligente de Angélica Grimberg.
Ele deve também bastante à leitura de Stella Jimenez.
Agradeço mais de uma vez a elas e ainda a Ram Mandil, Ana Beatriz Freire, Paulo Vidal e Mirtta Zbrun.

Sumário

Introdução 1

CAPÍTULO I – O crime e os três registros – De Lacan à orientação lacaniana de Jacques-Alain Miller 13

1.1. Os crimes do imaginário 28

1.2. Os crimes do simbólico 28

1.3. Os crimes do gozo ou os crimes do real 32

1.4. A questão da psicose no ensino de Lacan 34

    1.4.1. A forclusão do Nome-do-Pai 35

    1.4.2. A forclusão do Nome-do-Pai no Seminário III e na questão preliminar 39

    1.4.3. A origem do conceito de forclusão 44

    1.4.4. A pluralização dos nomes do pai 45

    1.4.5. A metáfora paterna 54

    1.4.6. A pluralização dos Nomes-do-Pai e as suplências 63

    1.4.7. O gozo do Outro na psicose 64

    1.4.8. Exceção e empuxo à mulher 66

    1.4.9. As suplências do Nome-do-Pai 68

1.5. Suplência e ato – a passagem ao ato de Aimée a Joyce 70

    1.5.1. Lacan e o conceito de passagem ao ato 73

    1.5.2. A extração do objeto – o caso José como paradigma 79

    1.5.3. Jean-Claude Maleval e a passagem ao ato para o sujeito psicótico: o caso Hans Eppendorfer 83

    1.5.4. A dimensão do real do ato: de Guiraud a Lacan 87

    1.5.5. Hans Eppendorferb – um crime do registro imaginário – a passagem ao ato do homem de couro 90

    1.5.6. Tentativa de cura e castração simbólica: a extração do objeto a .. 95

    1.5.7. O gozo do Outro na passagem ao ato 96

X   O crime à luz da psicanálise lacaniana

CAPÍTULO II – O caso Aimée – A letra e o gozo em uma passagem ao ato 99

2.1. Aimée, a preferida da mãe 102

2.2. A posição feminina e a letra: o homem, o poeta e o carteiro 103

2.3. A passagem da mulher à mãe 108

2.4. A estrela e o mundo dos letrados 115

2.5. A posição paranoica e a mulher de letras, senhora das palavras ... 118

2.6. A urgência de Aimée e o apelo ao príncipe de Gales 119

2.7. Destino do delírio depois da passagem ao ato 122

2.8. A continuidade da interpretação do caso Aimée: Allouch, Anzieu e Lessana 130

2.9. Maleval e a construção do caso Aimée: crítica à tese de Allouch sobre o delírio a dois e a forclusão do Nome-do-Pai 138

2.10. Os impasses de Allouch no caso Aimée: a forclusão, o gozo e o objeto pequeno a 146

CAPÍTULO III – Landru – Um *serial killer* na *belle époque* 155

3.1. A leitura de Marie Laure Susini: o autor do "crime perverso" 155

3.2. Landru e suas vítimas 182

    3.2.1. Jeanne Jamast Cuchet 183

    3.2.2. Thérèse Turan Laborde-Line 189

    3.2.3. Marie-Angélique Pelletier Guillin 191

    3.2.4. Berthe Anne Héon 193

    3.2.5. Anne Collomb 195

    3.2.6. Andrée Babelay 196

    3.2.7. Célestine Lavie Buisson 200

    3.2.8. Anne Marie Pascal 203

    3.2.9. Marie Thérèse Marchadier 205

CAPÍTULO IV – Ulrich – A escrita e o gozo no crime paranoico ou o crime na embaixada 209

4.1. Delírio, vozes e criação 210

4.2. A passagem ao ato e o início da análise 211

4.3. De Schreber a Ulrich: o delírio solar e a ordem de matar o demônio .. 212

4.4. O ódio tratado na análise 218

4.5. A morte do pai, o desejo da mãe 219

4.6. A construção da novela 220

4.7. A autoclínica do novelista 223

Sumário XI

4.8. A passagem ao ato na ficção 226

4.9. Ato, escrita e real: a passagem ao ato de Ulrich 226

CAPÍTULO V – Um crime do imaginário – O duplo crime das irmãs
Papin 231

5.1. O incidente da prefeitura................................... 237

5.2. A segunda "crise de Christine" 239

5.3. A história de Christine Papin 241

5.4. Allouch e seu estudo do caso: um crime do imaginário 245

5.4.1. Christine: sob o império da cólera..................... 246

5.5. As mulheres ideais para as irmãs Papin; a interpretação de Collet-
te-Chouraqui Sepel 247

5.6. Ainda um crime do imaginário: a passagem ao ato das irmãs siamesas Christine e Léa na análise de Catherine Lazarus-Matet.... 257

5.7. No crime, a substituição das mulheres ideais 262

5.8. O mistério das irmãs Papin; "o mal de ser dois" 263

5.9. Deus e o delírio das irmãs Papin............................ 266

5.10. Pele e outro corpo.. 268

5.11. Morte, rapto/arrebatamento 269

CAPÍTULO VI – Pierre Rivière, *serial killer* 273

6.1. Roudinesco: de Schreber a Rivière.......................... 273

6.2. Um Schreber do pobre..................................... 275

6.3. Salvar o pai 281

Conclusão 299

Bibliografia 311

Introdução

A questão do crime, a partir da teoria psicanalítica, pode introduzir uma nova perspectiva, renovando a clínica e indicando soluções inéditas para os impasses e problemas atuais do mal--estar na civilização. O crime, não apenas na sua relação com a lei e o simbólico, mas também com o gozo e o real, toca nos dilemas com os quais se depara o sujeito contemporâneo.

A psicanálise introduz na questão do crime um elemento novo: a decifração das motivações inconscientes, que orienta nosso trabalho. Porque a causalidade psíquica está no centro da investigação psicanalítica. Como eixo conceitual desta causalidade está o tríplice registro dos elementos da estrutura: real, simbólico e imaginário.

No entanto, a psicanálise não define personalidades criminosas, uma tipologia do criminoso. Ela não se situa numa classificação geral, mas na particularidade do caso clínico. Através da particularidade do caso, ela interroga o que em cada sujeito o leva a agir. Não há, assim, um criminoso nato nem pulsões criminosas de fundo biológico. Isto vai contra as tendências dos que querem detectar desde a infância quem são os criminosos natos.

A questão do crime, da justiça e das penas é extremamente atual, tanto do ponto de vista global quanto do Brasil. Nos países centrais, a partir da crise de 2008, observa Eric Laurent (2012b), coloca os sujeitos, inclusive os analisantes, "em situação mais grave, mais angustiados, mais perdidos. Assim se expandem as toxicomanias em geral com a tendência a que tudo tome caráter aditivo: jogo, sexo e trabalho.

Este quadro produz uma resposta no discurso do mestre, uma "maior vontade de vigiar, castigar, proibir",[1] que provoca no sujeito uma vontade crescente de destruição. Este fenômeno se manifesta principalmente na juventude. Frente às proibições, a resposta é "quero consumir mais", como observa Laurent. Diante do mal-estar na civilização, de que falava Freud, surge a nova vontade de gozo. E esta convoca a mais vigilância e mais proibição. Evidentemente, a resposta da psicanálise não está ajustada, normalizada ao nível da civilização. Na clínica, ela se faz um a um. O mestre contemporâneo intervém com exigências de cálculo, trabalho, aspectos de uma razão que não supõe qualquer singularidade frente a uma ordem simbólica que não existe mais. A psicanálise não cai na armadilha da oposição entre o empuxo ao gozo e a proibição, que constituem "a dupla face da pulsão de morte".[2]

A atualidade da questão do crime, entre nós, tem um aspecto bastante particular, na medida em que se atravessa um momento em que o código penal brasileiro de 1940 está em processo de mudança no Poder Legislativo, tramitando muito lentamente, desde 2011, um anteprojeto de reforma do Código Penal. O projeto chegou a ficar 17 meses sem nenhum andamento relevante. A questão do crime constitui um problema atual frente à exigência crescente de penas mais severas, expressas pelos meios de comunicação de massa, partidos políticos e parte do Poder Judiciário. Assim, o projeto do novo código deverá revogar totalmente a lei de contravenções penais e criminalizar, por exemplo, o jogo do bicho, vai incluir o crime de terrorismo, dobrará o tempo mínimo de prisão exigido para a progressão de regime, qualificará o homicídio praticado por preconceito étnico ou sexual e redefinirá

---

1   Laurent, 2012b.
2   Laurent, 2012b.

Introdução

os casos de estupro. Internacionalmente, o direito penal está em plena transformação em função da ascensão do liberalismo, mas também da expansão da sociedade de hipervigilância. Lipovetsky (2102) diz: "o universo hipermoderno coincide com um estado de turbulências e instabilidades crescentes". Deparamo-nos com um "terrorismo planetário crônico" e com "indivíduos fragilizados, desinstitucionalizados, desbussolados, em busca de reassegurar-se e recomunitarizar-se étnico-ideologicamente".[3] Trata-se de um quadro que é uma porta aberta para os movimentos terroristas violentos. É o que revelaram os atentados antissemitas recentes na França e o aparecimento do Estado Islâmico, como os atentados contra o jornal satírico *Charlie-Hebdo*, além dos atentados em Nice e na Alemanha. A xenofobia passa a favorecer a expansão de movimentos de extrema direita, como o Front National, na França, ou triunfa com a vitória de Trump como presidente dos Estados Unidos. Este baniu a entrada de habitantes de sete países islamíticos e propondo-se a construir um muro na fronteira com o México, condenado pelo papa Francisco, além de criticar a chanceler Angela Merkel por ter recebido milhares de refugiados da Síria.

A psicanálise deve participar deste debate, na medida em que o analista possui uma função pública, que se desdobra nas esferas política e social em relação a estas questões que tocam hoje ao Outro social. A intervenção da psicanálise se faz urgente, quando é patente a dificuldade da justiça em seguir as inovações em matéria criminal, como ocorreu na França, no caso de Outreau, em 2001, a respeito de um falso caso de incesto e pedofilia em rede.

A intervenção do psicanalista se faz necessária em certos casos, por exemplo, nos crimes sexuais, que se apresentam como os mais violentos, os mais atrozes, e que suscitam mesmo um apelo

---

3 Lipovetsky, 2012, p. 294.

popular à vingança. A intervenção do psicanalista é solicitada para a definição do estatuto do criminoso, de sua responsabilidade, mas entendemos que nossa participação no debate, na interlocução com juristas etc., ultrapassa os quadros desse tipo de demanda.

O afinamento do dispositivo teórico da psicanálise pode ser feito quanto ao problema do crime, com a hipótese de que o crime pode ser esclarecido com a análise dos três registros da estrutura elaborados por Lacan: imaginário, simbólico e real.

Alguns crimes cuja explicação causal desafia a investigação podem ser esclarecidos à luz destes registros. Por exemplo, os crimes determinados pelo gozo, crimes que a psicanálise pensaria como do registro do real apesar de parecerem fruto de cálculo, de inteligência, de perversidade, a opinião comum não os colocaria no campo da loucura, por serem aparentemente por demais conscientes. O clamor público exigiria para esses crimes uma sanção severa. Lacan (1950/1998) não pensava que se devia punir mais, porém argumentava, nos anos 1950, que o castigo podia abrir para um delinquente o sentido de sua responsabilidade.

Mas é preciso situar a questão no contexto do século XXI, em que nos deparamos com as consequências do direito ao gozo e seus paradoxos. Assim, o problema das drogas que aprisiona em massa pobres, pequenos consumidores tratados como traficantes, leva à constatação de que criminalizar em massa, reprimindo, é uma política que falhou. Por outro lado, a liberalização total, como observa Eric Laurent, "produziria um tão grande 'empuxo à morte quanto à interdição".[4] Observam-se aqui as duas faces do superego, isto é, "'gozar sem entraves' ou a 'tolerância zero', que mostram as duas faces de um mesmo apelo à morte".[5]

Não se trata nem de ceder ao superego que diz "goza", nem ao que diz não, cuja face policial mata. Assim, as políticas de

---

4   Laurent, 2012a, p. 4.
5   *Idem.*

Introdução

saúde, muitas vezes opostas à justiça, têm que ser repensadas. A perspectiva foucauldiana revela o caráter disciplinar das políticas de saúde, o que Foucault conceitua como biopolítica. A disciplinarização das populações é uma face evidente das políticas de saúde, através da produção cada vez mais intensa de normas de higiene e saúde. Estas políticas vão ao encontro das leis loucas de criminalização intensa da droga que prendem 5% da população americana, 80% dos detentos por causa de drogas. No Brasil, ela teve uma expansão anual de 10% a 12%, no governo Fernando Henrique Cardoso, e de 6% a 7%, no governo Lula, existindo uma superpopulação carcerária de mais de 250 mil detentos A população carcerária aumentou mais de 400%. Em 20 anos o Brasil tornou-se recentemente o terceiro país do mundo em população carcerária, com 680 mil presos e 210 milhões de habitantes. Os Estados Unidos lideram a lista com 2.145.000 de presos e uma população de 325 milhões de habitantes. A China vem em segundo lugar, com 1 bilhão e 400 milhões de habitantes, possui 1.875.000 de presos, realizando um número considerável de execuções capitais. O Brasil e a Rússia vêm em quarto lugar, com 530 mil detentos e uma população de 140 milhões de habitantes.

No Brasil, 40% dos presos são provisórios, não julgados. Destes, 20% o são por tráfico de drogas, e cerca de 25%, por roubo.

A conjuntura brasileira frente ao problema penal sofreu uma inflexão muito significativa no período recente, desde o *impeachment* de Dilma Rousseff e as operações de combate à corrupção, como a Lava Jato. No Rio, um ex-governador encontra-se preso, tendo recebido propina de cerca de mais de 800 milhões de reais, segundo os investigadores do Ministério Público. No Congresso, mais de 200 políticos foram citados em depoimentos, delações premiadas, que investigam o recebimento de propina feito por grandes empresas brasileiras.

Por outro lado, um paradoxo da situação brasileira que o Supremo Tribunal Federal e o Ministério Público nunca dispuseram de tanto poder em nossa história em um momento em que explodem em prisões superlotadas conflitos entre quadrilhas, como no caso do massacre de cerca de 200 presos no Amazonas, em Roraima e no Rio Grande do Norte, e que fora precedido por um massacre em prisão de São Luiz, no Maranhão, situação que levou a críticas do papa Francisco, de órgãos da ONU e de ONGs internacionais ligadas à defesa dos direitos humanos na área penal.

A falta de vagas nos presídios superlotados levou a presidente do STF, Carmem Lúcia, a propor um mutirão ao Judiciário para acelerar os julgamentos dos presos provisórios.

Ministros do Supremo propuseram também mudanças na política de combate às drogas e na política centrada de forma maciça na repressão e na criminalização. As consequências desta criminalização "vão além das normas".[6] Vão muito além do sistema jurídico e afetam o laço social para um número crescente de sujeitos. Há aí uma dialética particular. Há que lembrar que a fronteira entre polícia e justiça quanto à loucura foi atravessada no século XIX. Assim, a passagem ao ato psicótico sempre foi problemática. Dessa forma, o psicótico é situado ora do lado da justiça, ora do tratamento. Como irresponsável, o psicótico podia ser tratado, por vezes, em instituições específicas. Hoje, nos países em crise econômica e na sociedade norte-americana, os médicos declaram os psicóticos perversos narcísicos e, portanto, responsáveis.

A confusão que existe hoje no plano das classificações clínicas que não permitem mais diagnósticos de psicose consagra uma gravíssima crise da psiquiatria, em que a psicanálise tem sua palavra a dizer, para além das versões do superego, que interdita ou libera totalmente. A psicanálise postula mais flexibilidade na reflexão e nas práticas, sem pretender ter respostas completas para tudo. Evidentemente, ela não visa de forma

---

6   Laurent, 2012a, p. 4.

Introdução

direta às massas, do ponto de vista clínico, mas trabalha caso a caso. Mas ela tem um lugar na cidade, com sua crítica de nossa sociedade burocratizada, normatizada e normalizante. De qualquer forma, o direito ao gozo, as formas novas que toma em nossa civilização sob a égide do objeto *a*, produz um quadro complexo em que não há soluções *prêt-à-porter*. Os sujeitos devem encontrar soluções próprias, na sua análise particular, para além desses modelos identificatórios.

A questão do gozo toca, evidentemente, à transgressão e às formas com que cada sujeito se depara com a lei, e no limite com o crime. O caso recente de Breivik, que matou centenas de pessoas na Noruega, é ilustrativo. Pretendia defender a sociedade dos emigrantes estrangeiros, e acabou massacrando seus compatriotas. E foi considerado, inicialmente, por uma *expertise* psiquiátrica como não sendo louco ou psicótico.

Tratamos de delimitar a questão do crime e da punição na modernidade a partir do ensino de Jacques Lacan. Para delinear a concepção psicanalítica do ato criminoso, circunscreveremos, no ensino de Lacan, a problemática do crime do ponto de vista dos três registros da experiência analítica: simbólico, imaginário e real. A questão da presente pesquisa trata das versões clínicas dos três registros, dando-se especial atenção ao crime paranoico. A paranoia é o lócus privilegiado da relação com o crime, porque os casos que Lacan estudou, assim como meu paciente, inscrevem-se nesta estrutura. A psicose paranoica tem um papel especial nos crimes que foram casos importantes de Lacan, como ressaltou Philippe Lienhard (2011). E também o caso de Rivière. Landru situa-se num registro especial, o da esquizofrenia.

Minha questão diz respeito a uma articulação teórica e clínica do problema de certos crimes. Segui nisto a diferença estabelecida por Jacques-Alain Miller entre os crimes de utilidade e os crimes de gozo. Nos crimes de utilidade, a questão do gozo é secundária, porém, existente. Esta formulação, esta bipartição significante, desdobra-se numa articulação tripla entre imaginário, simbólico e real. Em cada caso, os três registros estão presentes, mas certos crimes apresentam como aspecto principal um dos registros. Há ainda os casos em que o crime se situa entre dois registros, como no caso Aimée, que, para Serge Cottet, se situa entre o registro simbólico e o imaginário. Nos crimes de gozo, como o de um *serial killer* brasileiro, descoberto em dezembro de 2014, em Nova Iguaçu, na região do Grande Rio, Sailson José das Graças, a dimensão da voz, os gritos das vítimas; em outros, o olhar de horror dos assassinados. A Rede Globo de Televisão noticiou que, dos 43 assassinatos que ele cometeu, 11 já haviam sido confirmados em 16 de dezembro.

Outro ponto de apoio de minha investigação foi a minha própria experiência com um caso de psicose, o caso Ulrich. Os três registros também estão presentes neste caso, como irei demonstrar. A pertinência desta questão deverá ser desdobrada na releitura do caso Aimée, o mais importante dos casos de Lacan. Passá-lo sobre o crivo dos conceitos posteriores de Lacan irá esclarecer o alcance epistêmico e clínico da tese de Lacan. Ele próprio disse que uma teoria devia ser posta à prova a partir de seus próprios conceitos. Lacan não cessou de reelaborá-los. Outros se dedicaram a investigar estes casos, quer seja o das irmãs Papin, ou o caso Aimée, e fizeram avançar as investigações teórica e clínica. Trata-se de uma perspectiva nova sobre o crime nos três registros. Este trabalho utiliza vários seminários de Lacan: sobre as psicoses (1955-1956), *a ética da psicanálise* (1959-1960), *a lógica da fantasia* (1966-1967), onde está o grafo que distingue a passagem ao ato do *acting out*; *o ato psicanalítico* (1967-1968); e o seminário *Encore* (1972-1973), em que a temática do gozo passa a ter papel dominante.

Diferentemente das concepções utilitaristas, a psicanálise vê particularmente a articulação do sujeito com o simbólico, o imaginário e o gozo. O que diverge radicalmente da concepção do ato criminoso pensado pela criminologia exclusivamente a partir do seu cálculo de utilidade.

Minha investigação segue o traço da elaboração original de Lacan, que, ao estudar o crime, liga o delírio da passagem ao ato. Mas o que nos interessa na elaboração é situar as modalidades dos casos onde domina os registros simbólico, imaginário e real. Na passagem ao ato, trata-se de situar a articulação dos registros simbólico e real, ou situando o que no ato é uma tentativa fracassada de tratar o simbólico pelo real. A tentativa de estabelecer uma diferença, como aparece, por exemplo, no caso José.

Meu trabalho se inscreve na proposta que é inicialmente de Jacques-Alain Miller (2008), o de uma "criminologia lacaniana", com que trabalhou, também a partir de Miller (2005), Serge Cottet (2008). Ela se ancora em alguns outros pontos de seu estudo da teoria e da clínica de Lacan. Mas nossa elaboração se traduz numa leitura minuciosa, detalhada, dos casos em que esta formulação aparece. São versões clínicas dos três registros que estudamos.

Eu próprio já estudara antes o caso – Aimée, no artigo "Do fenômeno à estrutura" –, editara a tese de Lacan e fizera sua revisão técnica. Mas o objeto de minha investigação, minha pergunta, concerne às versões clínicas do crime paranoico à luz dos três registros e não à paranoia, ainda que o estudo de Freud e Lacan sobre Schreber tenha sido utilizado para esclarecer o registro simbólico em Aimée. Este caso de Lacan, ainda que não centrado no crime, tem uma forte relação com o simbólico e o real da letra, de que o caso Aimée, já referido, é um forte exemplo, assim como o caso Ulrich, poeta, romancista e tradutor.

Proponho-me a contribuir em avançar algo além da verificação dos conceitos lacanianos da psicanálise e da psiquiatria. Da psiquiatria, porque minha investigação incide na articulação do delírio e da passagem ao ato criminoso. Ela mobiliza conceitos, matemas e grafos – o esquema I, por exemplo, para o último estágio do delírio de Aimée. Investiga a continuidade e a descontinuidade na estrutura, quer seja, na crítica, a hipótese continuísta na tese de Lacan, seja no descontinuísmo nas modalidades da passagem ao ato. Aimée, as irmãs Papin, Ulrich e Rivière serão utilizados. Contribuí para uma crítica lacaniana da razão *tout court* ao investigar a estrutura na sua relação com o crime e a lei nas diferentes propostas que os conceitos de Lacan, especialmente na sua relação com o gozo, a pulsão de morte e o superego, permitem formular em cada um dos casos investigados. Não pretende ser uma crítica da razão lacaniana, que exigiria uma investigação mais extensa sobre o problema do fantasma – ou, como dizem outros, da fantasia. Permite contribuir para uma crítica do utilitarismo, na área penal, e uma valorização da psicanálise, numa área em que a conexão da psicose com o crime paranoico apresenta tantas contribuições conceituais e clínicas. Meu trabalho articula teoria e clínica lacaniana, seja na análise clínica de casos sem transferência ou do caso Ulrich sob transferência.

Minha investigação tem de específico próprio a articulação dos registros na singularidade dos casos, levando em conta a predominância de um como o real, no caso de Rivière, por exemplo. Pudemos dar destaque à presença dos registros na passagem ao ato e à extração do objeto, seja no caso Aimée, Papin, e no caso Rivière, onde a mãe encarna o objeto.

A questão do crime na modernidade será delimitada histórico-genealogicamente a partir da obra de Michel Foucault. Um ponto importante da presença do sujeito moderno é o que toma a forma do utilitarismo, referência tanto de Foucault quanto de Lacan. Trata-se do recurso por Lacan à *Theory of fictions*, de Bentham. Diz Lacan: eu lhes expliquei "o que era o utilitarismo ao nível de Bentham, e que é necessário para compreendê-lo ler a teoria das ficções".[7]

---

7 Lacan, 1972-1973/1975, p. 55.

Introdução

A teoria das ficções não é uma teoria linguística desinteressada, é uma teoria da legislação, da linguagem como poder de legislar. As entidades fictícias mobilizam entidades reais pela fala, que, na verdade, é um modo de legislar. Todo o sistema jurídico é composto de entidades fictícias. O estatuto da lei – e consequentemente da punição – põe em jogo duas entidades reais: o prazer e a dor, referências fundamentais do direito na sua totalidade. A lei opera, assim, como um recurso de linguagem, associando ações e efeitos sensíveis com uma fórmula: tal ação provocará tal efeito. Nesse sentido, o panóptico de Bentham, com seu dispositivo arquitetônico e óptico de vigilância permanente adaptável a múltiplas instituições, é uma espécie de modelo do mundo utilitarista, onde tudo se calcula sem falta.

Nessa perspectiva em que se vê desenvolver uma sociedade de vigilância e de controle a partir do utilitarismo, os crimes podem ser definidos como crimes de utilidade e sem utilidade, só de gozo. Os crimes de utilidade dizem respeito ao registro do simbólico e do imaginário, consistindo em atingir o Mestre, obter algum benefício útil, seja pela rivalidade ou agressividade imaginária. Há, por outro lado, os crimes que dizem respeito só ao real, crimes de gozo, que desafiam qualquer proposta utilitária. Desta forma, utilizamos o que Lacan extrai de Bentham, objeto também da análise de Foucault sobre o utilitarismo moderno.

É importante ressaltar que, no que toca a Lacan, se trata de uma releitura dos seus textos sobre o crime que constituem sua tese, o caso das irmãs Papin e o artigo "Introdução teórica às funções da psicanálise na criminologia".[8] A problemática que delimitamos inicialmente situa-se no plano da definição do crime: no caso Aimée, em que investigaremos a relação entre psicose e crime, a importância do registro da letra, do significante "mulher

---

8   Lacan, 1950/1966.

de letras" e do gozo persecutório no delírio de Aimée que a leva
à passagem ao ato. Neste caso, como no seguinte, trata-se de investigar a forma com que Lacan define e descreve a articulação
do delírio e a passagem ao ato. Discutiremos também a hipótese
de que o significante "mulher de letras" poderia inscrever Aimée
num discurso, como propôs Chantal Bonneau (2005). No caso
das irmãs Papin, o aspecto especialmente ressaltado será a passagem ao ato.

Sabemos que Lacan, na sua tese, tem referências que foram
ultrapassadas pelo seu próprio ensino. Assim, Aichhorn, pionei-
ro do tratamento dos delinquentes e mencionado já por Freud,
assim como Kate Friedlander e F. Alexander – referências importantes do "Introdução teórica às funções da psicanálise na
criminologia".[9] Isto é, tratei de introduzir no lugar da problemática pós-freudiana que Lacan utilizou na década de 1950 os conceitos que ele e seus seguidores formularam a partir do Discurso
de Roma.

---

9   *Idem.*

CAPÍTULO I

O crime e os três registros – De Lacan à orientação lacaniana de Jacques-Alain Miller

Poder situar a problemática do crime no quadro dos três registros implica poder retomar os textos clássicos de Lacan sobre a questão da criminologia e, também, sobre os casos clínicos em que passagens ao ato têm um lugar central.

Jacques-Alain Miller formulou esta problemática, inicialmente, no seu curso *Pièces detachées*, na lição de 2 de fevereiro de 2005. Diz Miller: "os crimes do imaginário, quer dizer, aqueles de que se pode dar conta com o estágio do espelho: os crimes do simbólico que me permitem evocar, por um lapso calculado, a espantosa onda de assassinatos de presidentes e monarcas que assolou a Europa em fins do século XIX e começos do século XX – uma verdadeira *tsunami* de assassinatos – e os crimes do real, que são, de certo modo, um misto de simbólico e de imaginário, ou, em todo caso, há elementos desses registros".

Há que lembrar que uma boa parte da clínica de Lacan é uma clínica dos casos de Freud. No entanto, o caso Aimée, em torno do qual gira sua tese de doutorado, e o artigo "Motivos do crime paranoico", publicado na revista *Le Minotaure*, são textos em que um aspecto importante da clínica de Lacan aparece em relação a casos que foram objeto de uma elaboração teórica importante frente a crimes que mobilizaram fortemente a opinião

14   O crime à luz da psicanálise lacaniana

pública francesa e despertaram o interesse do meio intelectual e artístico. Mais ainda, esta tese implica, segundo Jacques-Alain Miller, a "intuição fundamental" do pensamento de Lacan. Intuição fundamental, segundo Bergson, em quem se apoia Miller, é a ideia de que cada pensador é habitado por uma intuição única, a que "não cessava de tratar e de representar".[1] Esta tese é a da divisão do sujeito contra si mesmo. Esta questão é muito importante, na medida em que autores como Maleval negam a tese de que Lacan pudesse pensar a questão do inconsciente, ainda que, para Miller, Lacan não dispõe nem dos conceitos freudianos nem dos seus, mas está na posse desta intuição fundamental que, como ele vai dizer em "Subversão do sujeito e dialética do desejo no inconsciente freudiano": a divisão do sujeito é "constitutiva da própria experiência analítica".[2] Maleval, por outro lado, é o autor de uma fina retificação das análises de Allouch do caso Aimée que estudamos. Ele permite repensar, assim como Dominique Laurent, alguns dos aspectos centrais desse caso.

Um dos textos mais importantes de Lacan que se trata também de discutir é o artigo escrito com Michel Cenac, "Introdução às funções da psicanálise em criminologia", em 1950, editado nos *Escritos*. Levaremos também em conta a discussão deste texto feita por Lacan nos *Outros Escritos*.

A periodização da obra de Lacan a que recorremos foi elaborada por Jacques-Alain Miller. Ela está articulada com as relações de poder na sociedade a partir da leitura histórico-genealógica feita por Michel Foucault. Existe, assim, o Lacan da época disciplinar, quando realizou o seminário sobre a ética da psicanálise, e um Lacan da época pós-disciplinar, que começa com o seminário *Encore*,[3] em que o conceito de gozo vem ocupar um lugar central

---

1   Bergson, 2009, p. 133.
2   Lacan, 2009, p. 135.
3   Lacan, 1972-1973.

no seu ensino, antes dominado pelo significante e o desejo. Esta é a época em que o objeto domina nossa civilização.

A dependência do crime e do castigo da sociedade fora o que Lacan estabelecera antes de Foucault, na década de 1950, a partir de uma leitura histórica e sociológica.

Estudamos os crimes do simbólico no nosso estudo *Crítica da Razão Punitiva*,[4] tomando como baliza o que Michel Foucault chama de poder soberano, isto é, os crimes que visam ao significante mestre ou aos sujeitos que encarnam o mestre de um determinado período. Foucault fez uma descrição precisa desse crime, na apreciação do castigo de Damiens, que atentou contra a vida de Luís XV. São do período absolutista os crimes de lesa-majestade. O que é o crime de lesa-majestade? Eis a sua definição legal nas Ordenações Filipinas: lesa-majestade ou "traição contra a pessoa do Rei ou seu Real Estado" era "tão grave e abominável crime", que era comparado à lepra, objeto de exclusão na sociedade medieval e metáfora que figura aos que atentam contra o corpo do rei: "que assim como esta enfermidade enche todo o corpo, sem nunca mais se poder curar, (...) é uma marca que empece os descendentes que com ela conversam, pelo que é apartado da comunhão da gente".[5] O crime de lesa-majestade, portanto, assim como uma doença, atinge toda a linhagem, condenando "os que o cometem e empece e infama aos que de sua linha descendem, posto que não tenham culpa".[6]

Os casos previstos de tais crimes desdobram-se em nove modalidades. O primeiro tipo é "tratar a morte de seu Rei ou da Rainha, sua mulher, seus filhos e filhas legítimas"[7] e ainda ajudar a aconselhar e favorecer tal ato. O segundo é o levante contra o

---

4   Motta, 2011.
5   Ordenações Filipinas, p. 69.
6   *Idem.*
7   Ordenações Filipinas, p. 70.

rei de um castelo ou fortaleza. O terceiro é a adesão ao inimigo do rei em tempo de guerra, "para fazer guerra aos lugares de seu reino".[8] A quarta modalidade é dar conselho aos inimigos do rei "por carta ou por qualquer outro aviso".[9] A quinta é o fazer "conselho e confederação contra o rei e seu estado".[10] A sexta visa aos que ajudarem a fugir ou retirar da prisão ao que "fosse preso por qualquer dos sobreditos casos de traição".[11] A sétima modalidade visa a alguém que "matasse ou ferisse de propósito em presença do rei alguma pessoa que estivesse em sua companhia".[12] O oitavo caso visa aos que atingem os símbolos do poder real, a quem, "em desprezo do rei, quebrasse ou derrubasse alguma imagem de sua semelhança ou armas reais, postas por sua honra e memória".[13]

Todos esses casos que configuram crime de lesa-majestade fazem traidores os que os cometem. Além da morte natural cruelmente, o cometedor terá seus bens confiscados e, mesmo em caso de morte, o processo contra esse tipo de réu acarretará a confiscação dos bens e a danação de sua memória. Aos que fazem confederação ou conselho contra o rei e confessam ou tornam pública tal atitude é suscetível o perdão real, "se ele não for o principal tratador desse conselho ou confederação".[14] Nos casos em que o rei "já sabia ou estava de maneira para o não poder deixar de saber"[15] mesmo tendo descoberto o tal conselho, "será havido por cometedor do crime de lesa-majestade"[16] e a dimensão ativa do soberano como sujeito que encarna o significante mestre. Em

---

8   *Idem.*
9   *Idem.*
10 *Idem.*
11 *Idem.*
12 *Idem.*
13 Ordenações Filipinas, p. 70-71.
14 Ordenações Filipinas, p. 72.
15 *Idem.*
16 *Idem.*

primeiro lugar, a conspiração para matar o rei. Mas são as bases simbólicas do poder que são visadas, a correspondência, seus dispositivos militares, que implicam a sujeição do exército, as fortalezas e castelos. E também as alianças com os inimigos, todos aspectos que passam pela dimensão da linguagem, do pacto, no seu aspecto de rebelião.

Um exemplo bem esclarecedor da predominância do registro simbólico se vê no atentado perpetrado contra D. José I, atribuído aos Távora, em 1758. Ele vai ser chamado de parricídio, horroríssimo crime. Todas as figuras são evocadas para justificar o supremo poder de punir e para justificar a execução dos duques e seus empregados. Na sentença condenatória final do crime de lesa-majestade contra D. José I: ele é nomeado crime de alta traição, assassinato e parricídio. Os réus são chamados infames e sacrílegos, e as penas merecidas.

No meu trabalho, *Crítica da Razão Punitiva*,[17] detive-me mais amplamente na análise desse atentado contra o rei de Portugal, que levou à execução pública da família Távora, execução que antecipa a massa de execuções de aristocratas na Revolução Francesa. A consistência do simbólico é atingida quando o corpo físico do soberano, o imaginário na sua dimensão corporal, revela que o rei é mortal. A passagem ao ato do regicida visa à consistência simbólica do Nome-do-Pai e também toca os seus elementos de natureza religiosa.

Retornemos ao laço que Lacan, psicanalista, propôs inicialmente entre o crime e a sociedade. Ele estabeleceu um laço entre a dimensão clínica proposta pela psicanálise e a sociedade: o crime é o lócus que toca criticamente a sociedade. Quando Lacan propuser a teoria dos três registros, imaginário, simbólico e real, no lugar do laço social ele colocará o simbólico.

---

17 Motta, 2011.

Nos trabalhos de Lacan sobre a criminologia, ele não colocou a psicologia dos criminosos em primeiro plano. Tratava-se de situar a posição do sujeito frente ao seu ato, ou, ainda, como formulou Lacan em *O objeto da psicanálise* (1965-1966): "de nossa posição de sujeito somos sempre responsáveis".

A orientação do pensamento de Lacan antes do texto "Função e campo da fala e da linguagem em psicanálise" (1953) é determinada por teses sociológicas. O título mesmo de uma parte de seu artigo o diz: "Da realidade sociológica do crime e da lei, e da relação da psicanálise com o seu fundamento dialético". A dialética aqui se deve ao impacto do pensamento de Kojève nessa época, no ensino de Lacan. A conexão do crime e da sociedade é explícita: "Nem o crime nem o criminoso são objetos que se possam conhecer fora de sua referência sociológica".[18]

Este texto é um dos trabalhos de Lacan que mais se aproxima do "Mal-estar na cultura" (1930[1929]), de Freud. A tese central nele formulada é que o grupo faz a lei, isto é, o grupo social, a sociedade.

Referindo-se, nesse texto, ao humanitarismo, Lacan diz: a sociedade "se volta para um humanitarismo em que se expressam igualmente tanto a rebelião dos explorados quanto a má consciência dos exploradores".[19] Estes dois elementos convergem para o humanitarismo. Na perspectiva de Lacan, então, a psicanálise não desumaniza o criminoso. Há na posição humanitária uma reação à prática do castigo. Mas, quanto a isso, em seu texto, Lacan ressalta que o criminoso pode desejar o castigo. Retirar-lhe o castigo é como retirar-lhe a humanidade, considerando-o como irresponsável. Neste ponto, a posição da psicanálise é essencial. Para Lacan, na época de sua tese, apenas a psicanálise era capaz de avaliar os modos de resistência às pulsões agressivas. Ele diz: "é

---

18 Lacan, 1950/1966, p. 126.
19 Lacan, 1950/1966, p. 137.

Cap. I – O crime e os três registros

concebível que na técnica aplicável às psicoses em clínica fechada, que permitem entrever os progressos da psicanálise, encontremos um teste de avaliação *rigorosa* das pulsões agressivas do sujeito".[20] Ele lembra, no entanto, que a psicanálise não foi praticada no caso Aimée, "em nossa doente, esta omissão, que não se deveu à nossa vontade, delimita ao mesmo tempo o alcance e o valor de nosso trabalho".[21] Para Lacan, no entanto, esta "avaliação rigorosa" é absolutamente necessária para a imputação penal. A clínica psiquiátrica de inspiração positivista nada quer saber dela. Lacan funda uma clínica nova, como lembra Cottet, fundada na presença ou ausência de mecanismos autopunitivos. Para Lacan,[22] ela constitui a "única base positiva, que requer uma teoria mais *jurídica* da aplicação da responsabilidade penal". Como o sujeito procura autopunir-se, são as psicoses de autopunição, na sua particularidade, lembra Cottet,[23] que justificam "nossa preferência pela aplicação comedida de sanções *penais* a esses sujeitos".[24]

Há uma diferença entre a posição de Lacan frente à política dos direitos humanos na atualidade. Para Lacan, desde o seminário da *Ética da psicanálise* (1959-1960/1986), a posição de respeito ou amor ao Outro, ao próximo, deve levar em conta também a posição do Outro frente ao mal.

No seu texto sobre a criminologia, a determinação social do crime, Lacan a estabelece a partir de São Paulo, "é a lei que faz o pecado".[25] Ele pretende situá-la do ponto de vista científico, diz, "fora da perspectiva escatológica da graça em que São Paulo a formula".[26] A confirmação desta tese de Lacan está no fato de que

---

20 Lacan, 1932/2011, p. 303.
21 Lacan, 1932/2011 p. 303.
22 *Idem.*
23 Cottet, 2008, p. 27.
24 Lacan, 1932/2011, p. 303.
25 Lacan, 1950/1998, p. 128.
26 *Idem.*

"não há sociedade que não comporte uma lei positiva, seja ela tradicional ou escrita, de costume ou de direito".[27] Lacan ressalta que toda sociedade manifesta a relação do crime com a lei através do castigo, cuja realização, sejam quais forem suas modalidades, exige um assentimento subjetivo.

Examinamos a relação entre a causalidade do crime através de uma leitura retroativa dos casos que Lacan apresentou principalmente com o caso Aimée, o qual chamou de paranoia de autopunição. Examinamos, nesta ótica, também o crime das irmãs Papin.

Lacan refere-se a duas possibilidades: na primeira, o próprio criminoso se constitui no executor da punição a partir de um exemplo de incesto nas ilhas Trobiand narrado por Malinowski. A segunda via é aquela em que "a sanção prevista pelo código penal comporta um processo que exige aparelhos sociais diferenciados".[28] Em ambos os casos, lembra Lacan que o assentimento subjetivo é essencial para a realização da punição.

Tratar da questão do crime do ponto de vista da psicanálise requer também a referência à obra de Freud. Jacques-Alain Miller (2010a), em conferência feita em Buenos Aires, refere-se a um texto de Freud de 1925, "Alguns aditamentos ao conjunto da interpretação dos sonhos". Miller se atém ao segundo parágrafo, que trata da responsabilidade moral do conteúdo dos sonhos. Freud escreveu esse trabalho depois de elaborar a *Traumdeutung*. Trata-se de uma reflexão de Freud sobre os sonhos de natureza imoral. Freud não julga que esses sonhos sejam criminosos. Ele chega mesmo a dizer que "a qualificação do crime não é do domínio da psicanálise".[29] Mesmo um juiz não deveria ser punido se tivesse sonhos imorais, mesmo se ele pudesse se questionar e criticar-se a si mesmo.

---

27 *Idem.*
28 Lacan, 1950/1998, p. 128.
29 Miller, 2008, p. 78.

Cap. I – O crime e os três registros

A questão de Freud é a da implicação do sujeito no que tange ao conteúdo dos sonhos. Cabe ao sujeito sentir-se responsável por ele. É possível que, no sonho, o sonhador seja um assassino, que ele mate, o que no mundo concreto real implicaria para o sujeito castigos duros estabelecidos pela lei.

Freud considera que, a partir de sua descoberta, a questão do crime como aparece nos sonhos se coloca em novas bases. Se há um conteúdo supostamente oculto nos sonhos, a *Traumdeutung* freudiana nos mostra como interpretá-los. O que o sonho manifesta e que parece moral, mesmo inocente, pode "dissimular um conteúdo mais ou menos imoral".[30]

A tese que Miller[31] isola e que estende aos analistas contemporâneos é que "o conteúdo latente da maioria dos sonhos é feito da realização de desejos imorais". Ele generaliza: "Todos os sonhos são sonhos de transgressão".[32]

A questão pode então ser assim formulada. Contra o que se sonha para Freud? Sonha-se contra o direito e contra a lei. O núcleo do sonho é "uma transgressão da lei". No conteúdo do sonho, trata-se de "sadismo, crueldade, perversão, incesto".[33] Miller não considera exagerar ao formular assim o ponto de vista freudiano. Os sonhadores, como o formula Freud, são "criminosos mascarados". Assim, nos sonhos, do ponto de vista analítico, quando se fala de crime "nesta história trata-se de si e não do outro", diz Miller.[34]

Qual é, finalmente, a posição de Freud frente à responsabilidade dos sonhos imorais? Devemos assumi-la. Do ponto de vista analítico, "o imoral é uma parte de nosso ser"[35] e não apenas a parte

---

30 Miller, 2008, p. 79.
31 *Idem.*
32 *Idem.*
33 Miller, 2008, p. 79.
34 *Idem.*
35 *Idem.*

de que nos orgulhamos, a parte nobre, mas também nos pertence a parte horrível. Não apenas a "honra, mas também o horror".[36]

Dessa forma, a psicanálise modifica o ponto de vista sobre nosso ser. Na parte que se agita para além de nossa figura social bem-educada, há outra parte desconhecida, o inconsciente recalcado, o Isso freudiano, que está no meu interior e que está em continuidade com o ego. Na obsessão, isto vai aparecer como sentimento de culpabilidade. Assim, a consciência moral e o direito vão ser reações ao mal presente no Isso. O direito é assim uma formação reativa.

Tirando uma consequência extrema diante disto, o criminoso é, "ainda que seja insuportável pensá-lo, alguém que não recua diante de seu desejo". O que explicaria a fascinação pelos grandes criminosos, os monstros. Para ele, somos assim "pequenos monstros, monstros tímidos".[37]

Assim, se no ser humano existe simpatia, compaixão ou piedade, há também este lado inumano introduzido por Freud, que desmascara este lado da natureza humana.

Há, no entanto, os que não fazem parte do lote comum da humanidade, porque não têm conflito, como os *serial killers*, e, nesse caso, trata-se de crimes do gozo, crimes do registro do real.

E o que é esta dimensão do real no que diz respeito ao crime, como ele se desvela? O real surge aqui como um choque, uma ruptura, um vazio de sentido na significação comum das coisas. Na experiência analítica, o real se apresenta como o que quebra o fio da história do sujeito, assim como a linearidade de seu discurso. Na análise com psicóticos, trata-se de saber se o sujeito pode ocupar um lugar digno na comunidade humana, ou vai se lançar na passagem ao ato e se excluir. A questão é como este real se constrói como realidade. O real não é a realidade. Trata-se de

---

36 *Idem.*
37 Miller, 2008, p. 80.

Cap. I – O crime e os três registros

uma transcrição, uma tradução subjetiva. Ele é uma interpretação do sentido da existência, da vida, através do que o sujeito compreendeu nas suas primeiras sensações, primeiras palavras e olhares, em que ele é tomado pelo sentido da vida e se transforma para ele em prazer ou sofrimento. No laço com os pais, é-lhe transmitido o que diz respeito ao laço amoroso e desejante, ao casal, ao tornar-se pai e mãe. Trata-se do laço que civiliza na relação com o outro. Mas há vezes em que este enlace não se faz. Trata-se do que ocorre na psicose. Se o sujeito encontra-se em um laço social, ele é frágil, difícil de compreender e estranho. Mas, apesar disso, o sujeito não está livre do laço com o outro, mesmo quando tenta liberar-se pela passagem ao ato. A passagem ao ato não pode ser entendida sem a ligação do sujeito a seu enraizamento na família, na cultura, na vida social.

Tratando-se da questão do castigo, há o aspecto muito particular quando se executa a pena de morte. Matar pode ser um crime, mas, observa Miller, "matar legalmente supõe acrescentar algumas palavras ao matar selvagem, um enquadramento institucional, uma rede significante, que transforma o matar, a significação mesma do ato mortífero".[38]

Miller recorre então a Joseph de Maistre, escritor e ideólogo político francês que se opôs à Revolução Francesa. De Maistre escreveu no seu exílio russo "Les nuits de Saint Petersbourg". Para de Maistre a figura máxima da civilização é o carrasco, o homem que mata em nome da lei e da humanidade.[39]

Para De Maistre, o sangue humano possui um valor social. E se a religião diz que não se deve matar, De Maistre, a partir de sua teologia política, pensa que o sangue humano é necessário para pacificar os deuses em cólera. Mesmo o deus cristão tem necessidade de sangue, que vai até o sangue de Cristo. O desejo de Deus

---

38 Miller, 2008, p. 81.
39 Miller, 2007, p. 11.

precisa dele. Nesta perspectiva extrema, o desejo de Deus é desejo de sangue humano.

É significativo que, no caso Ulrich, e que escrevera um romance para dar conta de sua passagem ao ato a que chamou o crime na embaixada,[40] ele evocava detalhadamente também esta exigência de sacrifício e de sangue proposta por De Maistre, contraposto à moralidade kantiana contra a ideia iluminista, ou mesmo a perspectiva do perdão. A análise deste caso, a partir do registro simbólico, será desenvolvida também na tese. Nesse sujeito, a relação com o percurso da letra é também importante: era poeta, tradutor e procurou dar conta do caso em um romance não publicado, além de, na sua atividade profissional, trabalhar fundamentalmente com textos. No seu caso, se antes ele trabalha com relatórios, a assinatura de acordos, ele tenta dar conta da passagem ao ato com a elaboração de um romance.

Do ponto de vista de De Maistre, Miller observa que há um "a mais" (*en trop*) da humanidade que a sociedade requer que seja eliminado. As guerras ou exigências de ordem, como o fascismo, respondem a isso.

Dessa maneira, quando um ato criminoso produz um grande número de mortes, ele se situa fora e para além do domínio do direito e alcança a esfera política. Miller alude à decisão de Truman, de lançar bombas atômicas sobre o Japão, calculando que fosse preferível que morressem milhares de japoneses em vez de milhares de americanos. Trata-se, nessa decisão, de um uso utilitário. A utilidade foi o significante introduzido por Bentham para definir o útil para o maior número.

Antes do cálculo do castigo realizado pelo tempo pago em dias de prisão, a execução dos criminosos era uma festa popular, como descreve Michel Foucault. Com a concepção de que o cri-

---

40 Motta, 1999.

minoso é inútil, um peso para a sociedade, ele se torna um resto. Perde seu caráter agalmático. Desta forma, o criminoso é destituído de sua subjetividade, e mesmo de sua humanidade.

A questão do utilitarismo, da norma e do papel do simbólico no crime foi discutida também por J. Laplanche, R. Badinter – ministro de Mitterrand que aboliu a pena de morte – e Michel Foucault. Eles situam também as condições simbólicas da relação do crime da norma e da transgressão na atualidade.

Laplanche espantou-se com o argumento de Badinter, num processo que mobilizou a opinião pública francesa, ao defender a abolição da pena de morte por motivos utilitários. Ele se opõe ao utilitarismo em matéria penal. Ao ressaltar na "crítica da pena de morte a sua 'inutilidade', pressupõe-se que a justiça tenha por objeto apenas a administração das relações entre os homens".[41] Laplanche se opôs também à posição de Foucault, que contrapõe a lei e a normalização.

O que deseja a população que pede penas mais duras, que protesta contra o "pouco de castigo", é que o crime seja punido. "O exemplo da pena está aí apenas para atestar a perenidade de algumas interdições, até mesmo de alguns tabus".[42] Para Laplanche, Badinter não responde a essas questões. O utilitarismo não ressalta o que no simbólico diz respeito à lei. Através do simbólico, de lei simbólica, articula-se a relação do sujeito com o Outro social. Nesse sentido, a dissuasão interessa de forma limitada às pessoas que protestam.

Foucault introduz neste debate a questão da normalização. Para ele, vivemos em dois sistemas superpostos: "punimos de acordo com a lei, mas a fim de corrigir, modificar, levar ao bom caminho, pois temos de nos haver com desviantes, anormais".[43]

---

41   Foucault, 2012, p. 76.
42   *Idem*, p. 78.
43   *Idem*, p. 80.

Ele exemplifica o que quer dizer o funcionamento da justiça de forma exclusiva a partir da lei. O exemplo é o sistema de castigos corporais do antigo regime ou da lei islâmica: "se roubares, tua mão será amputada, se fores adúltero, teu sexo será cortado".[44] Foucault define este sistema pelo caráter arbitrário da relação entre o ato e a punição. Ele sanciona "o crime na pessoa do criminoso".[45]

O juiz vai funcionar, neste modelo, como terapeuta do corpo social, ortopedista da norma, trabalhador da saúde pública. Em nossa introdução, já ressaltamos a atualidade das reflexões de Foucault, com as quais concorda Eric Laurent, delas extraindo consequências para a leitura psicanalítica dos modos de gozo no nosso presente.

A reflexão de Laplanche, no entanto, é significativa para além de sua crítica da oposição da lei e da norma. Laplanche cita Hegel: "a pena só tem sentido se abolir simbolicamente o crime".[46] Assim, é no nível simbólico que se situa o sujeito criminoso porque "somos animais voltados aos símbolos, e o crime é aderente à nossa pele assim como a lei...".[47]

Para Badinter, esta é a questão: a da angústia de julgar, por que os não criminosos têm tal necessidade de sacrifício expiatório? Mas a argumentação de Laplanche tem uma lógica própria e se refere ao plano em que, no discurso do Mestre, os sujeitos se relacionam com o fenômeno do crime e da lei. Referindo-se aos delinquentes e não delinquentes, diz ele haver, "dos dois lados, um fundo de angústia e culpa comum". Trata-se de algo mais profundo e bem mais difícil de cingir, de circunscrever. É a própria agressividade que fascina as pessoas, tomadas também pela

---

44 *Idem.*
45 *Idem.*
46 Foucault, 2012, p. 81.
47 *Idem.*

pulsão de morte. Sabem, "de modo confuso, que trazem o crime dentro de si, e que o monstro que lhes é apresentado assemelha--se a eles".[48] O comentário de Miller que citamos antes sobre o que diz Freud sobre os sonhos como lugar da transgressão vai no mesmo sentido que a reflexão de Laplanche. Os criminosos também possuem uma relação com a lei. Laplanche diz não haver, de um lado, uma população apavorada com a transgressão, e, de outro, uma população criminosa que só vive da transgressão. Existe uma defasagem entre a angústia, cujo caráter é inominável, que surge de nossa "pulsão de morte e, de outro lado, um sistema que introduz a lei".[49] O equilíbrio psíquico adviria dessa decalagem. Para Laplanche, a lei não é um tratamento do criminoso de maneira alguma, pois "existe implicitamente mesmo junto àquele que a viola".[50] Por outro lado, o crime existe em cada sujeito, em cada um de nós. O que é psiquicamente devastador, diz ele, é quando alguém tornou ato esse crime implícito e é tratado como uma criança irresponsável. Há na lei uma função subjetiva no sentido freudiano. Em cada sujeito, ela tem o papel "das interdições que respeitamos – em nosso inconsciente – do parricídio ou do incesto". Haveria dois níveis da culpa: de um lado, ela coexiste com a própria autoagressão; no outro, ela "simboliza-se nos sistemas constitutivos de nosso ser social, linguísticos, jurídicos, religiosos".[51] A necessidade da punição é uma maneira de fazer passar a angústia, que Laplanche chama de "primordial", para algo que pode ser expresso e, consequentemente, diz ele, "negociável". Há, assim, a expiação que permite abolir o ato criminoso, compensá-lo simbolicamente.

---

48 Foucault, 2012, p. 84.
49 *Idem.*
50 *Idem.*
51 *Idem.*

1.1. OS CRIMES DO IMAGINÁRIO

O imaginário, definido por Lacan a partir de seus escritos sobre o estádio do espelho, de 1933, e os que sucedem até 1949, permite explicar os crimes do imaginário como o texto que ele escreveu para a revista *Le Minotaure* – "Le crime des sœurs Papin". Este caso irá interessar a Paul Éluard e Benjamin Peret, Man Ray, ao cineasta Papadakis, com seu filme *Les Abysses*, além de Jean Genet, que escreveu *Les Bonnes* (2001) a partir dele. Sartre, no seu livro sobre Genet, discutiu também o caso das irmãs Papin, assim como o fizeram Simone de Beauvoir e o romancista P. Houdeyr, *Le diable dans la peau* (1966). Ao discurso proliferante da loucura, como no caso Schreber, opõe-se a dimensão intensa da passagem ao ato, que é o caso das irmãs Papin.

O crime atraiu a atenção geral devido ao caráter horrível da passagem ao ato. Trata-se do crime cometido por duas domésticas, em Le Mans, em 1933, Christine e Léa Papin, que, sem motivo aparente, haviam assassinado sua patroa, com um verdadeiro furor de mutilar. O aspecto imaginário está no primeiro plano – no ato de arrancar os olhos das vítimas. Lacan observa que elas realizam a metáfora mais usada do ódio: "eu lhe arrancarei os olhos".[52]

1.2. OS CRIMES DO SIMBÓLICO

Os crimes do simbólico concernem à sociedade. Diz Lévi-Strauss:[53] "as estruturas da sociedade são simbólicas, o indivíduo, na medida em que é normal, delas se serve para condutas reais: na medida em que é psicopata, ele se expressa por condutas simbólicas". É Lévi-Strauss quem afirma que "as condutas individuais

---

52 Lacan, 1932/1975a.
53 Lévi-Strauss, 1950/1997, p. 16-17.

Cap. I – O crime e os três registros

nunca são simbólicas, mas são os elementos a partir dos quais um sistema simbólico, que só pode ser coletivo, se constrói".[54] Para Lévi-Strauss, "só as condutas anormais, porque são dissociadas, dando a ilusão de estarem entregues ao abandono, a si mesmas, dão a ilusão de um simbolismo autônomo".[55] Assim, esta perspectiva clássica subordina o psicológico ao social. Trata-se, então, de situar como esta forma, já na sua fase estruturalista, vai tomar a forma da subordinação do sujeito ao significante. Neste caso, a discordância entre significante e significado vai-se dever ao papel do superego, além do papel da significação pessoal, de que fala Philippe Lienhard no seu comentário do caso Aimée. No crime, então, o geral e o particular se articulam sob a forma da condensação.

Em sua tese de doutorado, Lacan articulava a gênese do supereu e a sociedade. Este nexo vai prosseguir nos seus textos da década de 1950 e, principalmente, em "Introdução teórica às funções da psicanálise em criminologia".[56] O caráter simbólico do ato é fornecido pelo que Lacan chama de forma edipiana. É na forma edipiana que ele se realiza, como observa Lacan, que escreve mesmo "Do crime que expressa o simbolismo do supereu como instância psicopatológica".[57]

No caso Aimée, há uma equivalência entre simbólico e real. As perseguidoras – mulheres influentes, atrizes – são um protótipo. O objeto que Aimée atinge, diz Lacan, "é um símbolo puro".[58] Nesse símbolo, o que o constitui é o desconhecimento pelo sujeito da estrutura edípica do ato. Por esta inserção na estrutura edipiana, o sujeito é humanizado. A interpretação do ato mostraria a estrutura criminogênica da sociedade. Tal era a concepção inicial

---

54   Lévi-Strauss, 1950/1997, p. 16-17.
55   *Idem.*
56   Lacan, 1950/1998.
57   Lacan, 1950/1998, p. 131-132.
58   Lacan, 1932/2011, p. 312.

sobre o ato criminoso, que nosso trabalho de pesquisa pretende submeter a uma leitura crítica. Há que ressaltar que a escrita e o aparelho conceitual de um caso estão articulados e, muitas vezes, certos elementos da análise são excluídos. Assim, Lacan trabalha com o complexo fraterno, narcisismo secundário e escolha de objeto homossexual. A elaboração estava mais próxima do que ele vai desenvolver no estádio do espelho, mas seu interesse pela escrita de Aimée, como observa Jacques-Alain Miller, faz com que Lacan anuncie uma análise de estrutura. Em primeiro lugar, pela atenção minuciosa que presta ao texto do sintoma, "cujas letras são soletradas como o cuidado de não saltar nenhuma".[59] Em seguida, uma matriz de desdobramento a que obedece a matriz de elaboração do delírio. Em terceiro lugar, um mecanismo apresentado como determinante da passagem ao ato. Nota-se ainda a "espera de uma doutrina capaz de enunciar as leis do sentido",[60] que será encontrada em Jakobson, ao reduzir a retórica ao par metáfora e metonímia. Desta forma, Lacan isola letras, matrizes, mecanismos e leis que antecipam ou permitem trabalhar várias concepções do simbólico. Este permite pensar inclusive o caso à luz da teoria do sintoma, isto é, da letra como fixadora de gozo. Permite pensar a metáfora delirante "mulher de letras" no lugar daquela que situa a metáfora paterna. Mas, na descrição do caso, os elementos que tocam o pai são limitados.

Como vemos, o conceito mesmo do simbólico varia no ensino de Lacan e deve ser concebido não apenas como pacto, como sintoma ou como metáfora delirante. Ele implica não apenas o uso do nome do pai, mas as modificações do conceito de gozo associado ao significante, como letra, a partir do seminário do *sinthoma*. Assim, o gozo mortífero como perseguidor é o que

---

59 Miller, 2010b, p. 74.
60 *Idem.*

Cap. I – O crime e os três registros

aparece no delírio da criança morta, no "querem matar meu fi-lho", que domina Aimée.

Além disso, o simbólico aqui deve ser concebido também a partir da teoria dos discursos, a partir do significante mestre. É que Aimée, no seu delírio, visa a "todos os artistas, poetas, jornalista (gente de letras). Eles são odiados coletivamente e considerados responsáveis pelas infelicidades da sociedade".[61] E ainda no que diz ela: com o fim de "procurar um pouco de glória e de prazer, eles não hesitam em provocar, por sua jactância, o assassinato, a guerra, a corrupção dos costumes!".[62] O apelo ao Príncipe de Gales, marcado pela erotomania e pelo platonismo, a quem ela remete seus escritos e assina dedicatórias, está marcado também por uma relação com o simbólico. No caso do príncipe, o significante mestre vem garantir a nova ordem do mundo em que Aimée deve exercer seu papel redentor, no sentido de que "os poetas são o inverso dos reis, estes amam a glória e são inimigos da felicidade do gênero humano".[63]

Posteriormente, numa de suas conferências nos Estados Unidos, Lacan diz que acreditava que a personalidade fosse coisa fácil de apreender e afirma, retificando sua posição: "eu não creio que a psicose tenha nada a ver com a personalidade porque simplesmente são a mesma coisa".[64] Para estes casos de psicose, frente ao castigo, Lacan defendia "a aplicação modulada de *sanções penais* a estes sujeitos".[65]

A ideia de Lacan era que a passagem ao ato era, no fim das contas, um apelo a uma punição, e que só a psicanálise era capaz

---

61   Lacan, 1932/1975a, p. 165.
62   *Idem.*
63   Lacan, 1932/1975a, p. 195.
64   Lacan, 1975-1976/2005, p. 53.
65   Lacan, 1932/1975a, p. 303.

de "isolar a verdade do ato, isolando a responsabilidade do criminoso". Isto poderia levar o criminoso a aceitar um "justo castigo".[66]

Trata-se de rever este caso à luz principalmente do material e das análises levantadas por Allouch e, posteriormente, por Silvia Tendlarz, Jean-Claude Maleval, Françoise Schreiber, Philippe Lienhard, Chantal Bonnaud e Dominique Laurent.

Lacan vai reformular o mito freudiano de Totem e Tabu que vai tomar uma forma revigorada através da articulação da paternidade ao significante.

1.3. OS CRIMES DO GOZO OU OS CRIMES DO REAL

Vamos circunscrever a elaboração da problemática dos crimes do gozo, a partir das indicações de Jacques-Alain Miller, no Seminário de Orientação Lacaniana III, 6 – *Pièces detachées* (2005-2006), e, também, a partir da elaboração realizada por Francesca Biagi-Chai (2007) sobre um crime da *Belle Époque*, o caso Landru. Este caso serve de pano de fundo para interrogar a questão dos *serial killers*, criminosos que parecem ser característicos da sociedade norte-americana, como Ted Bundy, que matou muitas mulheres em vários estados da União americana, além de inúmeros outros.

Como dissemos, Miller (2007) distingue, num registro binário, os crimes de utilidade e os crimes de gozo. Os primeiros têm um fim determinável: a supressão do outro é apenas um meio para chegar a um fim útil (dinheiro, poder etc.), havendo um motivo racional que torna o objetivo inteligível. Os atos que eliminam o outro podem ser executados também pelo Mestre, pela autoridade social, tendo como causa evitar outros crimes, pela dissuasão.

---

66   Lacan, 1932/1975a, p. 123.

Os crimes de gozo tocam em outro ponto. Não se trata de um livre jogo da atividade intelectual, que vai mobilizar a novela policial, pois ele se dá em um outro espaço, o que Miller chama de teatro particular da pulsão "da crueldade que toca o que cada sujeito, cada falasser tem de inumano".[67]

O matador em série não trabalha para uma organização criminosa, não é um profissional do crime, é um amador, e seus crimes são apenas de gozo, não têm utilidade alguma.

O caso Landru apareceu em 1919 como um tipo de assassinato até então inédito, o dos crimes em série. Chiai refere-se à especificidade de Landru. Não há cadáver, a série existe, são mulheres, cuja particularidade como objeto é que lhes faltava o amor. Ele organiza também o cenário do crime, sendo também específico o lugar, casas de campo. Nada parece indicar o gozo. Miller (2007) indica o caráter paradoxal dos crimes de Landru. Ele apresenta como motivo o mais utilitário possível, prover as necessidades de sua família, o bem-estar dos seus, indo contra a sociedade. Contatou cerca de 283 mulheres e assassinou mais de 10. Num determinado momento, "o futuro lhe pareceu fechado. Não quis abandonar os seus a ameaças e ele começou o massacre".[68]

Landru parece agir em função do dever, de "tudo fazer para sua família". Mas ele não age movido por qualquer lei simbólica, e esta fórmula representa algo como um dogma. Não pode ser entendida, portanto, como efeito do superego. Este imperativo, Biagi-Chai[69] o considera basicamente delirante.

Em um período de quatro anos, Landru matou 10 mulheres e um rapaz. O caso surgiu como um enigma, o enigma moderno dos assassinos em série. Pois Landru aparenta normalidade. É uma figura dupla como Dr. Jekyl e Mr. Hyde.

---

67 Miller, 2007, p. 13.
68 Biagi-Chai, 2007, p. 117.
69 *Idem*, p. 49.

No caso Landru, trata-se de esclarecer a biografia pela psicanálise. Não é uma narrativa puramente cronológica ou uma explicação já feita. Trata-se de uma monografia conforme ao real do inconsciente que aí se revela, é uma biografia em que o real se enlaça à história inscrita na junção do universal e do singular. Não são apenas categorias clínicas que aparecem, mas a figura singular de um sujeito.

1.4. A QUESTÃO DA PSICOSE NO ENSINO DE LACAN

Como argumentamos, os crimes psicóticos são o eixo inicial dos casos de Lacan. Seu estudo vai, como em Freud, privilegiar a paranoia frente à esquizofrenia. E a reformulação teórica dos casos Aimée, Papin, além de Rivière, inscreve-se na psicose. Por isso, é fundamental estudar o desenvolvimento do conceito de psicose em Lacan. Os aspectos singulares dos casos e seu afinamento clínico se devem à definição dos conceitos de forclusão do Nome-do-Pai. A estabilização na psicose, o empuxo à mulher, e mesmo o *sinthoma*, além do objeto pequeno *a*, são conceitos cujo esclarecimento e sua fundamentação teórica são essenciais para a leitura dos casos.

Assim, o estudo das psicoses ocupou um lugar fundamental no ensino de Lacan. Este estudo, como nos lembra Laurent,[70] foi reformulado a cada 10 anos. Com o estágio do espelho, "reformulou os aportes de sua tese, articulada sobre os limites jaspersianos entre compreensão e processo".[71] Em 1946, surgem as Considerações sobre a causalidade psíquica", e, em 1956, o Seminário III sobre as psicoses. Em 1965, há o texto de introdução às memórias do presidente Schreber, em que o conceito de gozo vai ocupar

---

70 Laurent, 1989, p. 10.
71 *Idem.*

Cap. I – O crime e os três registros

um lugar central. Em 1975, há o Seminário Joyce o Sinthoma. Perspectivas diversas vão ser elaboradas sucessivamente por Lacan, em um movimento moebiano, que implica simultaneamente continuidade e ruptura. Em primeiro lugar, "predomínio do simbólico sobre o imaginário na clínica diferencial".[72] No Seminário III, vai surgir o problema do "desencadeamento e da estabilização", ao elaborar a teoria do simbólico e da forclusão.

Nesse momento, define-se uma clínica centrada no mecanismo da explicação e não mais na compreensão do mecanismo da psicose. Com a questão da forclusão, Lacan trata também do problema "das suplências e do sintoma" na clínica do gozo. Outra questão importante é a do fantasma materno e do objeto *a*.

1.4.1. A forclusão do Nome-do-Pai

Lacan introduziu, em 1957, o conceito de forclusão do Nome-do-Pai na teoria psicanalítica. Esta inovação teórico-clínica tem por função dar conta, cingir a estrutura da psicose. Não se trata de um mecanismo de defesa suplementar nem de uma noção separada da dimensão clínica.

Lacan desdobrou sua elaboração em várias etapas de seu ensino, sem dela fazer uma exposição sistemática. Ela emerge no Seminário III sobre as psicoses,[73] em que o núcleo central da leitura de Lacan se centra no caso do presidente Schreber. Será, no entanto, no seu escrito "De uma questão preliminar a todo tratamento possível da psicose", publicado originalmente na revista *La Psychanalyse*,[74] que ele dá conta desse conceito. No entanto, transformações decisivas do ensino de Lacan não estão presentes nesse texto que inclui o objeto *a*, além da elaboração

---

72   *Idem.*
73   Lacan, 1955-1956.
74   Lacan, 1957.

ampliada dos conceitos de gozo como regulador e também o conceito do real.

Essa fase do ensino de Lacan, centrada na lógica do significante, será ultrapassada por uma concepção do gozo, então articulado aos efeitos da forclusão.

O esclarecimento dessa perspectiva foi possível graças ao trabalho de elaboração teórica, histórica e clínica dos conceitos efetuados por Jacques-Alain Miller, no seu curso "A orientação Lacaniana", sobre os paradoxos do ensino de Lacan. Com efeito, Miller nos ensinou a passar de uma concepção inicial de Lacan, a que Eric Laurent chamou clássica, para o que Jean-Claude Maleval chamou de axiomática do gozo.[75]

O trabalho teórico-clínico de Lacan vai ter um ponto especial de elaboração a partir do conceito de paranoia. Os casos clínicos que vai analisar, seja na tese, seja um pouco depois, seja o caso Aimée ou das irmãs Papin, entram nesse campo. Lacan vai trabalhar com os conceitos e teorias da psiquiatria. Os paradoxos e impasses do saber psiquiátrico vão levá-lo a descobrir o campo do saber inconsciente inaugurado por Freud. É o que vai levá-lo a elaborar sua tese, em que encontra o inconsciente freudiano. Ele considera seu percurso, então, um desvio, desvio necessário. Ele diz: "o ensino passa pelo desvio de meio-dizer (*mi-dire*) a verdade.[76]

Ainda que haja essa ressalva que vê sua tese como um desvio, ela é o lugar de uma importante descoberta psicanalítica por Lacan. Com efeito, Jacques-Alain Miller afirma que, na tese Lacan, encontrou sua "intuição fundamental", o conceito que dá uma orientação decisiva e inovadora a seu ensino: a tese da divisão subjetiva. Foi H. Bergson que elaborou essa concepção da existência, para os autores, de uma intuição fundamental no cam-

---

75   Maleval, 2000, p. 11.
76   Lacan, 1932/1975, quarta capa.

Cap. I – O crime e os três registros

po da filosofia, e que Jacques-Alain Miller aplica aqui ao conjunto da obra de Lacan, mas que foi extraído da Spaltung freudiana.

A questão da psicose é, assim, o fulcro inicial que permite demarcar o ensino de Lacan.

Lacan formaliza a divisão subjetiva com o matema [$\$$ __ S'], em que o eu, o sujeito, situa-se numa distância irredutível a "mim", característica fundamental da estrutura neurótica em que o sujeito se constitui como "outro para si mesmo",[77] como estranho para si, marcado por um estatuto de alteridade no seu advento.

O desejo do sujeito vai ser assim determinado, e, na neurose, o desejo do sujeito vai aparecer sempre como desejo de *outra coisa* ou *desejo do Outro*.

Podemos perguntar o que faz com que o sujeito neurótico deseje? Porque existe para ele a falta. Aos neuróticos é a falta que faz a nós desejantes. Desejo em que simultaneamente ignoramos o que nos falta.

Para formalizar essa operação da falta, Lacan forjou um conceito de que ele disse ter sido sua única invenção conceitual, o de objeto pequeno *a*. O objeto *a* indica, então, não o objeto do desejo, mas o objeto da falta, objeto cuja falta faz desejar, objeto causa do desejo. Esse objeto é, para Lacan, a consequência, o resto, devido a uma perda essencial, inerente à divisão subjetiva que funda o sujeito. É essa perda que, transformando-se em uma falta estrutural, produz o desejo do sujeito que é constantemente reativado. Lacan fez também do "Outro" como lugar do código, terceira instância, suporte da "função simbólica", tanto o suporte dessa falta como sua garantia essencial.

Assim, na neurose, falta ao sujeito um objeto, o objeto *a*. Essa falta cria o desejo que sustenta o sujeito em sua existência. Esse desejo toca a tudo o que na vida pode ser substituído, a tudo o que

---

77 Lacan, 1978, p. 16.

ocupa o lugar do objeto *a*. O que leva o sujeito a dar conta de sua insatisfação, modo de existência do sujeito neurótico. Enquanto, na neurose, o sujeito e o Outro faltam, não é o que ocorre na psicose. É que na psicose o Outro não falta. Assim, o que Lacan chama Nome-do-Pai tem exatamente esta função de garantir "a falta do Outro". A forclusão se dá quando essa função não é preenchida, não se assegura a falta do Outro. O que faz com que o psicótico seja invadido por esse Outro, que não tenha defesas contra suas intrusões, ou soluções delirantes que o levem a passagens ao ato. O que o leva também para o terreno da certeza, de tal maneira que ele não aparece clivado, dividido entre desejos antagônicos.

Tudo isso tem como consequência que o objeto *a* não é objeto de falta, objeto perdido. Para o psicótico, esse objeto está presente, ou, como diz Lacan, na fórmula conhecida "ele o tem no seu bolso".[78]

De qualquer forma, a determinação do mecanismo da psicose, com a forclusão do Nome-do-Pai, é algo que não estará em continuidade com a tese sobre a paranoia.

Lacan vai desenvolver, em 1946, uma segunda teoria da psicose, no seu texto "Considerações sobre a causalidade psíquica". A imago, ou a discussão do Imaginário, situa a loucura em um terreno em que a separação neurose/psicose não é clara. No entanto, será perfeitamente possível incluir essas elaborações nos efeitos imaginários produzidos pelo desencadeamento do significante. Esse quadro é o que permite pensar de forma consistente a primeira clínica da forclusão do Nome-do-Pai.

Quando Lacan, em 1957, vai elaborar seu conceito de forclusão, seu trabalho teórico-clínico orienta-se segundo a proposta de um retorno a Freud. Ele pretende fundar uma clínica psicanalítica estrutural. Ela estava ancorada na clínica psiquiá-

---

78   Lacan, 1967.

Cap. I – O crime e os três registros

trica clássica. Esta, por sua vez, começa a apresentar sintomas de fragmentação e esgotamento.

Por outro lado, o que Lacan introduz de radicalmente novo com o conceito de forclusão do Nome-do-Pai constitui um dos avanços maiores incontornáveis da clínica psicanalítica moderna e contemporânea.

Lacan aponta, designa, afirma a carência do significante que assegura a consistência do discurso do sujeito. É o que permite também dar um fundamento à clínica, incidindo sobre a clínica da paranoia e da esquizofrenia.

As perturbações da linguagem vão ocupar um lugar importante para discernir os efeitos da carência da significação fálica. Ela implica uma ruptura da cadeia significante. Esta vai ter como efeito liberar no real as letras "sobre as quais se encontra fixado um gozo desregulado".[79]

1.4.2. A forclusão do Nome-do-Pai no Seminário III e na questão preliminar

Em fevereiro de 1956, no curso de seu Seminário, Lacan questiona, interroga a *Verwerfung*, tal como ele a entende. "Trata-se, então, da rejeição de um significante fundamental, rejeitado nas trevas exteriores, e que vai faltar neste nível".[80] E ele prossegue: "Eis o mecanismo que suponho como base da paranoia. Trata-se do processo primordial de 'exclusão de um interior primitivo, que não é o interior do corpo, mas de um primeiro corpo de significantes'".[81] Lacan diz que está presente no texto escrito por Freud sobre a *Verwerfung* a existência de uma primeira divisão entre o bom e o mau, que só pode ser entendida

---

79 Maleval, 2000, p. 17.
80 Lacan, 1982, p. 171.
81 *Idem.*

na medida em que a entendemos como "rejeição de um significante primordial".[82] Nessa maneira de entender, parece que na paranoia, na psicose, e não na neurose, há um processo ligado à construção do sujeito.

Lacan afirma o primado de uma estrutura significante anterior com a qual a criança deve-se haver para que possa advir como sujeito e também construir sua realidade. A *Verwerfung*, diz Lacan, se produz "no campo dessa articulação simbólica original".[83]

Há, por outro lado, a expulsão primordial, que funda a *Bejahung*, pensada por Freud, com o efeito de criar, instaurar, inaugurar a coesão da armadura significante. Por outro lado, essa articulação significante é desarrumada, desestruturada pela *Verwerfung*, associada à paranoia. No artigo de Freud sobre a *Verneinung*, a rejeição postulada possui uma anterioridade lógica frente ao que Lacan postula inicialmente como mecanismo da psicose. Lacan vai, então, procurar definir o que constitui a particularidade, a singularidade, a especificidade da separação psicótica. Para isso, Lacan vai ler um raro texto de Freud consagrado à psicose, "Neurose e Psicose".[84] Falando dos delírios, diz Freud: "Algumas análises nos ensinaram que a loucura aí é empregada como uma peça que se cola ali onde inicialmente se produzira uma falha na relação do ego com o mundo exterior".[85] Vai dizer, por outro lado, que, diferentemente do que pensava antes, na psicose, o ego não se separa totalmente da realidade. O delírio elaborado pelo psicótico reconstrói o Universo, o Cosmos, para mascarar uma falha essencial. Em seu pensamento, nada possui em comum com a rejeição original associada à *Bejahung*, que instaura a ordem simbólica. No recalcamento originário, o elemento rejeitado

---

82 *Idem.*
83 Lacan, 1981, p. 170.
84 Freud, 1924/1973.
85 Freud, 1973, p. 285.

Cap. I – O crime e os três registros

constitui seu sustentáculo. Diferentemente, a rejeição, no sentido de Lacan, diz respeito à rejeição de "um primeiro corpo de significantes". Este deveria inscrever-se no campo da simbolização primária. A falha psicótica é, assim, diferente da expulsão primária. Desta maneira, a existência de "significantes de base que estabelecem a ordem humana das significações, a falha psicótica, vai dizer respeito a alguns desses significantes. Com isso, desaparece a confusão entre o recalcamento originário e a falha psicótica.

Em abril de 1956, Lacan deu uma ilustração dessa abordagem através da metáfora do tamborete. Diz ele: "Nem todos os tamboretes têm quatro pés. Existem os que se mantêm com três. Mas, então, basta apenas que falte um para que tudo vá muito mal. Pois bem! Saibam que os pontos de apoio que sustentam o pequeno mundo dos pequenos homens da multidão moderna são em número muito pequeno".[86] E Lacan prossegue: "Pode ocorrer que no começo não haja um número suficiente de pés no tamborete, mas que ele se mantenha até um certo momento, quando o sujeito em uma certa encruzilhada de sua carreira biográfica é confrontado com esta falta que existe desde sempre".[87] A confirmação deste fenômeno, Lacan vai encontrá-la numa clínica da perplexidade, que aparece no início de certas perturbações da psicose. O sujeito encontra-se confrontado com um enigma que indica a existência de uma falha, uma hiância no espaço do significante. Basta a falta de um significante, para que a dimensão desse vazio adquira toda sua importância, atingindo toda a cadeia significante. Esse processo só pode estabilizar-se com a criação de uma nova dimensão delirante da realidade.

Graças à introdução da noção da falta de um significante original, que constitui o sustentáculo da armadura simbólica do sujeito, podemos entender o que há de específico, particular, na

---

86 Lacan, 1981, p. 229.
87 *Idem.*

Verwerfung psicótica. Ela vai se diferenciar da expulsão fundadora do sujeito. O pé faltante do tamborete indica a falta presente no simbólico. Ele é de ordem diversa da falta que orienta a construção dos quatro pés. Há aqui uma condição prévia que pode ser estatuída. Formula-se assim a tese, o conceito de uma estrutura psicótica.

No caso de Schreber, nas suas *Memórias de um nevropata*,[88] trata-se da ausência "do significante masculino primordial".[89] Lacan, ao observar isso, vai passar a questionar a função paterna e as razões pelas quais Freud vai dar importância fundamental ao complexo de Édipo e a observá-lo também em toda parte. É que a noção "do pai lhe dá o elemento mais sensível na experiência"[90] do nexo "do ponto de basta, entre o significante e o significado".[91] O ponto de basta, de amarração, designa os significantes fundamentais a partir dos quais se organizam a ordem simbólica e a realidade para o sujeito. Trata-se de um conjunto mínimo de nexos para que um sujeito humano possa inscrever-se na ordem humana, dita normal. Se eles não se estabelecem, entra-se no campo da psicose. Os laços estabelecidos pela função paterna indicam para cada sujeito o caminho a seguir em sua vida. Quando essa conexão se mostra falha, a corrente contínua do significante vai predominar e tornar-se independente. Então, os pequenos caminhos em torno da grande estrada (outra metáfora de Lacan) põem-se a falar para o sujeito. Surge o murmúrio das vozes das alucinações verbais, sugerindo uma variedade de pequenos caminhos, desvios da grande estrada, que indicam mal a via a seguir.

Nessa abordagem, o complexo de Édipo aparece ressaltado em uma formulação mítica, que indica a implicação fundamental do pai na ordem simbólica.

---

88   Schreber, 1985.
89   Lacan, 1981, p. 286.
90   *Idem*, p. 304.
91   *Idem*.

Lacan encerra suas considerações no seminário sobre as psicoses indicando a primazia do Nome-do-Pai para que possa advir uma estruturação normativa do sujeito. Na sessão de 4 de julho, ele propõe que se traduza "*Verwerfung*, não por *rejet*, rejeição, mas por 'forclusão'". Agora, Lacan permite estabelecer que a estrutura da psicose não seja confundida com o recalcamento originário. Ela está associada à forclusão de um significante fundamental portador da lei. No Seminário IV, sobre a relação de objeto, Lacan (1994) refere a paranoia não a um paranoico específico, no caso o presidente Schreber, como no seminário anterior, mas a uma *Verwerfung* que "deixa fora"[92] o termo do pai simbólico.

"A falta que dá à psicose sua condição essencial" vai ser formulada pela primeira vez como forclusão do Nome-do-Pai, na "questão preliminar a todo tratamento possível da psicose".[93] Esse texto foi redigido por Lacan entre dezembro de 1957 e janeiro de 1958. Como Lacan define então o Nome-do-Pai? Ele é definido então como "o significante que no Outro, como lugar do significante, é o significante do Outro como lugar da lei".[94] O Nome-do-Pai pertence então ao campo do simbólico. Assim, o do Outro da lei vai reduplicar o Outro do significante. Lacan vai levar algum tempo para alterar essa concepção, mostrando que o pai não é uma referência tão certa. Mostrando, ao mesmo tempo, seu caráter sintomático.

A noção de *Verwerfung* foi retirada por Lacan do texto freudiano, ainda que não fosse clara. Trata-se de uma elaboração de Lacan da problemática de Freud, que a amplifica, modifica, enriquece e lhe dá o rigor de um conceito.

---

92   Lacan, 1994, p. 227,
93   Lacan, 1966.
94   Lacan, 1966, p. 583.

1.4.3. A origem do conceito de forclusão

Na língua francesa, o conceito de forclusão tem um sentido preciso no vocabulário jurídico, em que quer dizer "perda de um direito não exercido nos prazos prescritos". O dicionário *Littré*, no entanto, afirma que o sentido de forclusão é excluir. No dicionário etimológico da língua francesa de Bloch e Von Wartburg, forclusão aparece em francês em 1446[95] como derivação de forclose (excluído), presente no *Romance da Rosa* medieval.

O termo forclusão fora introduzido no campo psicanalítico francês por Damourette e Pichon, indicando uma modalidade de negação na língua francesa. Lacan conhecia bem Edouard Pichon, um dos fundadores da Sociedade Francesa de Psicanálise e a quem dedicara, entre outros, sua tese.

Na língua francesa, o processo de negação repousa em dois termos: *ne...pas, ne...jamais: ne... rien*. Nas outras línguas basta um: não, em português, *not*, em inglês, *no*, em espanhol.

Mas há em francês termos mais finos, o discordante (*discordantiel*) e o forclusivo. O discordante "marca uma inadequação de suspeita com o meio".[96] O outro, o forclusivo, indica que o fato de que Pichon chama *amplecté*, envolvido, "é excluído do mundo aceito pelo locutor".[97]

Lacan vai dar atenção especial ao registro discordante da negação, referindo-se várias vezes ao "NE" expletivo, para dar conta da divisão do sujeito. Ele indica, no enunciado, a presença do sujeito da enunciação. Neste caso, não se trata de psicose, evidentemente.

O aspecto do forclusivo em francês vai aparecer em palavras como *rien* (nada), *jamais, aucun, pas, personne, plus, guère*). Ele se aplica "aos fatos que o locutor considera não fazerem parte da

---

95 Bloch; Von Wartburg, 1975, p. 138.
96 Damourette; Pichon, 1928, p. 243.
97 *Idem.*

realidade". Esses fatos estão, de certa forma, forcluídos. Pode-se pensar, afirma Jean-Claude Maleval,[98] que haja uma concordância aqui com a ideia de forclusão freudiana. Maleval acha que Lacan não atribui esta origem a Pichon, quando reconhece a eles outros termos da linguagem, porque ele pensa que, do ponto de vista teórico, conceitual, neste ponto, não lhes deve nada.

Lacan, quando introduz sua tradução da *Verwerfung* como forclusão, está no caminho de descobrir que a psicose se relaciona diretamente ao Nome-do-Pai. Se este designa no simbólico o que encarna a lei, existindo na língua francesa um termo jurídico que traduz a *Verwerfung* da lei, bem mais preciso que a rejeição, por exemplo. Lacan preferiu, assim, a acepção jurídica do termo, rejeição que se manifesta como não conforme às manifestações legais.

1.4.4. A pluralização dos nomes do pai

A partir de 1958, a determinação da psicose pela forclusão do Nome-do-Pai vai ser um ponto de não retorno para Lacan, uma tese bem estabelecida. Ele vai, no entanto, remanejar continuamente sua concepção da função paterna.

No início da década de 1950, a causalidade simbólica, a articulação do simbólico, predomina sobre a causalidade psíquica centrada nas imagos.

Lacan, apoiando-se nos trabalhos de Lévi-Strauss, vai descobrir a importância de um sistema de uma rede sistemática de primeiros significantes. Essa armadura primária de significantes, Lacan vai chamar de lugar do Outro. Nela, vão-se inscrever os traços mnemônicos do sujeito. Diz Lacan: "O Outro é o lugar da memória descoberto por Freud com o nome de inconsciente, que determina a indestrutibilidade de certos desejos".[99] Trata-se agora

---

98   Jean-Claude Maleval, 2000, p. 69.
99   Lacan, 1966, p. 575.

de uma memória simbólica, cujas leis são particulares, diversas das manifestações da reminiscência imaginária.

Um postulado fundamental do ensino de Lacan é a preexistência do significante ao nascimento do sujeito. Ela, no entanto, não é bem aceita devido às tendências filosóficas que afirmam um autoengendramento do sujeito. A ideia de que o sujeito seja descentrado frente à consciência, descoberta por Freud, ainda hoje não é bem conhecida. E na psicanálise há ainda os que afirmam uma hegemonia do ego.

A concepção de Lacan, na década de 1950, vai-se articular em torno da ideia de uma lesão do campo do Outro. Há nesse lugar um significante que falta. Não se trata de um significante recalcado, mas forcluído. Assim, como ele não está articulado no simbólico, ao retornar, ele surge no real. Por outro lado, não se trata apenas de um significante qualquer, ele sustenta a função paterna, que Freud já estabelecera como essencial para o sujeito.

Assim, o ser humano vai procurar o suporte de um ser externo para dar conta dos limites e da consistência do seu universo de linguagem. O campo religioso na sua diversidade aí está para indicar a busca desse campo do Outro.

Lacan concordava com Freud quanto à importância do complexo de Édipo desde seus estudos dos anos 1930 e 1940. Ele diz: "a imago do pai concentra em si as funções de repressão e de sublimação".[100] Ou, ainda, na nossa cultura, ela "regula a maturação da sexualidade".[101] Lacan vai dizer que o declínio social da função paterna vai ser, no curso do século XX, uma das causas "da grande neurose contemporânea".[102] E vai dizer, ainda, que a

---

100 Lacan, 1938, p. 66.
101 *Idem.*
102 Lacan, 1938, p. 73.

Cap. I – O crime e os três registros

crise do "grupo familiar pela ausência do pai pode ser muito favorável à eclosão das psicoses".[103]

Com a passagem do predomínio das imagens pela estrutura da linguagem, a função paterna vai ser reconsiderada: o predomínio da imagem vai ser substituído pelo do significante que a determina.

Vai ser, no "mito individual do neurótico"[104] e no Discurso de Roma, função e campo da palavra em psicanálise, que Lacan apresenta o conceito de nome-do-pai, ainda em minúsculas. Nesse texto, essa noção se aparenta com o universo religioso em que ecoam os fundamentos da lei. Na ambiguidade significante, aparece a interdição que esse termo manifesta de forma positiva: é o significante que sustenta a ordem simbólica.

Já Bronislaw Malinowski (1967) ressaltara que, em várias culturas, o papel repressivo junto à criança é exercido não pelo pai, mas pelo tio materno. Lacan levou em conta essa realidade histórico-antropológica, dizendo que "o complexo de Édipo é relativo a uma estrutura social".[105] Para Lacan, desde esse período, a imagem paterna dispõe de uma função autônoma frente aos que a sustentam. Lacan nota ainda que aqueles que a encarnam em nossa cultura sempre se mostram insuficientes frente a seu papel. Desta forma, o pai é sempre "carente, discordante, humilhado".[106] Quando Lacan descobre a primazia do significante, ele marca ainda mais a decalagem entre a função simbólica e os que a suportam; Lacan lembra que a identificação ao pai se faz pela palavra da mãe, de tal maneira "que a atribuição da procriação ao pai só pode ser feita pelo efeito de um puro significante".[107] Assim, ele introduz "o que a religião nos ensinou a invocar como o No-

---

103 *Idem*, p. 49.
104 Lacan, 2007.
105 Lacan, 1938, p. 66.
106 Lacan, 1973, p. 305.
107 Lacan, 1966, p. 556.

me-do-Pai".[108] Desta forma, este conceito vai permitir separar os "efeitos inconscientes da função paterna, das relações narcísicas". E o mesmo diz Lacan das "relações reais que o sujeito mantém com a imagem e a ação da pessoa que a encarna".[109]

Inicialmente, Lacan aproximou bastante essa concepção da função religiosa, através do laço entre o Pai e Deus. Mas, com isso, ela remete também à possível universalidade dessa função para o falasser.

Lacan introduzira o conceito de grande Outro no seu seminário sobre "O eu na teoria de Freud e na técnica psicanalítica".[110] Ele implica um para além do imaginário, da dimensão especular, o campo da ordem simbólica. Nela, o sujeito procura reconhecer seu desejo, e a verdade encontra seu ponto de articulação. O Nome-do-Pai inscreve-se nesse campo, constituindo uma instância "pacificadora" dos enganos do imaginário. Ele ordena um universo de sentido, organizando a ordem das coisas e estabelecendo conexões entre o significante e o significado. Para definir essas conexões, Lacan inventa a noção de ponto de basta, que aperta e prega como em uma almofada, um lado e outro. Essa amarração vai-se dar através do sentido que se instala retroativamente através da última palavra da frase. Essa amarração diacrônica constitui uma das primeiras abordagens do Nome-do-Pai. Ela parece constituir uma conexão de elementos heterogêneos. É graças a ela que a ordem simbólica se sustenta. Ela constitui um ponto de basta do significante e do significado. Ela mantém "enlaçados o triângulo falo-mãe-criança".[111] Escrito em 1912, Freud afirma a existência de uma horda primitiva, inicial, dominada por um pai violento, ciumento, que se apropria de todas as mulheres. Ele

---

108 *Idem.*
109 Lacan, 1966, p. 278.
110 Lacan, 1978.
111 Lacan, 1981, p. 359.

Cap. I – O crime e os três registros

expulsa também os filhos, à medida que estes se tornam adultos. Um dia, os filhos se reúnem, conspiram contra o pai, matam e comem o pai, pondo fim à dominação paterna da horda. São, em seguida, tomados por um forte sentimento de culpabilidade por terem posto fim ao pai. Este é o ponto de origem da lei do desejo. O pai morto torna-se mais potente do que era quando vivo. O que o pai "interditava antes" os filhos proibiam para si agora eles próprios, em virtude dessa "obediência retrospectiva". Essa obediência é característica de uma situação que a psicanálise nos tornou conhecida e familiar. Eles desautorizavam seu ato, interditando a morte do totem, substituto do pai. "Renunciavam assim a recolher os frutos de seus atos, recusando-se a manter relações sexuais com as mulheres que tinham libertado".[112]

O recalcamento dos desejos edipianos explica dois aspectos fundamentais do totemismo: a exogamia e a proteção do animal totem. A tese de Freud é que a lei do desejo se articularia em torno da transmissão de uma culpabilidade original ligada à morte fundadora, inicial do pai.

Considera-se, hoje, que Freud projetou na pré-história um fantasma que escutou ouvindo os neuróticos. Os antropólogos dão pouca importância a esse mito freudiano, mas, para a psicanálise, é um mito que dá forma épica, como diz Lacan, a uma estrutura inconsciente. Eis o que diz Lévi-Strauss:

> O fracasso de Totem e Tabu, longe de ser inerente ao objetivo de seu autor, deve-se mais à hesitação que o impediu de prevalecer, até o fim das consequências, implicadas nas suas premissas. Era preciso ver que fenômenos colocando em questão as estruturas mais fundamentais do espírito humano não puderam aparecer de uma vez para sempre: eles se repetem inteiramente no interior de cada consciência, e a

---

112 Freud, 1968, p. 164-165.

explicação que lhes diz respeito pertence a uma ordem que transcende, ao mesmo tempo, as sucessões históricas e as correlações do presente.

A partir da década de 1950, Lacan segue a lógica de certos fenômenos de base, tomando como parâmetro a estrutura do sujeito humano, mais do que a história. Ele vai levar em conta os métodos da linguística. Nesse sentido, a formalização do conceito de Nome-do-Pai e sua função são paralelas às tentativas de formalizar o inconsciente inspiradas pelas *Estruturas elementares do parentesco*, de Claude Lévi-Strauss, 1967.

O mito freudiano agora só pode permitir o retorno do ancestral através do significante, seja no totem, ou com a máscara da divindade. Então, como o significante apaga, no sentido hegeliano, a coisa, o mito de Totem e Tabu mostra a conexão básica da paternidade com a morte. Nessa medida, aquele que instaura a paternidade já está, para sempre, morto. Sua herança se transmite por um Nome separado da voz que o enunciaria. Não é preciso matá-lo. O significante já o faz. É o que fortemente vai levar Lacan, depois de formular e divulgar o conceito de Nome-do-Pai, a enlaçá-lo ao mito freudiano: "o verdadeiro pai, o pai simbólico, é o pai morto".[113] Diz Lacan: o assassinato primordial "é o momento fecundo em que o sujeito liga a vida à lei, o pai simbólico, na medida em que significa esta lei, é de fato o pai morto".[114] Há aqui uma ultrapassagem do imaginário, daquilo que o complexo de Édipo situaria apenas em imagens. Lacan vai afirmar e isolar uma estrutura que une o desejo à Lei. É o que nos mostram as primeiras conceitualizações do Nome-do-Pai. Trata-se de um significante inerente ao campo do Outro. Ele implica a interdição do gozo primordial. Gera uma culpabilidade original e instaura ne-

---

113 Lacan, 1966, p. 469.
114 *Idem*, p. 556.

Cap. I – O crime e os três registros

xos essenciais. Lacan vai distinguir progressivamente o pai morto freudiano e o Nome-do-Pai. Como aparece em Totem e Tabu sobre a fantasia dos neuróticos, o pai ideal é aquele a que o sujeito dirige seu amor. E o Nome-do-Pai se situa no campo da lei e da castração que regula o desejo. O Édipo vai ser menos importante. No seminário inacabado sobre os Nomes-do-Pai, Lacan vai pluralizar o significante do Nome-do-Pai. Ele afirma a necessidade de ir além de Freud em sua elaboração sobre a função paterna. A pluralização tem como efeito que este significante se confunda com outros significantes mestres para cumprir sua função. O significante mestre é o que indica e determina a castração. Desta maneira, o Nome-do-Pai vai tomar a forma de um S_1.

No Seminário XX, mais ainda,[115] Lacan afirma, na sessão que Miller nomeou "do mito à estrutura", que o mito de Édipo revela que o assassinato do pai é condição de gozo. Há, assim, para Lacan uma equivalência entre o pai morto e o gozo. O pai torna-se um separador estrutural, como agente da castração. Porém a castração advém da linguagem e não do pai. A castração traduz, assim, uma perda de gozo que toca o sujeito quando este é introduzido na linguagem. A castração não provém do pai, mas da linguagem. Assim, separa-se a castração do Édipo.

Dessa forma, vai-se opor o Édipo e Totem e Tabu. Há, em primeiro lugar, o assassinato do pai, com a instauração da proibição do incesto e a lei. Esta proibição não é apenas da mãe, mas de todas as mulheres. Por isso, Silvia Tendlarz lembra que Eric Laurent chega a dizer que "o percurso de Lacan para além do Édipo é uma destituição sistemática do pai como ideal e como universal.[116]

Clotilde Leguil, no texto "Do totem ao sintoma – a civilização e suas raízes", introdução à nova edição francesa de Totem e Tabu, pergunta: "Por que os selvagens sacrificam o totem que res-

---

115 Lacan, 1999.
116 Tendlarz, 2006, p. 31.

peitam e temem?".[117] Por que se realiza esta encenação "da morte do totem que é ao mesmo tempo o nome de seu clã?".[118] O que vê Freud no festim totêmico? Para Freud, o banquete totêmico com as festividades que o acompanham é a comemoração de um acontecimento fundador que só ocorre uma vez. Esse acontecimento, da ordem de um assassinato e de um repasto, não seria um animal que teria sido sacrificado. Clotilde lembra que "seria aquilo que o totem teria substituído simbolicamente".[119] O que seria a função do totem? Reconhecer a todos e cada um como descendente de um ancestral comum ao mesmo tempo amado e temido. Lacan lembra que "a reflexão de Totem e tabu gira em torno do objeto fóbico, é ela que o coloca na via da função do Pai".[120] Há, assim, uma concordância entre a função do objeto fóbico na criança e o estatuto do tabu nos selvagens. É esta concordância que faz surgir para Freud o sentido do totemismo, seu verdadeiro significado. No caso do pequeno Hans, o que Freud nos mostrou, no cavalo de que a criança tem medo, poderia agredi-lo, mordendo-o. Ele vem substituir, assim, o pai, o agente da castração, no sentido que separa a criança da mãe. Ou, como diz Lacan, "ocorre que o pequeno Hans encontra uma suplência para este pai, que se obstina em não querer castrá-lo".[121] Este é o sentido da fobia, que pode ser entendida como um retorno ao totemismo. O totem de Hans é um cavalo. Assim como, para os chamados "primitivos", o totem que os primitivos amam e temem seria um substituto do pai da horda, que eles mataram para pôr fim à sua onipotência. Desta maneira, na origem da humanidade, um crime irreparável foi cometido: "Um dia, os filhos ex-

---

117 Leguil, 2010, p. 27.
118 *Idem.*
119 Leguil, 2010, p. 27.
120 Lacan, 2005, p. 35.
121 Lacan, 1994, p. 365.

Cap. I – O crime e os três registros

pulsos se reuniram, mataram e comeram o pai, pondo fim assim à horda paterna".[122] Diz Freud: "O banquete totêmico, talvez a primeira festa da humanidade, seria a repetição da comemoração desse acontecimento com o qual tantas coisas começaram, as organizações sócias, as restrições morais e a religião!".[123] Assim, a horda primitiva é a forma selvagem do clã, e a passagem do estado de natureza ao estado social se funda na morte do pai da horda, aquele cuja potência privava os filhos de toda satisfação sexual. Este ato fundador vai tornar impossível que qualquer pai se possa atribuir a posse de todas as mulheres. Nenhum pai vai ter tantos direitos como esse pai assassinado.

O totem vai ser a forma através da qual os filhos vão perpetuar a autoridade do pai morto. Assim, o casamento entre membros de clãs diferentes, a exogamia, seria, para Freud, a comemoração da onipotência do pai primitivo. Seria como uma modalidade de expiação desse crime horrível. Através do totemismo, os filhos se submetem à sua vontade. A entrada no totemismo é assim uma resposta à angústia na qual se encontram os filhos. Filhos assassinos e canibais que reagem a seu ato sem retorno. Diz Freud sobre a origem psíquica do totemismo: "A religião totêmica nasceu do sentimento de culpabilidade dos filhos como tentativa para pacificar esse sentimento e conciliar o pai ofendido por esta obediência *a posteriori*".[124]

O ato de interdição das mulheres de seu próprio clã era uma forma de fazer continuar a existir o primeiro pai. E o sacrifício periódico do totem durante um banquete festivo é uma maneira de celebrar simultaneamente o seu poder. O temor do incesto é, assim, também uma forma de comemoração do pai morto e submissão *a posteriori* de seu poder.

---

122 Freud, 2005, p. 26.
123 *Idem.*
124 Freud, 2005, p. 27.

Para Lévi-Strauss, a proibição do incesto "instaura-se para garantir e fundar uma troca".[125] Essa troca só é possível com a condição de assumir uma forma de transgressão que suscita o medo. Diz Lacan, no seu discurso aos católicos, de Freud: "Vamos reter que Freud foi aquele que nos trouxe a noção de que a culpabilidade encontra suas raízes no nível inconsciente, articulada a um crime fundamental a que nenhum indivíduo pode responder".[126]

Mas, diz Lacan, a função paterna tem um elemento dificilmente apreensível. Ele diz, em 1969, que na essência do Pai como Nome "nunca podemos saber quem é o pai. Procurem, é uma questão de fé. Com o progresso das ciências, chega-se, em certos casos, a saber quem ele não é, mas por fim ele permanece um desconhecido".[127] Esta incerteza fundamental quanto à paternidade vai levar a dar fé à palavra que nomeia o pai para autentificá-lo. O pai é o nome que implica a fé. Por isso, o conceito de pai resiste a uma apreensão pelo conceito. Para chegar a defini-lo, Lacan vai elaborar mais de uma estratégia até chegar as amarrações borromeanas.

1.4.5. A metáfora paterna

Lacan vai formalizar a montagem da metáfora paterna no seu seminário de 1957, sobre "a relação de objeto".[128] É por meio de uma figura retórica que Lacan enlaça o falo e o Nome-do-Pai. Para isso, ele vai recorrer ao trabalho de Roman Jakobson, "Afasia como problema linguístico".[129] Roman Jakobson explicita, em 1955, as principais formas de afasia a partir de uma alteração da

---

125 Lévi-Strauss, 2002, p. 60.
126 Lacan, 2005, p. 42.
127 Lacan, 1969.
128 Lacan, 1994, p. 379.
129 Jakobson, 1955.

Cap. I – O crime e os três registros

faculdade de seleção e de substituição ou a uma deterioração de combinação e de contexto. Cada uma dessas formas patológicas corresponde a uma perturbação em um dos dois eixos da linguagem. Na primeira (afasia de Wernicke), é atingido o eixo paradigmático, de que depende a instauração da metáfora. Na segunda forma (afasia motora de Broca), a carência vai atingir o eixo sintagmático, em que opera a metonímia. Lacan formula essa elaboração em seu escrito "A instância da letra no inconsciente ou a razão a partir de Freud".[130]

A tese do inconsciente estruturado como uma linguagem vai levar Lacan a ver aí um aspecto fundamental. Ele vai relacionar, então, o sintoma e a condensação freudiana à estrutura da metáfora, enquanto na metonímia vão encontrar-se o desejo e o deslocamento.

Lacan vai, então, conceber a herança do pai morto e sua transmissão no plano de uma formalização. Ele vai afirmar, assim, que toda introdução à função paterna é, para o sujeito, de ordem metafórica. Ela vai ser retomada na "Questão preliminar", e vai aparecer no "Aturdito",[131] em que ele vai passar por uma elaboração topológica.

A passagem à formalização é aqui importante para o advento do conceito. A análise feita por Lacan renova a abordagem de Jakobson da metáfora. Ela se caracteriza pela substituição de um significante por um outro. Essa substituição produz um sentido novo. Lacan escreve assim a metáfora:

$$\frac{S}{\cancel{S}} \cdot \frac{\cancel{S}}{x} \; -1$$

---

130 Lacan, 1966, pp. 493-528.
131 Lacan, 1975, p. 14.

O grande S representa significantes, x é uma significação desconhecida, e s, o significante induzido. Trata-se de uma substituição no interior da cadeia significante de S por S´. Sua natureza indica a elisão, de que resulta um novo sentido. É o que aparece no célebre verso de Victor Hugo, de seu poema *Booz endormi* – Booz adormecido – "*sa gerbe n'était avare ni haineuse*" (seu feixe não era avaro nem odioso), em que o efeito poético é produzido por *gerbe* (feixo), que vem aqui suplantar o falo elidido de Booz. Como observa Lacan,[132] se o feixe remete a Booz, é, "no entanto, para substituí-lo na cadeia significante".[133] Então, é o significante do nome próprio do sujeito Booz e "aquele que o abole metaforicamente que se produz a centelha poética".[134] E Lacan a diz aqui mais "eficaz para realizar a significação da paternidade".[135] E ele conclui dizendo que ela reproduz "o evento mítico em que Freud construiu a trajetória, que é, no inconsciente de todo homem, o mistério paterno".[136] Não é outra a estrutura da metáfora moderna para Lacan.

A metáfora paterna surge de forma homóloga, em "De uma questão preliminar". Vai haver o processo de substituição em que o significante do Nome-do-Pai é substituído no lugar "primeiramente simbolizado pela operação da ausência da mãe".[137]

É o que Maleval chama de "formalização do complexo de Édipo",[138] que é aqui reduzido a um processo metafórico. Nele, o pai e a mãe só intervêm enquanto significantes.

O produto da operação é triplo. Há, de um lado, a inscrição do Nome-do-Pai, produz-se a interdição da mãe, toma o lugar do

---

132 Lacan, 1966, p. 508.

133 *Idem.*

134 *Idem.*

135 *Idem.*

136 *Idem.*

137 Lacan, 1966, p. 557.

138 Maleval, 200, p. 89.

Outro. O falo vai então tornar-se o significado do sujeito. Assim, o sujeito escapa à onipotência dos caprichos da mãe de que ele se separou. As significações particulares do desejo materno não mais o dominam. Ele pode orientar-se a partir da significação fálica, dotada de um poder de normalização da linguagem. Ele pode, então, inscrever-se em um discurso que faz laço social.

As ausências da mãe para a criança vão constituir um motivo de angústia e será o Nome-do-Pai quem lhe vai dar acesso ao falo pelo qual ele pode interpretar o desejo da mãe no campo da linguagem.

A metáfora paterna apoia-se apenas no pai morto. Ele permite que se instalem pontos de basta, que permitem sustentar a significação. Quando falha ou falta a função fálica, que permite regular o peso sexual que liga as palavras, a cadeia significante se desestrutura. Vão, então, irromper no real significações desconectadas que tomam formas particulares.

A significação fálica vai, então, construir um obstáculo, uma barreira ao gozo incluído na relação mãe-criança. Ela barra o desejo da mãe e se opõe à construção de um imaginário de completude, unindo a mãe à criança.

Quando eclode a psicose, quando a forclusão do Nome-do Pai reduz a escrita da metáfora paterna a um coto, um pequeno pedaço:

$$\frac{\text{DESEJO DA MÃE}}{\text{Significado do sujeito} = x}$$

O processo metafórico de substituição não pode ocorrer. E o desejo da mãe vai aparecer de forma incontrolável para o sujeito que não dispõe da significação fálica. O que o Outro vai significar para ele vai tomar um caráter enigmático; é o que vai aparecer nos fenômenos elementares. Se o desejo da mãe não é simbolizado, agora o sujeito vai, talvez, afrontar-se com um desejo do Outro que vai ser experimentado como uma vontade de gozo sem limites.

Mas Lacan, ainda nos anos 1950, não pudera apreender o Outro centrado numa falta. Ainda que referido ao pai morto, era o Outro absoluto da dialética hegeliana que o determinava. Lacan pensava, então, que a análise tornaria possível a verdade última do sujeito nos confins do *Sein-zu-tod* (ser-para-a-morte) heideggeriano. Nessa perspectiva, o Nome-do-Pai está incluído em um Outro consistente que pode garantir a exaustão pela análise do recalcado sintomático.

É nestes termos que, na "Questão preliminar",[139] o Outro é definido como o "significante que no Outro, como lugar do significante, é o significante do Outro como lugar da lei".[140] O outro da linguagem comporta nele próprio o Outro da lei, autoincluindo--se. O outro da lei representa o Nome-do-Pai.

Essa concepção se inscreve na orientação de Lévi-Strauss, para quem "a proibição do incesto não é uma proibição como as outras; ela é a proibição sob sua forma mais geral, aquela, talvez, a que todas as outras são remetidas... como outros tantos casos particulares.[141] O autor conclui que ela é tão universal quanto a linguagem. Então, a lei da aliança que as estruturas do parentesco formulam, estruturam, são imperativas e inconscientes ao mesmo tempo. A interdição do incesto é o pivô da estrutura subjetiva do sujeito, indissociável da ordem da linguagem.

Lacan vai dizer "a lei do homem é a lei da linguagem", em "Função e campo da fala",[142] seu Discurso de Roma. E o nome do pai, no interior mesmo da linguagem, é a função que permite que se imponha a ordem simbólica ao sujeito.

Um elemento, no entanto, vai ser o ponto de partida de desenvolvimentos posteriores. O fato de que Lacan situa o Nome--do-Pai fora do campo do Outro.

---

139 Lacan, 1966.
140 Lacan, 1966, p. 583.
141 Lévi-Strauss, 1967.
142 Lacan, 1966.

Cap. I – O crime e os três registros

$$\text{Nome-do-Pai} \quad \frac{A}{\text{Falo}}$$

Lacan vai transformar, ainda, o conceito de Nome-do-Pai, ao elaborar o seminário do "Desejo e sua interpretação",[143] que ele vai comentar de forma sistemática no seu artigo "Subversão do sujeito e dialética do desejo no inconsciente freudiano",[144] ao descobrir a existência de uma *hiância no campo do Outro*. Lacan desloca-se de uma concepção inspirada no outro da fala hegeliana para um Outro do significante, ancorado na linguística.

Desde 1958, no seu artigo sobre a "Direção da cura", Lacan afirma que "o inconsciente possui a estrutura radical da linguagem".[145] A linguagem é concebida para Saussure como constituída apenas por traços diferenciais, uma combinatória de natureza estrutural. Não se trata de uma plenitude compacta, implicando significações verdadeiras. Pelo contrário, a sincronia significante comporta rupturas, cortes, descontinuidade. Abre-se uma hiância entre o primeiro significante (S_1), que representa o sujeito, e o segundo (S_2), que representa o saber. A incompletude do Outro é estrutural. Lacan vai defini-la como "lugar da falta".[146] Ele não é mais garantia da boa-fé do sujeito e nem formula inteiramente a verdade. Há, agora, um não saber irredutível no lugar do Outro. Não é mais possível que a fala leve a uma plena realização do sujeito ou que ele assuma, como o saber hegeliano, a subjetividade total de uma época. Agora, a verdade só pode se meio-dizer (*mi-dire*).

---

143 Lacan, 2013.
144 Lacan, 1966.
145 *Idem*, p. 594.
146 *Idem*, p. 627.

Lacan vai, então, interrogar-se cada vez mais sobre a hiância do Outro, o que o levará a questionar o conceito de intersubjetividade, associado também às teses da dialética hegeliana do reconhecimento que marcam o advento da palavra verdadeira. Não é mais para o sujeito recebendo invertida sua mensagem do Outro que a relação com este se constitui. A relação com o Outro se forma inteiramente em um processo de hiância, de falta. O sujeito do inconsciente não se ordena segundo o sentido, mas situado a partir dos laços entre significantes. Assim, o sujeito é concebido como que representa um significante para outro significante. Ele se apresenta dividido entre S_1 e S_2. O mundo das referências é elidido, e estabelece-se uma conexão entre os significantes. Não se trata de um sujeito substantivo, mas vazio de significação. Lacan diz que ele deve ser distinguido tanto do indivíduo biológico quanto de toda evolução psicológica entendida como sujeito da compreensão".[147] É o que ele afirma em "Ciência e verdade".

Lacan vai situar, durante um tempo da elaboração do seu grafo do desejo no estágio inferior do grafo, enquanto concebe o significante do Outro inserido no Outro do significante. Nesse esquema topológico, é possível apreender a implicação do sujeito no significante. Essa topologia cinge, dá conta do entrecruzamento da intenção do sujeito, cuja orientação vai de $\$$ a I(A), com o campo da linguagem que vai de s(A) a A. A significação fálica, produzida retroativamente em s(a), vai aparecer forcluída pela função paterna. Esta está inserida no seio do Outro em A.

---

147 *Idem*, p. 875.

Cap. I – O crime e os três registros

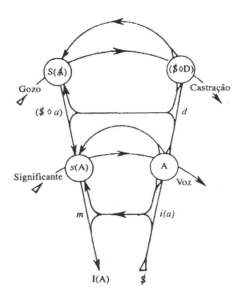

Grafo do desejo

O sintoma, para Lacan, não se articula apenas em torno de uma significação que advém do lugar do Outro, formulada no matema S(A). Isto tem como efeito, na medida em que avança a pesquisa de Lacan, dar-se conta da insuficiência da metáfora para dar conta de sua estrutura. O sintoma não se vai resolver inteiramente em uma estrutura de linguagem. A reação terapêutica negativa vai mostrar isso. Era o que Freud percebera também na compulsão à repetição e o levou a pensar a pulsão de morte. É que a raiz do sintoma é outra, diversa da natureza do significante. Ela, ainda que não seja formulada de maneira totalmente clara, aparece na parte superior do grafo, na figura de S(A), onde Lacan situa o gozo.

Observa-se, nessa construção topológica, que o gozo participa da estruturação do sintoma tanto quanto a metáfora. Vai ser a construção do conceito de *sinthoma* que vai dar uma forma mais elaborada a essa formulação.

Passemos, então, dessa formulação do Nome-do-Pai àquela do sintoma.

O conceito de Nome-do-Pai dá conta do desencadeamento da psicose e dos fenômenos que se seguem. No ponto em que o Nome-do-Pai é chamado, diz Lacan, pode responder no Outro um puro e simples furo".[148] Isto supõe que "para que a psicose se desencadeie é necessário que o Nome-do Pai, *Werwofen*, forcluído, quer dizer, jamais advindo ao lugar do Outro, aí seja chamado em oposição simbólica ao sujeito". O furo da forclusão do significante aberto desta forma vai abrir, então, no significado, o furo que vai implicar "a cascata de remanejamentos do significante donde procede este desastre crescente do imaginário",[149] que constitui o desdobramento do delírio. Assim, o Nome-do-Pai ocupa um lugar preponderante em toda estrutura subjetiva, quer neurótica, quer psicótica. Na neurose, o Nome-do-Pai determina a significação do falo, de que Lacan faz depender a identificação do sujeito com seu ser de vivente".[150] Na psicose, é a forclusão que marca o alcance desse significante. Como vimos, o conceito de significante aparece inseparável inicialmente do Nome-do-Pai, a forclusão é forclusão do Nome-do-Pai e só tem sentido no quadro da metáfora paterna. Lacan situa uma correspondência entre o desencadeamento da psicose, que se pode observar na experiência clínica, e a forclusão do significante deduzida por Lacan. O desencadeamento ameaça qualquer sujeito afetado pela forclusão.

Com o seminário *O sinthoma*,[151] esse laço entre o Nome-do--Pai, a forclusão e o desencadeamento é rompido. Inicialmente, porque Lacan vai falar de forclusão do Nome-do-Pai onde não se trata do desencadeamento de uma psicose. Lacan vai dizer ainda

---

148 Lacan, 1966, p. 558.
149 Lacan, 1966, p. 577.
150 Lacan, 1966, p. 552.
151 Lacan, 2005.

Cap. I – O crime e os três registros

que a forclusão é algo "radical", e o Nome-do-Pai, algo "leve",[152] na sessão do seminário de 16 de março de 1976.

Quanto ao que diz respeito ao Nome-do-Pai, que passa do estatuto de significante primordial a algo de "leve", há um momento intermediário entre uma posição e outra, que é a pluralização dos Nomes-do-Pai.

1.4.6. A pluralização dos Nomes-do-Pai e as suplências

Essa pluralização do Nome-do-Pai visava à distinção entre o Pai e o Nome-do-Pai, isto é, outros significantes além do Nome-do-Pai podiam desempenhar a mesma função.

Essa pluralização não contradizia em nada a importância concedida antes à forclusão do Nome-do-Pai; essa ligeireza do Nome-do-Pai, condição estrutural do sujeito, admite *suplências* quando este é forcluído (suplências realizadas por algo que não é o Nome-do-Pai). Isso não era considerado possível em 1957, e é o que vai aparecer no seminário sobre Joyce.

Há uma reviravolta muito radical. Não apenas se pode observar que a forclusão do Nome-do-Pai não leva a um desencadeamento psicótico, mas que ela pode ser deduzida de algo diverso no que concerne a Joyce. Trata-se do que ele conta a seu pai no seu livro *Retrato do artista quando jovem* (1982), quando ele apanha de seus colegas ao sair da escola. É o que vai aparecer também em sua relação com a linguagem em sua obra final *Finnegans Wake* (1939), quando Joyce, falando de Lúcia, sua filha, fala de telepatia. Diz Lacan de Joyce, na sessão de 17 de fevereiro de 1976: "para defender sua filha, ele lhe atribui algo que prolonga o que eu chamaria momentaneamente seu próprio sintoma, a saber, que no lugar da palavra alguma coisa lhe foi imposta".[153] O sintoma é

---

152 Lacan, 2005, p. 117.
153 Lacan, 1976, p. 8.

definido por Lacan logo na primeira sessão do seminário como o quarto termo que, acrescentado ao simbólico, ao imaginário e ao real, permite que a amarração borromeana se estabeleça. O sintoma vai, então, desempenhar a mesma função que o Nome-do-Pai. Essa definição do *sinthoma* vem depois, mas seguindo a elaboração do seminário RSI sobre o Nome-do-Pai. Em RSI, Lacan afirma, na sessão de 14 de janeiro de 1975, que o complexo de Édipo freudiano é o que enlaça "as três consistências à deriva".[154] Será o elemento sem o qual o ego, o id e o superego freudianos não se manteriam juntos. Ele vai acrescentar não ser necessário um a mais para mantê-los unidos.

Nessa fase do ensino de Lacan, ele interroga o Nome-do-Pai, na medida em que ele se conecta ao real, e onde o gozo tem primazia e anterioridade frente à linguagem. Nesse nível, como se situa o Nome-do-Pai? Ela é idêntica, então, à do sintoma, na medida em que se trata de "domar" o gozo, regulá-lo, na medida em que ele é inominável e desprovido de significante.

Neste seminário RSI, trata-se não de suplências possíveis para o Nome-do-Pai forcluído, mas do próprio Nome-do-Pai como suplência.

A função do Nome-do Pai não é mais indispensável, ela é suplementar, e mesmo é possível "passar-se dela".[155] Mas com a condição de dela se servir.

1.4.7. O gozo do Outro na psicose

Lacan introduz o conceito de gozo na psicose, na apresentação que escreveu em 1966 para a edição das *Memórias de um nevropata*, de Schreber, e que foram publicadas nos *Cahiers pour l'analyse*. Lacan afirma existir, na forma com que Schreber se rela-

---

154 Lacan, 1975.
155 Lacan, 1976, p. 10; Lacan, 1975, p. 99.

Cap. I – O crime e os três registros

ciona com o gozo do Outro, "uma sugestão para orientar-se com os únicos termos precisos que fornece o discurso de Lacan sobre Freud".[156] A leitura freudiana de Schreber só pode ser apreendida precisamente a partir dos conceitos que ele forjou.

Eis o que diz Lacan da relação de Schreber com Deus ou o Outro:

> Quando lermos mais adiante sob a pluma de Schreber que Deus ou o Outro goza de seu corpo passivado, que ele próprio dê suporte, enquanto se dedica em jamais deixá-lo se curvar a uma cogitação articulada, e que basta que ele se abandone ao nada-pensar para que Deus feito de um discurso infinito se escape e deste texto fragmentado que ele próprio se torna se eleve o urro que ele qualifica de miraculado, como para testemunhar que a aflição não tem mais nada a ver com qualquer sujeito.[157]

É nesse ponto que seus conceitos se revelam os únicos capazes de uma leitura precisa.

Lacan explicita, então, que a paciência que exige o entendimento de sua elaboração se revela agora nessa inovação, a mais recente promovida por ele, que trabalha o campo de uma polaridade, a do "sujeito do gozo ao sujeito que representa um significante para outro significante sempre outro".[158]

Ele afirma ser isso que nos permite fornecer "uma definição mais precisa da paranoia como identificando o gozo neste lugar do Outro enquanto tal".[159] Diz ele, então, que é por isso que o texto de Schreber se "verifica ser um texto a inscrever no discurso lacaniano".[160]

---

156 Lacan, 2001, p. 215.
157 Lacan, 2001, p. 214-215.
158 Lacan, 2001, p. 215.
159 Lacan, 2001, p. 215.
160 *Idem.*

1.4.8. Exceção e empuxo à mulher

Nos casos Aimée e no crime das irmãs Papin, vemos manifestar-se o empuxo à mulher que se manifesta em certas psicoses.

O efeito *de empuxo à mulher*, além de erotomania divina ou erotomania mortífera, é o termo com que Lacan situa a posição de Schreber, quando ele aceita, consente em tornar-se a mulher de Deus. Esse novo estatuto implica que ele se feminize. Essa feminização se traduz em sua imagem, na sua sensibilidade e nos seus pensamentos, que vão submeter-se à voluptuosidade de Deus. Eles vão-se seguir por uma fecundação que vai dar à luz a humanidade futura. É uma solução diversa da posição anterior em que ele se situava como sendo objeto de suplício por Deus. Mas, nesse delírio, em que domina o gozo, em momento algum trata-se de amor. E a fórmula da relação de Schreber com o Outro gozador seria "Deus goza de mim".

É o que aparece na fórmula que citamos acima, introduzida por Lacan (1966), em que ele identifica a paranoia com o gozo no lugar do Outro. Essa identificação possui dois aspectos, um de localização: localização no Outro que goza e, ao mesmo tempo, ele está seguro, preso ao que o suporta. O Outro que não o reconhece, que se poderia dizer que não existe, vai existir na paranoia como gozador. Assim, Schreber vai dizer o Deus a que ele está preso, ignora o ser vivo – no sentido de sua sobrevivência, mas não ignora o gozo.

Esse gozo, no primeiro tempo, apresenta-se como deletério, imposto, invasivo com relação às fronteiras do corpo e de suas funções, está ligado à ameaça perda da atividade sexual (*eviration*) – *Entmannung*. Ela conota não a castração, Lacan insiste nisso, mas sua falta. Trata-se de um gozo não fálico. Ela exclui que Schreber seja submetido ao gozo como mulher. Este gozo é mortal para o sujeito. Um gozo forcluído do simbólico que retorna no real e que não é sexual. Ela também não está ligada às

Cap. I – O crime e os três registros

pulsões parciais que se regulam também pela norma fálica. Da mesma maneira, nesse primeiro tempo do delírio, só se relaciona à sexualidade por esta forma de ser "capado" (*eviration*). Ela é localizada no Outro e só está inscrita porque Schreber vota-se a ela. Lacan acentua os traços negativos que marcam a erotomania divina de Schreber – mistura, asco, voracidade, e a tornam diversa da posição do gozo místico. Em face do encontro com Deus, diante da Coisa, no delírio de Schreber, surge uma palavra – Luder – de injúria, em que diz Lacan no *Aturdito*, que o insulto é "um diálogo da primeira palavra com a última".[161]

Em seguida, em uma outra fase, vai elaborar-se uma fase completa do delírio, forma de relação com o Outro Absoluto, em que, para Schreber: "Deus goza de mim como uma mulher". Não se trata de uma palavra, uma forma de amor, mas é um nome de gozo, que, sem a inscrição fálica, se interpõe entre Schreber e Deus; esta forma de erotomania está correlacionada ao significante do sexo e vai instalar o que seria uma quase relação sexual com Deus. Schreber vai, então, aparecer aí não como a Mulher que falta a Deus, mas como a que não lhe falta. Ele será aquela que ele tem. Ela pode ser aproximada por um quase efeito de palavra plena do "Você é minha mulher" – emitido por Deus, pelo Outro, marcada pelo consentimento de Schreber. Com isso se restabelece a relação de Schreber com a realidade. Schreber vai poder viver nessa realidade, na medida em que se estabiliza e pacifica sua relação com o Outro. Da mesma forma, a regulação de seu gozo vai também ocorrer, no quadro de uma forma transexual. Trata-se de um cenário, em que Schreber, diante do espelho, experimenta um gozo, que se inscreveu como feminino, liga-se à imagem da pulsão escópica. Restaura-se assim uma versão sexuada do gozo. Ela não tem uma estrutura edípica e nem por isto deixa de ser regulada.

---

161 Lacan, 1973, p. 44.

Assim, o efeito de "empuxo à mulher", produzido pela forclusão do Nome-do-Pai, pela falta da função fálica como função de castração, constitui a base, o fundamento, a mola da erotomania de Schreber.

Cabe ressaltar que a mulher em que Schreber se torna é marcada pelas características de seu gozo. Schreber insiste nesse aspecto de forma precisa: ela encarna a exceção de uma volúpia sem limites. E ele diz que para todos existem limites que se impõem. Diz Schreber: "no que me concerne, estes limites cessaram de se impor e, em um certo sentido, transformaram-se no seu contrário".[162] Agora trata-se de um dever de gozo. Schreber tornou-se a "Uma" a quem é permitido gozar sem limites. Trata-se então da Mulher que funciona como suplência à função do Pai. Como não existe a exceção paterna, que funda o universal da castração, a estrutura deixa apenas ao sujeito a possibilidade de encarnar a exceção. Esta a sua disposição, o significante da Mulher com o que este implica de um gozo em excesso frente àquele marcado pela castração. Não se trata, portanto, para a estrutura de uma determinação pela anatomia. Trata-se para Schreber de uma transformação suplementar em mulher. Schreber torna-se então "mulher de Deus", dotando Schreber de um novo sintoma, em que o gozo existe.

1.4.9. As suplências do Nome-do-Pai

A ideia de suplência supõe que, a partir de uma falta inicial, algo ou alguém vai realizar uma certa função de preencher a falta real, ou de corrigi-la, o que permite restabelecer uma certa ordem, que não poderia funcionar por causa da falta inicial.

---

162 Schreber, 1975, p. 229.

Cap. I – O crime e os três registros

Lacan vai transformar a noção de suplência em um conceito. Sua elaboração inicial já se encontra nos seus primeiros escritos sobre a paranoia, no seu texto "Escritos inspirados: esquizografia".[163] Lacan descreve de forma detalhada a situação de Marcelle, paciente que fora um ano internada. Lacan vai mostrar que a paciente manifesta que sua maneira de escrever, diz a paciente, lhe é imposta, é uma inspiração. Lacan vai dizer, para terminar o caso, que nada é menos inspirado, no sentido espiritual, do que aquilo que é sentido como inspirado. É que, quando o pensamento é limitado e pobre, o fenômeno automático produz uma suplência. Ele é ressentido como algo externo porque constitui uma suplência a um déficit do pensamento.

Quando Lacan elabora as categorias de imaginário, simbólico e real, vai ser possível definir as diferentes modalidades de suplências. Este conceito fora inicialmente usado por Helen Deutsch para definir a sintomatologia das esquizofrenias, lembra-nos Hugo Freda, no seu texto sobre forclusão e suplência do nome-do-pai.[164] Ele constituía uma espécie de compensação imaginária do Édipo ausente, não da Imago paterna, mas da ausência do significante do Nome-do-Pai. Helen Deutsch acentua seu caráter exterior.

Vejamos a conexão entre o delírio e a suplência. Quanto à vertente simbólica da suplência, sua modalidade é a metáfora delirante. No caso Schreber, o delírio supre o significante primordial. Ele vai reconstruir o enlace pai, falo, mãe, criança. Schreber vai esforçar-se para manter unido este conjunto porque a figura de Fleschsig "não conseguiu suprir o vazio percebido da *Verwerfung* inaugural".[165]

---

163 Lacan, 1932/1975.
164 Freda, 1988, p. 151.
165 Lacan, 1966, p. 582.

1.5. SUPLÊNCIA E ATO – A PASSAGEM AO ATO DE AIMÉE A JOYCE

No fim de seu ensino, Lacan vai situar a suplência no caso de Joyce.

Nesse seminário vai surgir, observa Eric Laurent, uma ideia absolutamente nova: "a ideia do ego como procedimento de remendo nas psicoses".[166] Trata-se da fabricação de um ego pelo próprio psicótico. Joyce nos apresenta uma psicose lacaniana, pois, como ele próprio afirma, seu pai está, para ele, *verworfen*. Há, de fato, uma *verwerfung* de tudo o que é o pai para Joyce.

Mas, do ponto de vista clínico, ele não apresenta uma psicose. Laurent observa que este é o principal interesse da investigação de Lacan sobre Joyce. Como é possível que se defina como louco alguém para quem está forcluído completamente o Nome-do-Pai, mas para o qual a função paterna não apresenta uma psicose do ponto de vista clínico. No máximo, é sua filha quem o apresenta. Tomaríamos, assim, Lacan contra Lacan. E como explicar o caso Joyce? Então, a apresentação de Joyce, como o *sinthoma*, identificado ao *sinthoma*, se diferencia da de Schreber, que, na formulação de Laurent, pode aparecer como Schreber, o fantasma. Assim como no registro do fantasma se poderia dizer Sade, o fantasma, mas aqui relacionado à perversão. Essa nova orientação de Lacan é que vai permitir pensar formas de estabilização na psicose, porque antes, em 1966, pensa apenas a estabilização delirante. Nesse período, Lacan situara unicamente o ato como o que poderia deter o avanço do delírio. É o que ocorre com Aimée, que se detém apenas depois da passagem ao ato. Em 1976, a eleição do ego, sua fabricação, vai figurar uma solução diferente da do ato. Ela vai ser diversa também da que Lacan formula em 1946 ou daquela

---

166 Laurent, 1999, p. 17.

que aparece na "Questão preliminar".[167] Em uma nota do texto, ele estabelece uma correlação entre "o ato de defecar de Schreber e o ato agressivo de Aimée".[168] Lacan situa esses momentos como pontos de parada na psicose que produzem uma estabilização. Há uma oposição entre o que é, de um lado, a infinitização do sujeito, a dispersão infinita de seu delírio e a *"reunião do sujeito em um ato"*.[169] Há, assim, para Lacan uma oposição do sujeito em sua dispersão e infinitização delirante e a reunificação no ato.

É a partir da nova definição do ato que é possível pensar retroativamente esses textos, observa Laurent, não apenas do ponto de vista da ação, mas do ponto de vista em que o sujeito se unifica, o momento em que o sujeito obtém algo que o desata, separa, da cadeia significante. Assim, o que há de comum entre o ato de Aimée e de Schreber não é apenas a separação do Outro que o persegue. A separação obtida por Aimée da atriz dá-se no momento da agressão, para que caia "de uma vez por todas o Outro que vocifera".[170] Tanto em Aimée quanto em Schreber dá-se a separação da cadeia significante. O ato de defecar de Schreber produz-se em silêncio.

Pode-se pensar assim as outras etapas, a partir do texto do *sinthoma*, em 1976. Lacan vai apresentar agora o significante, não como ligado a Outro significante, mas ao significante só, isolado, ao significante Um, S_1. E esta função aparece com a famosa fórmula "Há o Um". Com isso, além da função da mulher, muda de estatuto o sintoma, agora *sinthoma*.

Então, com a orientação para o real, a escrita de Joyce, o *sinthoma*, não é passível de ser submetida à análise, é uma forma de reconstrução do ego, restaura a estrutura borromeana falha.

---

167 Lacan, 1966.
168 Laurent, 1999, p. 17.
169 Laurent, 1999, p. 18.
170 *Idem.*

Essa formulação pode ser considerada a forma mais desenvolvida de suplência, e Lacan diz que a substituição que aí tem lugar tem papel de reparação. No ensino de Lacan, a "reparação" tem um verdadeiro caráter artesanal, supõe um *know-how*, um saber-fazer, possui uma lógica calcada no significante. Em Joyce, é a reparação que alivia Joyce de sua invasão pelo gozo. Não se trata de culpabilidade ligada à perda, como ocorre na concepção kleiniana, mas de algo ligado à falta, da falta enquanto lapso. Lapso que pode ser reparado pelo *sinthoma*. Trata-se de um processo de "remendar" um ego, função reparadora, que é constituído pela imposição da escrita. Com efeito, Joyce responde às vozes que se impõem e o fariam ser invadido pelo gozo do Outro, recorrendo à escrita. Escreve Joyce em seu "Stephen Hero": na classe, na calma da biblioteca, na companhia de outros estudantes, ocorria-lhe ouvir uma ordem que lhe impunha partir, ficar sozinho, uma voz que fazia vibrar até o tímpano de sua orelha, uma flama que penetrava na vida divina do cérebro. Para seguir essa ordem, ele ia vagar pelas ruas, solitário, entretendo por ejaculações o fervor de sua esperança, até que sentisse a inutilidade de prolongar a vagabundagem; então, entrava em casa com um passo firme e decidido, com uma gravidade firme e decidida e reunia as frases que não tinham sentido".[171] Há aqui a presença do sem sentido, do enigma, que não supõe nada a descobrir além do texto. Há um furo no sentido, onde o gozo do Outro encontra um limite. O fazer joyceano produz algo além do significante e suas leis. O ego separado da imagem do corpo não pode ser situado no registro narcísico como em Schreber. Há uma função de reparação pelo ego, que é um imaginário privado de corpo. Trata-se aqui de uma função de reparação que se dá, para Lacan, entre real e simbólico.

---

171 Joyce, 1982, p. 346.

1.5.1. Lacan e o conceito de passagem ao ato

O conceito de ato foi desenvolvido por Lacan em um seminário dedicado ao ato analítico, que esclarece positivamente o conceito de ato propriamente.

No entanto, o conceito de ato em Lacan e na psicanálise se deve a um outro conceito, como observa Miller, ao "tradicional conceito de passagem ao ato".[172] Assim, Lacan "despsiquiatriza" esse conceito e desvela a estrutura fundamental do ato.

A partir da experiência analítica, sabemos que "o pensamento está essencialmente sob impasse",[173] e esta é a significação do recalque. Assim, há que se encontrar um passe para se cumprir um ato. Com isso, o ato realiza uma mutação subjetiva, aprisionada no impasse do pensamento. O ato na psicanálise articula-se também à ética, como Lacan mostrou também no seu seminário sobre esse tema. Ele mostrou que a dimensão ética não é no início problema do pensamento, mas diz respeito aos atos, ao que se faz. No pensamento, a clínica nos mostra a forma neurótica com que ele advém, quanto à avaliação do mérito dos atos, do ato a cometer ou não. Miller observa que isso que pode ir até a obsessão é seguido por "um estilo de inibição, de procrastinação".[174] Isto pode subitamente se romper sob a forma da pressa, de uma precipitação para agir. É o que aparece na clínica da obsessão. É o que nos mostra então a psicanálise.

Jacques-Alain Miller enfatiza que é a antinomia entre pensamento e ação que é esclarecedora frente ao ideal moderno e contemporâneo de valorização do ato racional. Nessa perspectiva, o que é valorizado "é a elaboração sempre mais aperfeiçoada da estratégia matemática".[175]

---

172 Miller, 2014, p. 1.
173 *Idem.*
174 *Idem.*
175 Miller, 2014, p. 3.

Assim, hoje, o "ideal do ato responderia sempre a uma deliberação científica. A ação seria assim absorvida pelo pensamento, marcado pela cientificidade, pela sistematização ou por seu caráter racional. Assim, ele corresponderia, diz Jacques-Alain Miller, "ao ideal da ação calculada".[176] Ela surge como a conclusão de um raciocínio, conclusão de uma demonstração. O pensamento funciona numa dimensão de suspensão temporal e, feito "o cálculo necessário, o ato se seguiria como a conclusão de uma demonstração".[177]

É frente a essa dimensão do cálculo que o ato é medido pela psiquiatria, seja quanto à sua inadequação ou mesmo "ausência de motivação". Toda a elaboração atual tende a considerar o ato em continuidade com o pensamento, isto é, a partir de condições prévias, isto é, que seu "propósito seja considerado estabelecido", que sua natureza "seja sem equívoco", e que possa entrar como um elemento do cálculo.

Os cálculos de hoje estão calcados no que seria "a maximização do bem e sobre a rentabilidade".[178] Essa perspectiva de *management* que domina, hoje, supõe que "o sujeito do pensamento ...e que vai agir e distribuir seus recursos",[179] que ele "quer fundamentalmente o bem", ou o seu próprio bem, identificado ao útil, e frente a isso que se julga o ato. Mas, quando acontece que o sujeito se prejudique, pergunta Miller, "trata-se da exceção ou da regra do ato?".[180]

A clínica do ato em Lacan questiona este postulado de que o sujeito do pensamento quer seu próprio bem. A clínica questiona esse ideal de racionalidade, de conduta racional que domina o universo contemporâneo. Essa racionalidade não fez senão am-

---

176 *Idem.*
177 *Idem.*
178 Miller, 2014, p. 4.
179 *Idem.*
180 Miller, 2014, p. 4.

pliar em escala crescente o universo da destruição, como se vê na ameaça crescente que pesa sobre o mundo natural e mesmo sobre a possibilidade de destruição de populações humanas em um tempo cada vez mais curto.

Podemos ver que há algo no sujeito "suscetível de não trabalhar para seu bem: suscetível de não trabalhar para o que é útil..., mas que trabalha pela destruição".[181] Lacan coloca o ato na perspectiva do suicídio. Este aparece como o paradigma do ato para além das distinções entre neurose, psicose e perversão. Assim, diz Miller, "todo ato verdadeiro é um suicídio do sujeito". Dele o sujeito pode renascer, mas renascer diferente.

Aqui está o que constitui propriamente um ato: "o sujeito não é mais o mesmo antes e depois". É o que indica o caráter extremo do ato, e que leva a situá-lo no extremo, chegando até "ao suicídio". Assim, um ato verdadeiro não é apenas agitação, movimento, descarga motora. O que interessa verdadeiramente no ato, o que o faz verdadeiro, "todo ato que marca, que conta é transgressão".[182]

Miller chega a dizer que todo ato verdadeiro é delinquente, e observamos isso na história, "pois não há ato verdadeiro que não comporte uma ultrapassagem".[183] Ultrapassagem de um código, de uma lei, de um conjunto simbólico que ele infringe".[184] É a infração que permite que o ato produza, modifique, transforme a codificação.

Miller lembra que pode parecer exagerado dizer que o verdadeiro ato é "um suicídio do sujeito". Mas que esta tese está em conformidade com Freud, na medida em que ela combina com a "noção de pulsão de morte".[185] No ato suicida, surge a disjun-

---

181 Miller, 2014, p. 5.
182 Miller, 2014, p. 5.
183 *Idem.*
184 *Idem.*
185 *Idem.*

ção total, radical entre o organismo, os interesses pelo vivo ou pela sobrevivência, ou pelo bem-estar ou pela homeostase, de um lado, e, do outro lado, "outra coisa que o habita, que o corrói, e que neste momento o destrói".[186]

O gozo, diz Miller, é um conceito necessário, para ordenar o aporte freudiano: "que o sintoma, o sujeito se sustenta nele – neste caso, ele o ama como a si mesmo".[187] Miller lembra que é isso que dizia Freud sobre o delírio para o delirante.

O sujeito "se sustenta no seu sintoma, ele lhe faz mal".[188] O gozo, como sabemos, é um conceito que não se confunde com o prazer, pois "deve ser aliado à dor, pois o sintoma faz mal, uma satisfação da dor que, nessa situação, coloca o organismo em perigo. Isso vai tão longe que, como diz Jacques-Alain Miller, "quando esse gozo se torna autônomo, é até a morte".[189]

Aqui, agora, é que a clínica tem algo a dizer, pois a dimensão temporal inevitável do ato – é a da forma da urgência.

No ato, diz Miller, "o sujeito se subtrai aos equívocos da fala com toda a dialética do reconhecimento",[190] mais ainda, "ele coloca o Outro em um impasse, e é neste sentido que o ato não é cifrável".[191] Ele é exterior ao mundo ou universo das imputações, suputações, trocas e equivalências. A que visa o ato? Ele "visa ao definitivo". E é nesse sentido que, diz Miller, é "a passagem ao ato que se encontra como paradigma".[192] Há, desta maneira, no coração de todo ato, "um 'Não', proferido",[193] dito em direção ao Outro.

---

186 *Idem.*
187 *Idem.*
188 *Idem.*
189 *Idem.*
190 Miller, 2014, p. 7.
191 *Idem.*
192 *Idem.*
193 *Idem.*

Cap. I – O crime e os três registros

Miller lembra que é necessário fazer uma distinção séria entre passagem ao ato e *acting out*, que tem lugar sempre em uma cena.

O *acting out* tem lugar inclusive na análise de um sujeito quando há uma cena "que é a fala, e o outro se põe a agir diante do Outro nessa cena". No *acting out* há necessidade do Outro e do espectador.

Na passagem ao ato não há espectador, e a cena desaparece, o sujeito está, diz Miller, "eventualmente morto".[194] Quem olha os outros é o morto, quem lhes dirige sua questão, "e faz sentir o porquê de seu olhar".[195]

Miller diz, assim, que o ato é sempre "auto", quer seja um ato de autopunição, onde, aliás, "Lacan começou sua carreira na psiquiatria, pela autopunição".[196] Este "auto" quer dizer que é o ato quem separa o sujeito do Outro.

Miller lembra que a essência do pensamento, quando este é tomado a partir do inconsciente, é a dúvida. É o que diz Freud: quando há o recalque, pensamos segundo a fórmula de Lacan, que opõe o pensamento e o ser, pensa-se no "eu não sei". Assim, no âmbito do pensamento, onde se encontra o sujeito? Ele está fundamentalmente "na indeterminação".[197] Miller ressalta esse aspecto no sonho em que o sujeito não sabe onde está. É a obsessão que encarna esse aspecto, para nós, na dúvida.

Quanto ao ato, sua essência é a certeza. Na análise realizada no campo da indeterminação, é "preciso uma interpretação para obter uma determinação".[198] Ainda assim é preciso não ignorar que existem conexões entre o ato e a linguagem. Se o ato aparece mudo, no horrível paradigma do suicídio. Um ato obtém da

---

194 *Idem.*
195 *Idem.*
196 *Idem.*
197 Miller, 2014, p. 8.
198 Idem.

linguagem suas coordenadas. E não constitui apenas agitação, reflexo ou descarga motora; ele constitui sempre "uma passagem, um franqueamento".[199] Dar um passo adiante do outro difere de ultrapassar uma soleira, o limiar de um prédio, ou ainda, como César, no ato que o "leva ao domínio de Roma, a travessia do Rubicon". Este é um pequeno riacho, onde César disse "*Alea jacta est*" (a sorte está lançada), e que é, de fato, um pequeno riacho. Miller o contrapõe à travessia difícil dos Alpes por Aníbal. O ato de César marcou a novidade no mundo, é porque havia um limite estabelecido por Roma, era o "limite estabelecido para a passagem dos exércitos externos à Itália",[200] diz Miller, o limite a partir do qual se estava na infração. O ato é aqui "limite de um franqueamento significante",[201] e só existe ato nessa dimensão. Assim, o ato adquire sua importância, seu sentido e suas coordenadas, sua bússola em um universo de linguagem. Para o ato de César, era preciso o limite da lei romana, e não apenas atravessar também um mísero riacho. É o que Fellini ridiculariza nas excursões das escolas fascistas na visita do Rubicon, não muito longe de Rimini, em Amarcord.

É isto que faz com que o ato, segundo Lacan, seja sempre "o lugar de um dizer".[202] Para que haja ato, não basta movimento, ação, é preciso um dizer que enquadre o ato. Miller nota aqui que as teses de Austin sobre o performativo, do fato de dizer, por exemplo, eu prometo, para que a promessa aconteça. No entanto, mesmo o performativo exige condições, reguladas pelo Outro social. Não pode haver confusão completa entre fazer e dizer.

Na passagem ao ato, é preciso que o sujeito seja modificado pelo franqueamento significante, pela sanção significante. Daí o

---

199 Miller, 2014, p. 9.
200 *Idem.*
201 *Idem.*
202 Miller, 2014, p. 9.

Cap. I – O crime e os três registros

suicídio como paradigma, porque o ato é indiferente a seu futuro, "é fora de sentido, indiferente ao que virá depois". Miller diz: "o ato é sem depois, ele é em si".[203]

O que vem em seguida diz respeito a outro sujeito, César aquém e além do Rubicon, "não se trata do mesmo César". Há, assim, "um desaparecimento do depois, porque o sujeito renasce outro". O ato, quando existe um, fenômeno raro, não é recuperado pela significação posterior.

1.5.2. A extração do objeto – o caso José como paradigma

O caso José, de Celso Renó (2011), é exemplar e merece ser situado na discussão da questão do crime porque seu comentário por Jacques-Alain Miller formula de forma paradigmática a questão da passagem ao ato.

Jacques-Alain Miller[204] diz que uma primeira maneira de analisar um caso é a de verificá-lo mediante nossas categorias. Falando da teoria de Lacan, ele ressalta ser ela, diferentemente do que pensam muitos, totalmente calcada na clínica, e há alegria em perceber a conexão da clínica com os matemas de Lacan. A outra maneira é a de fazer avançar a clínica. Ver algo mais a partir das categorias e conceitos já estabelecidos. Este caso ensina algo de novo sobre a psicose.

Nos casos da psicose, há sempre algo de *Verwerfung*. No caso José, há algo que merece várias reflexões. O traço mais forte desse caso é que nele ressalta a agressividade. Há uma lista de agressões. Celso nos descreve os primeiros desses atos. O sujeito parece muito lúcido quanto ao que ocorreu. Ele tem mais lucidez que os neuróticos sobre a etiologia de sua patologia; o que ocorreu com meu paciente Ulrich, também, que chegou a dizer ter

---

203 Miller, 2014, p. 10.
204 Lacan, 1966.

amência de Meynert. José descreve assim o que se passou: "Meus problemas começaram quando eu tinha seis anos. Eu empurrei Helena, e ela caiu de uma altura de dois metros, ela tinha quatro anos. Ela não sofreu nada, mas eu carrego esta marca para sempre".[205] Ele revê seu destino marcado por agressões, mas, principalmente, por repetir a agressão inicial.

A marca não cai sobre a vítima, mas sobre o autor da agressão: é a marca simbólica. Ela vai colocá-lo num mecanismo de repetição da agressão. Miller observa que seis anos seria o momento de saída do Édipo, em que este já estaria constituído. Miller vê um aspecto da problemática à luz do estágio do espelho, isto é, no registro do imaginário, da alienação frente ao outro e a relação de agressividade.

O outro, por ser eu mesmo, é o fundamento "da evolução agressiva". Miller se refere à reação de uma menina que ia dar uma pedrada em outra. Diz Miller: ela "pegava uma pedra para bater na cabeça de uma menininha: eu ia quebrar a cabeça de Françoise".[206] Dá-se isto como pura agressão, pois se trata do estágio do espelho. Neste caso, não se trata de psicose. A agressão, no estágio do espelho, é, diz Jacques-Alain Miller, normal. No caso José, essa agressão é de um outro tipo. É algo que se dá no eixo a-a´. Sem a pacificação que nos dá o lugar do Outro (A). Lacan observa, na sua primeira concepção da psicose, que o psicótico vive "do imaginário e não tem mediação do Outro (A)". Refinando esta formulação, Lacan vai dizer que o sujeito não tem o significante, que pode fazer desse Outro o lugar da lei. É o que vimos Lacan escrever na "Questão preliminar".[207] No caso José, há os dois semelhantes. Ao tomar da estrutura do estágio do espelho a relação dos dois semelhantes, ele fornece uma chave para um dos aspectos do caso, segundo Jacques-Alain Miller. Chave para o

---

205 Renó, 2011.
206 Miller, 1988, p. 50.
207 Lacan, 1966.

Cap. I – O crime e os três registros

ato da agressão com um soco feita no analista. Miller diz tratar-se de uma repetição do ato de agressão "primária" a Helena; em um caso, empurrar, e, na transferência, dar um soco. Miller ressalta a importância do modo de agir aqui, porque a agressão é feita sem o uso de instrumentos, quer faca, quer outra coisa. É o próprio corpo que é usado. Diverso do paciente que agride o analista com um instrumento cortante. Há que ressaltar que o fundamental é a relação dos dois semelhantes. E nesse ponto toma sentido o que José disse depois: "agora sim, eu fiz seu olho diferente do outro". Aqui se esclarece o que aconteceu no ato da agressão. O fundamental para ele é introduzir uma diferença entre os dois semelhantes. A significação se dá no fato de fazer os dois semelhantes diferentes. É isto o que para ele constitui uma marca. Pela agressão, translada a relação imaginária para uma relação simbólica.

Como observa Pierre Naveau, trata-se de saber como o sujeito "chega a se defender ou não contra o real pelo simbólico".[208] Naveau segue a tese de Lacan, para quem, na psicose, o objeto *a* não é extraído do campo da realidade. Lacan, com efeito, em uma nota acrescentada em 1966 a seu comentário do esquema R, em "De uma questão preliminar a todo tratamento possível da psicose", afirma que "o campo da realidade só se sustenta pela extração do objeto *a* que, no entanto, lhe dá seu quadro".[209] Essa não extração tem como consequência o apelo à passagem ao ato, "a fim de que se realize por este viés uma extração forçada".

Naveau retoma a sequência clínica proposta por Celso sobre o caso José e comentada por Jacques-Alain Miller. Naveau ressalta que o paciente de Celso suporta o olhar muito mal. Ele dá, no seu clínico, bastante tranquilo, um soco no olho e lhe diz: "agora você tem um olho diferente do outro". Miller explica que

---

208 Naveau, 2006, p. 75.
209 Lacan, 1966, p. 554.

o sujeito "realizou uma extração forçada do objeto *a*".[210] Segundo o dizer do próprio paciente, o soco no olho fez entrar pela força, no campo do gozo, a diferença significante. Trata-se aqui da diferença entre o olho esquerdo e o olho direito. Quanto a isso, Miller precisa que, na psicose

> (...) a tensão do fantasma que liga o objeto ao sujeito se manifesta sob a forma de ou isto ... ou aquilo; ou seja, neste caso ou bem o sujeito dividido, S barrado, ou, então, o objeto pequeno *a*. Qual a causa desta tensão? Pelo fato de que o sujeito psicótico se recusa em consentir em se apagar diante do objeto. [211]

É por este motivo que ele se precipita na passagem ao ato. O sujeito se recusa a inscrever de seu lado a barra da divisão do sujeito. Esforça-se por inscrever a barra do lado do objeto *a*. Assim, ele quer com toda força negativar o objeto *a*, enquanto o objeto *a* é positivado. Uma frase de Daniele Fernandez, que estudou um caso clínico de passagem ao ato expressa para Naveau o que é a não extração do objeto *a*: "a voz que ninguém ouve, o olhar que ninguém vê, existem, no entanto, na experiência do sujeito psicótico".[212] Para Lacan, há o campo da realidade, enquanto Freud se refere à relação com a realidade.

Em Freud, "A perda da realidade na neurose e na psicose",[213] o real é o que diz respeito à perda da realidade na neurose e na psicose. Freud vai distinguir dois tempos, quer se trate de neurose ou de psicose. No primeiro tempo, o sujeito neurótico tenta evitar o real; no segundo tempo, ele escolhe o recalcamento. Ele vai, então, fugir. Mas o recalque vai falhar, fracassar. Para o sujeito

---

210 Miller *apud* Naveau, 1998, p. 77.
211 Miller, 1998.
212 Fernandez, 2006.
213 Freud, 2002, p. 299-303.

Cap. I – O crime e os três registros

psicótico, é impossível evitar o real. É por isso que ele, no primeiro tempo, o nega, o rejeita, diz Freud, no sentido da *Verleugnung*. No segundo tempo, ele vai tentar reconstruir o real assim destruído, mas esta segunda tentativa vai também estar marcada pelo fracasso. Vejamos, então, que será a tradução lacaniana de Freud que implica, de fato, uma mudança conceitual. Não se trata de *Verleugnung*, mas de *Verwerfung*. Há, por outro lado, indica Lacan, um primeiro tempo, o da rejeição, que está articulado ao segundo, que é do retorno do real.

Naveau lembra que Melanie Klein tinha esta ideia do real. Ela o aborda pelo mau objeto, objeto vingador. É como se o próprio real se vingasse, tomando medidas contra você. Seguindo Jacques-Alain Miller, propõe-se que a realidade se constitui na medida em que ela é desinvestida pela libido e, em segundo lugar, só se constitui se for furada. Um pedaço da realidade lhe é arrancado (da realidade) e é este pedaço da realidade que é investido pela libido. O objeto *a* dá à realidade seu quadro. A primeira tese de Lacan, Jacques-Alain Miller diz ser vulgar, por excluir o psicótico do simbólico, mas, na segunda clínica, Lacan precisa o estatuto do psicótico no nível simbólico. A fórmula é que falta no Outro o nome do Pai. Miller diz que é preciso dar um passo adiante. Há consequência da falta do nome do Pai no Outro.

1.5.3. Jean-Claude Maleval e a passagem ao ato para o sujeito psicótico: o caso Hans Eppendorfer

A passagem ao ato do psicótico e a extração do objeto foram objeto de uma leitura muito esclarecedora feita por Jean-Claude Maleval (2000), em um ensaio que ele chamou "os crimes imotivados e a passagem ao ato para o sujeito psicótico", para o volume temático "*Le pousse-au crime*" (o empuxo ao crime), publicado pela revista *Quarto*. Ele fez inicialmente uma rápida análise do que pensava a psiquiatria de Esquirol a Guiraud sobre as condutas criminosas "sem motivo". O que nos interessa é que ele estende sua investigação à clínica psicanalítica das psicoses, interrogando, como dissemos, a passagem ao ato. O esclarecimento da passagem ao ato a partir das teses de Guiraud, iluminada por um caso recente, é o que toca nosso problema.

Maleval estabelece um paralelo entre o escândalo para a razão, que seriam os crimes sem motivo, isto é, a "existência de tal tipo de patologia"[214] e o "da descoberta freudiana".[215] O sujeito aparece não ser senhor de si mesmo". Os crimes sem motivo revelam "isto mais do que qualquer outra conduta". É o que o sujeito desconhece, não sabe, ignora, qual a determinação de seu ato. Maleval nos diz que eles ocorrem no período que precede a esquizofrenia.

Trata-se de algo pouco estudado na atualidade. A ausência de elaboração discursiva leva ao silêncio da psicanálise. Mas os automatismos não dão conta, são incapazes, insuficientes, para explicar esse fenômeno. Quem se ocupou destas condutas foi a justiça, o sistema penal. Esquirol, na psiquiatria, trabalhou para integrar esses atos no campo do saber psiquiátrico.

Maleval ressalta com muita acuidade que o crime sem motivo pode encontrar sua causa em um objeto, o objeto *a* lacaniano, "o mesmo que, sem prevenir, as irmãs Papin arrancaram da órbita de sua patroa".[216] A questão que se coloca, então, é: *crime sem motivo ou perturbação psicótica*? Esta é a seriíssima questão que levanta Jean-Claude Maleval.

Retomando Jean-Étienne Esquirol, ele diz:

> (...) existe uma espécie de monomania homicida na qual não se pode observar qualquer desordem intelectual ou moral, o assassino é levado por uma potência irreversível, por um automatis-

---

214 Maleval, 2000, p. 39.
215 *Idem.*
216 *Idem.*

Cap. I – O crime e os três registros

mo que não pode vencer, por uma impulsão cega, por uma determinação irrefletida, sem interesse, sem motivo, seu desvario, a um ato tão atroz e totalmente contrário às leis da natureza.[217]

Entre as características desses assassinos, eles se distinguem dos delinquentes "por sua ausência de cúmplices, pela não dissimulação de seus atos, pelo caráter aleatório da escolha das vítimas.[218] Esquirol não formula de forma fechada um quadro etiológico, o que constitui, para Maleval, uma atitude prudente.

Quando Magnan formula o tipo clínico dos degenerados, ele integra a monomania homicida. Sua origem se encontra em uma hereditariedade mental patológica. O efeito da inclusão desse tipo de causalidade biológica em um enraizamento somático das perturbações faz do doente "um ser cujos sintomas são desprovidos de razão.[219] Assim, o psiquiatra não vai dar importância alguma à psicologia do sujeito, à causalidade psíquica. A falta de motivação não vai ser ressaltada; pelo contrário, vai ser esquecida.

De um lado, esses atos constituem um paradoxo para o psiquiatra. Para Esquirol, para os seguidores de Magnan, a teoria da degenerescência abole a particularidade, a especificidade do fenômeno "na contingência das perturbações mentais".[220]

Esta situação muda no começo do século XX, quando começa a emergir uma clínica dos atos imotivados. Mas só com o declínio claro da teoria da degenerescência, com o advento da psiquiatria dinâmica, é que, nos anos 1930, se abre um campo favorável para o estudo dos crimes sem motivo.

Será P. Guiraud quem vai dar um estatuto novo à noção de "crime sem motivação", na teoria psiquiátrica, no discurso psi-

---

217 Esquirol, 1838, p. 341.
218 Esquirol, 1838, p. 357-358.
219 Maleval, 2000, p. 39.
220 Esquirol, 1838, p. 39.

quiátrico. Maleval diz que ele "lhe dá título de nobreza".[221] Maleval chega a dizer que, ao estudar sua lógica, ele lhe dá o estatuto de um conceito. Guiraud o faz em dois artigos. O primeiro: "*Les meurtres imotivés, réaction libératrice de la maladie, chez les hébépréniques*", publicado nos *Annales médico-psychologyques*, em novembro de 1928. O segundo, Guiraud publicou na revista *Évolution psychyatrique*, de março de 1931.

Maleval aponta o paradoxo de que seja um autor de orientação mecanicista que tenha elaborado a interpretação de fundo psicogenético. No entanto, outros modelos puderam chamar a atenção de Guiraud; em primeiro lugar, as teses de Freud sobre o ato falho e a passagem ao ato. Esta corrente inovadora da psiquiatria dinâmica, esclarecida pelas pesquisas de Freud, é que vai permitir a Guiraud poder propor uma análise do assassinato sem motivo.

Guiraud, em seu texto, refere-se a um ato criminoso cometido por "Paul". O criminoso propôs um conjunto de explicações romanescas e múltiplas, de caráter inverossímil, que levaram os *experts* a um diagnóstico de hebefrenia. Os dois psiquiatras, três anos mais tarde, se depararam com esse hebefrênico.

Guiraud e Cailleux, observa Maleval, puderam "discernir uma certa lógica no assassinato sem motivo. Eles o fizeram através de uma escuta atenta de Paul. Eis o que dizia o sujeito: "era anormal que isso piorasse e era preciso fazer alguma coisa...".[222] Guiraud e Cailleux concluem que "estas preocupações longamente ruminadas levaram por caminhos diferentes a ideia do mal geral e a dedução que ela comporta, a saber, que é necessário suprimi-lo".[223]

Assim, "a reação violenta" de Paul vai surgir como o "último sobressalto de energia de um organismo que cai na indiferença e

---

221 Maleval, 2000, p. 39.
222 Maleval, 2000, p. 40.
223 *Idem*.

Cap. I – O crime e os três registros

na inação".[224] E também com o resultado de uma transferência de desejo "de curar a doença sobre aquele de suprimir o mal social". Trata-se de um "paralogismo verbal e simbólico frequente no hebefrênico: matar o mal = matar a doença!".[225]

1.5.4. A dimensão do real do ato: de Guiraud a Lacan

Guiraud (1931) precisava que Paul pretendia suprimir o *kakon*.[226]

Para Maleval, que o formula sinteticamente, trata-se, no *kakon*, originalmente de um momento de angústia intensa que sobrevém em uma situação em que a simbolização fracassa. Lacan vai aceitar, na sua tese de 1932 sobre a psicose paranoica, a teoria de Guiraud sobre o *kakon*, no que diz respeito aos assassinatos sem motivo. Ele a integra, no entanto, em uma abordagem mais ampla. É este aspecto que nos interessa ressaltar, e não propriamente fazer uma leitura minuciosa do conceito de *kakon*.

Maleval observa que Lacan se apoia na segunda tópica freudiana para construir o que podemos chamar uma primeira criminologia lacaniana.

Há, em primeiro lugar, os crimes do ego em que ele inclui todos os crimes de interesse. Depois, os crimes do superego: através destes, o sujeito "procura satisfazer o sentimento de culpabilidade inconsciente fazendo-se surpreender".[227] Há, por fim, os crimes do "Soi" (si), onde, diz Lacan, "entram os crimes puramente pulsionais, tais como encontramos tipicamente na demência precoce".[228] Maleval chama a atenção para o fato de que Lacan segue a tradução

---

224 *Idem.*
225 Guiraud; Cailleux, 1928, p. 357-358.
226 Guiraud, 1931, p. 28.
227 Maleval, 2000, p. 40.
228 Lacan 1932/1975a, p. 302.

de Jankelevitch, que traduz o *Es* freudiano por "soi" (si). Depois, a tradução que passou a predominar para o *Es* foi "isso".

Nos crimes determinados por essa instância última, Lacan refere-se a Guiraud: "Guiraud mostra bem seu caráter de agressão simbólica (o sujeito deseja matar não seu ego ou seu superego, mas sua doença, e ainda mais, de maneira mais geral, o mal, de Von Monakow e Morgue".[229] Trata-se aqui de uma "aproximação explícita entre o *kakon* e o *Es* freudiano".[230]

A causa desses assassinatos sem motivo deve ser assim situada no silêncio das pulsões,[231] é o que Freud diz explicitamente: "Não podemos nos impedir de pensar que as pulsões de morte operam em silêncio". Freud o diz no seu ensaio "O ego e o id". Estes conceitos nos levam para "os fundamentos das teses lacanianas que dizem respeito à passagem ao ato".[232]

Lembramos, aqui, a distinção que Lacan vai fazer mais tarde entre o inconsciente estruturado como uma linguagem, como cadeia significante, e o isso (o ça, o es), no qual ele vai "situar o ser objetal do sujeito, e o polo de magnetização do gozo".[233]

Será nas suas "Considerações sobre a causalidade psíquica"[234] que Lacan vai retomar as teses de Guiraud de outra forma, ao elaborar o que Maleval chama de segunda teoria das psicoses de Lacan. Lacan fala da concepção dos assassinatos sem motivo: ele reconhece que "não é nada mais que o *kakon* de seu próprio ser que o alienado procura atingir no objeto que ele ataca.[235]

Guiraud afirma sempre que o *kakon* é o ego ou a doença, é Lacan quem propõe que o *kakon* constitui "o ser mesmo do

---

229 *Idem.*
230 Maleval, 2000, p. 40.
231 Freud, 1975, p. 218.
232 Maleval, 2000, p. 40.
233 *Idem.*
234 Lacan, 1946.
235 Maleval, 2000, p. 40.

Cap. I – O crime e os três registros

sujeito".[236] A tese inédita de Lacan, diz Maleval, que vai além da constituição do eu constituído pela soma das identificações imaginárias, que aparece no seu artigo sobre "o estágio do espelho, formador da função do eu",[237] já se encontra nesta formulação de Lacan: "quando o homem, procurando o vazio do pensamento, avança no clarão sem sombra do espaço imaginário abstendo-se mesmo de esperar o que dele vai surgir, um espelho sem brilho lhe mostra uma superfície onde nada reflete".[238]

Assim, neste ponto em que falha a dimensão imaginária, pois nada aí se reflete, onde se esvazia também a dimensão significante, Maleval situa três nomeações do real: na teoria psiquiátrica, na psicanálise freudiana e na orientação de Lacan. Esses nomes do real são o *kakon* de Guiraud, o id freudiano e o objeto *a* lacaniano.

Lacan isola, assim, uma dimensão objetal do sujeito, perdida para sempre. É a partir dela que a psicanálise vai poder diferenciar a passagem ao ato do *acting out*.

No *acting out*, há "uma mostração imaginária do objeto perdido em um agir no qual o que era simbolicamente latente "se expressa no desconhecimento".[239]

Na passagem ao ato, há o testemunho de "um esmagamento do sujeito sobre o objeto *a*".[240] Há a identificação do sujeito com seu ser de dejeto. Ele é levado pela escolha forçada pela alienação significante ao "ou eu não penso ou eu não sou".[241]

Por outro lado, a passagem ao ato não torna possível nenhuma regulação com relação ao fantasma. Nada no campo do Outro pode ser inscrito. Consequentemente, a interpretação não toca o

---

236 *Idem.*
237 Lacan, 1966.
238 Lacan, 1966, p. 175.
239 Maleval, 2000, p. 41.
240 *Idem.*
241 Lacan, 1984, p. 11.

sujeito neste ponto. A experiência da passagem ao ato objetiva a estrutura do sujeito. Nestes sentidos, esses assassinatos tornam presentes em um espelho o "ser de dejeto do sujeito.[242] Ele mostra seu caráter objetal, anterior a toda alienação, sob a forma do cadáver. Por outro lado, vai-se abrir uma hiância na cadeia significante por não haver motivo para justificar o crime.

No momento em que o objeto *a* se impõe no real, o simbólico vai falhar, e surge imperiosa a angústia. O objeto *a* vai constituir esta coisa inominável que se manifesta de maneira mássica na cena do mundo. Isto vai ocorrer no lugar mesmo do desfalecimento do sujeito, em uma perda real. Trata-se de um crime que não é desprovido de causa. Mas esta causa está marcada por um impossível de dizer. Ela está vinculada à estrutura mesma do falasser.

1.5.5. Hans Eppendorferb – um crime do registro imaginário – a passagem ao ato do homem de couro

Um esclarecimento fecundo dos assassinatos sem motivo e da passagem ao ato podemos encontrar nas confidências muito precisas de Hans Eppendorfer, comentadas por Jean-Claude Maleval. Elas permitem distinguir a passagem ao ato do psicótico e a passagem ao ato do neurótico. É a hipótese que ele analisa à luz dos conceitos de Lacan, de forma muito conclusiva.

Com 16 anos, Eppendorfer é um jovem alemão que se considera à margem da sociedade. Frequentava uma comunidade mórmon, que lhe permitiria sair de si mesmo através de alguma forma de entusiasmo.

Encontrou uma mulher, na sua maneira de dizer gentil, mais velha. Estabeleceu com ela laços de amizade. Hans vai assassiná-la.

---

242 Maleval, 2000, p. 41.

Cap. I – O crime e os três registros

No dia do crime, pela manhã, ele se sentia estranho, experimentando sentimentos de desrealização. No dia anterior, ele entrara em conflito com a mãe.

Eppendorfer foi visitar sua amiga mórmon sem motivo preciso.

Eis como ele descreve a passagem ao ato: ela veio em minha direção, me acariciou, e, de repente, algo explodiu em mim... Não me lembro do que se passou, e não havia testemunhas.

Ela certamente se fez terna, me tomou nos seus braços, e, então, isso explodiu.

"Talvez, eu a repeli, e, de repente, eu me encontrava com o martelo na mão e eu o lancei sobre ela".[243] A vítima procurou se defender, o que provocou um aumento da fúria de seu agressor. Ele descreve de forma estranha este ato: "suas feridas eram completamente loucas, seu crânio nada tinha, ela se sufocou com seu sangue, e sua língua se separou de sua garganta".[244] Assim, para Maleval, surge a distância entre o ato e o ego do sujeito. Ele não tinha ideia nenhuma de como isso poderia se passar.

Eppendorfer conserva, no entanto, muito clara a alucinação que sobrevém nesse momento: "O rosto tornou-se bruscamente o rosto de minha mãe, então, eu ataquei esse rosto, ele estava completamente despedaçado, a boca sendo apenas uma massa sanguinolenta, a língua cortada, eu continuava, ainda e mais. Não sei quanto isso durou".[245] Depois do crime, foi correndo para casa, lavou-se, dormiu, e, nessa mesma, noite foi detido.

Os psiquiatras o consideraram irresponsável, mas o tribunal o condenou a 10 anos de reclusão. Eppendorfer cumpriu a pena e depois tornou-se redator de uma revista dedicada aos homossexuais. Essa posição junto aos *gays*, este pai-versão *(père-version)*

---

243 Eppendorfer, 2000, p. 60.
244 *Idem.*
245 *Idem.*

seria, segundo Maleval, a solução que ele encontrou na escrita para "uma estabilização de sua estrutura psicótica".[246]

Eppendorfer esclarece para um amigo escritor alguns aspectos da sua vida que dão conta do mecanismo da passagem ao ato.

Ele é filho natural, sua mãe nunca se casou. Foi criado pela avó, depois que ela faleceu, e não pela própria mãe. Ela tentara em vão abortá-lo, porque perturbava sua vida agitada. Quando criança, Eppendorfer estava ligado de maneira ao mesmo tempo passional e inquieta à sua mãe. Dormia com uma faca de escoteiro sob o travesseiro, com medo que ela o matasse. Temia também que ela envenenasse sua comida. Achava mesmo que o gosto amargo que sentia por vezes significava que estava envenenado. E ele se desfazia da comida, jogava-a fora. Sonhava que a esmagava e se confrontava com ela, como faziam com ela os amantes. Era possuído por um *amoródio (hainamoration),* que advinha da "carência radical da mediação paterna",[247] na relação especular que os unia. É a dimensão imaginária que predomina efetivamente aqui.

Como vimos, quando do assassinato, ele alucinou o rosto de sua mãe, mais, junto com fantasmas masturbatórios, "evocou as carícias da mulher assassinada em associação com o rosto da mãe".[248] Assim, "as iniciativas da vítima confrontaram o sujeito com um outro gozador"[249] e suscitaram a angústia de incesto, e mesmo da cena primitiva. Aqui, o incesto é gozo de um objeto interdito. Quando há lei, o objeto perdido é causa de desejo. Ela consiste nessa perda fundadora que instaura a castração simbólica.

Mas a psicose, caracterizada pela forclusão do Nome-do--Pai, implica uma carência radical da lei. Aqui, a perda estrutu-

---

246 Maleval, 2000, p. 41.
247 *Idem.*
248 *Idem.*
249 *Idem.*

Cap. I – O crime e os três registros

rante não teve lugar. O objeto *a*, como observa Lacan, o psicótico o tem no seu bolso, "é o que ele chama suas vozes".[250]

Seu sofrimento está articulado a uma separação que não adveio. É o que diz Eppendorfer:

> (...) este assassinato, falando francamente, foi para mim um grande alívio. Neste momento algo explodiu, como uma barragem que ruiu, neste instante eu me separei definitivamente de minha mãe. Dei livre curso a meu ódio, à vingança, aos sentimentos achincalhados de um filho pela mãe, todas essas aspirações, todas essas esperanças, todas essas decepções, eu as enterrei neste rosto, martelando, rasgando, lacerando, apunhalando. Eu me sentia liberado, verdadeiramente liberto".[251]

Conclusão: Eppendorfer formula de forma clara que sua passagem ao ato teve um efeito terapêutico.

A passagem ao ato produziu, ainda, uma mutação subjetiva de sua posição com relação à mãe. Ao voltar para casa, depois do assassinato, sua mãe tornou-se "uma estranha" para ele. Diz Eppendorfer: "Quando ela fazia alguma observação ou algo deste gênero, eu os afastava com um gesto da mão como quem caça uma mosca. Simplesmente assim. Ela nada tinha a me dizer. Não tinha mais medo dela, e disse: 'eu me lixava com o que ela fazia'".[252]

A passagem ao ato produziu assim, tudo o indica, uma separação para com um objeto de um gozo incestuoso mórbido.

Durante o julgamento, na audiência, Eppendorfer dirigia-se à mãe chamando-a de vós, formal, distante.

---

250 Lacan, 1967.
251 Eppendorfer *apud* Maleval, 2000, p. 42.
252 Eppendorfer *apud* Maleval, 2000, p. 42.

E, 12 anos mais tarde, acreditava nada mais ter em comum com ela. Desapareceu o ódio, e sente, como diz, "uma estranha indiferença".[253]

Eppendorfer, aliás, nunca subjetivou seu crime no registro da falta, não sentia qualquer espécie de remorso, nem lamentava tê-lo cometido. Ele o viveu como uma espécie de liberação.

Como pensar a espécie de estabilização a que ele chegou alguns anos mais tarde, depois da passagem ao ato? Para Maleval, trata-se do efeito do encontro com a lei, a partir do apelo ao assassinato e "imposto pelo aprisionamento".[254]

A prisão, como no caso Aimée, tem um efeito pacificador. É o próprio Eppendorfer quem o diz: "se eles me tivessem liberado, eu estaria completamente sem limites e não saberia o que fazer de mim mesmo. Eu não queria clemência, eu o disse no tribunal. Devo muito ao tempo que passei na prisão. Foi na prisão que me tornei o que sou hoje".[255]

Mas, se o ato assassino modifica sua posição, ele não foi suficiente para determinar uma estabilização efetiva. Foi necessário um encontro com um padre, um sacerdote, enquanto se encontrava preso. Esse encontro teve efeito terapêutico, como o de um tratamento. Eppendorfer elaborou a partir dele um "fantasma perverso".[256] Ele não era atraído pela perversão antes do assassinato. Vai tornar-se, então, um militante *gay*. Para Serge Cottet, essa mudança deve ser vista como a passagem de Eppendorfer de uma seita para outra, dos mórmons aos grupos homossexuais. Ainda que Maleval[257] evoque uma suplência, para Cottet, não há como considerar "o real do crime como equivalente a um enlace RSI".[258]

---

253 Maleval, 2000, p. 42.
254 *Idem.*
255 Maleval, 2000, p. 42.
256 *Idem.*
257 Maleval, 2000, p. 64.
258 Cottet, 2009, p. 34.

Cap. I – O crime e os três registros

A conclusão a que se chega é que, a partir dessa evolução, com a lógica do ato e a extração do objeto que ela revela, não tem sentido algum recorrer a fatores de ordem neurológica.

1.5.6. Tentativa de cura e castração simbólica: a extração do objeto *a*

O testemunho de Hans Eppendorfer é uma confirmação da hipótese de Guiraud e Cailleux. O assassinato sem motivo é uma tentativa de cura. Trata-se de um "esforço de libertar-se da doença transposta patologicamente no mundo externo".[259] Tem, nesse sentido, um estatuto semelhante ao do delírio.

Para Maleval, trata-se do ponto de vista psicanalítico de "fazer advir a castração simbólica. É uma tentativa de extração do objeto *a*, causa do desejo".[260]

Este aspecto aparece aqui claramente no caso Eppendorfer, em que o sujeito é levado "a arrancar o objeto parcial da pulsão do corpo de suas vítimas".[261] Mas de que objeto se trata? Trata-se do objeto gerador da voz, a língua. Trata-se, evidentemente, de uma determinação inconsciente, ignorada pelo sujeito, mas determinada pelo saber presente na estrutura e que impulsiona e orienta o sujeito psicótico, sem que, de fato, ele o saiba.

Maleval ressalta que, na psicose, o sujeito sabe que não é regido pela dívida simbólica. Cita o caso de alguém que formulava assim a questão de sua vida: "como perder alguma coisa?"

Essas tentativas de cura, muito singulares, pois se trata de crimes, testemunham a tentativa de fazer advir a castração sim-

---

259 Maleval, 2000, p. 42.
260 *Idem.*
261 *Idem.*

bólica no real. Lacan o diz destes sujeitos: "para o esquizofrênico, todo o simbólico é real".[262]

1.5.7. O gozo do Outro na passagem ao ato

"Existe, assim, uma confirmação do que para Guiraud era apenas uma intuição sem conceito propriamente dito; trata-se de uma reação liberadora da doença: este ato não é desprovido de causa".[263] Diante de uma angústia de dimensão paroxística, o sujeito procura fazer face a ela pelo ato. É um esforço desesperado.

É isto mesmo que se dá no caso Eppendorfer. Na falta da função de mediação e mesmo dialética da linguagem, o sujeito se depara com o Outro gozador, ao mesmo tempo obscuro e angustiante. O mau encontro constitui assim um grave risco para o sujeito psicótico a que falta o Nome-do-Pai. Falta-lhe a função fálica, que torna possível simbolizar a falta do Outro. Assim, a confrontação com o desejo constitui uma conjuntura de desencadeamento e perturbação em que a passagem ao ato tem lugar. É o que se dá no caso Eppendorfer. Quando a mulher idosa faz avanços sexuais para com ele, torna-se presente para ele o Outro gozador. O psicótico, nesses casos, responde a esse desejo com um ato de sacrifício. O psicótico sente-se assim levado "a doar um objeto de gozo para cobrir a falta do Outro obscuro".[264]

No mais das vezes, esse objeto é constituído pelo próprio corpo do sujeito ou uma parte (de uma orelha, por exemplo). Ele pode também ser apreendido em uma relação especular. Com o corpo de um outro. É possível que a mulher mais velha mórmon tomou um caráter catastrófico para ele, porque ela não lhe inspirava nenhuma atração, nenhum desejo. O desejo teria tornado possível uma falofa-

---

262 Lacan, 1966, p. 392.
263 *Idem.*
264 Maleval, 2000, p. 43.

Cap. I – O crime e os três registros

nia que teria permitido a Eppendorfer afrontar o desejo sem angústia. Quando a função do fantasma não opera, como nesta circunstância, o sujeito psicótico não obtém prazer com o objeto da pulsão.

O mau encontro com o Outro que goza, para o psicótico, é dramático e mesmo trágico. Existem inúmeros casos de assassinatos sem motivos provocados por avanços sexuais, ou um ato sexual. O desejo do Outro possui caráter ameaçador para o Outro psicótico, e isso se torna visível, e mesmo pode ser detectado antes mesmo do aparecimento de perturbações graves. Isso se manifesta de forma mais grave, caso falte, como no caso Eppendorfer, a função do amor. É um aspecto estrutural deste problema. A forclusão do Nome-do-Pai pode ser discernida "antes da psicose declarada, em sujeitos nem alucinados nem delirantes".[265] A clínica dos fenômenos elementares dá conta disso.

No caso de Hans Eppendorfer, desde a sua infância ele está convencido de que o Outro materno representava um perigo mortal para ele. Sua mãe não desejara seu nascimento e quisera abortá-lo. Seu temor era de que ela quisesse de novo acabar com ele. Declarou temer, várias vezes, que ela pudesse matá-lo. Assim, a ameaça angustiante se manifestava bem antes da passagem ao ato. A ausência de mediação com o gozo do Outro foi a causa da passagem ao ato de Eppendorfer. Foi o fator de desencadeamento do assassinato. Assim, neste caso, uma análise precisa permitiu estabelecer o quadro. São, portanto, sempre necessários testemunhos precisos, detalhados, minuciosos, para analisar os assassinatos considerados sem motivo de psicóticos.

Vimos, aqui, a partir da fina análise do caso feita por Maleval, que é possível articular a teoria de Guiraud com a de Freud e Lacan. Elas situam, assim, o que se pode chamar de três nomes do Real, o Kakon de Guiraud, o ES freudiano e o objeto *a* lacaniano.

---

265 *Idem.*

CAPÍTULO II

O caso Aimée –
A letra e o gozo em uma passagem ao ato

Lacan afirma, no seu texto de conclusão de sua tese, que a fecundidade de sua metodologia de pesquisa está fundada no estabelecimento de uma monografia tão exaustiva quanto possível. Em Freud, suas monografias, como no caso Schreber, vão refinar a psiquiatria com a psicanálise. Em Lacan, ele vai partir da psiquiatria para a psicanálise. Mas a fecundidade heurística do caso Aimée é que nele há muitos elementos que são suscetíveis de uma releitura, "em reserva", como observaram alguns comentadores.

Passemos à descrição e à análise do caso.

No dia 18 de março de 1931, às oito horas da noite, a atriz Huguette ex-Duflos, da *Comédie française*, uma das atrizes mais apreciadas pelo público parisiense, chegou ao teatro Saint-Georges, onde desempenhava o papel principal, numa peça de Henri Jeanson: "*Tout va bien*" (Tudo bem). Ela é abordada, na porta de entrada, por uma desconhecida que lhe fez a pergunta: "Você é de fato Madame Z?" (Lacan a chama no texto Madame Z, sem revelar o nome da atriz de *Koenigsmark*).

A pessoa que lhe faz a pergunta estava vestida com um *manteau* cuja gola e punhos estavam bordados de peliça, com luvas e uma bolsa. Nada no tom da questão despertou a desconfiança da atriz. Habituada às homenagens de um público ávido por se aproximar de seus ídolos, ela respondeu afirmativamente e, apressada para acabar, quis passar. A desconhecida, então, diz a atriz, tirou vivamente de uma bolsa aberta uma faca e, com o olhar carregado, inflamado de ódio, levantou o braço contra ela. Para aparar o golpe, Hugette pegou a lâmina com a mão e seccionou os tendões do dedo. Rapidamente, os assistentes controlaram a autora da agressão.

Ela se recusa a explicar seu ato ao comissário da rua de La Rochefoucault, onde informa sua identidade. O que ela diz parece incoerente. Há muitos anos, a atriz fazia "escândalo" contra ela. Ela a ameaça. Está associada nessas perseguições a um escritor célebre, Pierre Benoit (membro da Academia francesa, autor de *Eromango, Mademoiselle de la Ferté, de Koenigsmark*). Este último livro, transformado em filme, teve Huguette Duflos como atriz principal. Pierre Benoit revela a vida privada de Aimée em numerosas passagens de seus livros. Em *Alberte*, por exemplo, ela diz ser ao mesmo tempo a mãe e a filha do romance.

Aimée tinha a intenção de explicar-se com a atriz. Esta foi atacada porque fugiu. Teria atacado de novo se não a tivessem detido.

Aimée é conduzida ao depósito da prefeitura de polícia, depois a Saint-Lazare. Em junho de 1931, é internada na clínica do Asilo de Saint-Anne, onde Lacan a escuta e a observa, como diz, durante um ano.

Quando a paciente é internada, no certificado quinzenal, o próprio Lacan redige o seguinte:

> Psicose paranoica. Delírio recente que desemboca em uma tentativa de homicídio. Temas aparentemente resolvidos depois do ato. Estado oniroide. Interpretações significativas, extensivas e concêntricas em torno de uma ideia predominante: ameaças a seu filho. Sistema passional: dever a cumprir para com ele. Impulsões polimorfas ditadas pela angústia. *Démarches* junto a um escritor, junto à sua futura vítima. Execução urgente de escritos. Envios destes à corte da Inglaterra. Escri-

Cap. II – O caso Aimée

tos panfletários e bucólicos. Cafeinismo. Desequilíbrio de regime. Duas exteriorizações interpretativas anteriores determinadas por incidentes genitais e complemento teórico. Atitude vital tardiamente centrada por uma ligação materna exclusiva, mas onde dominam valores interiorizados, permitindo uma adaptação prolongada a uma situação anormal, com uma economia provisória. Taquicardia. Adaptação à sua situação legal e materna presente. Reticências, esperança.[1]

Lacan interroga-se sobre o mecanismo da psicose. É todo um programa que aqui se anuncia. Poderemos nós precisar esse mecanismo? Iremos proceder a uma releitura atualizada do caso por uma análise minuciosa de seus registros. Não é um caso único, diz Lacan, que escolheu esse porque, diz ele: "Estou convencido que, em psiquiatria, particularmente, todo estudo em profundidade, se é sustentado por uma informação suficiente, tem assegurado um alcance equivalente".[2] Esta é a primeira razão do estudo. A segunda razão era o caráter particularmente demonstrativo do caso.

Aimée, com 38 anos de idade, nome da heroína de um dos romances de Margueritte Pantaine, *O Detrator*, é o nome que Lacan dá a essa paciente.

Marguerite nascera em Chalvignac, no Cantal. Na história fictícia redigida por Lacan, seria na Dordogne, filha de pais camponeses. Tem duas irmãs e três irmãos. Está empregada no Correio da rua do Louvre, em Paris. Na tese, Lacan apresenta-a como funcionária de uma companhia de estradas de ferro. Entrou na empresa com 18 anos, e, até o atentado, manteve-se bem no trabalho, salvo por uma licença de 10 meses, de que teve necessidade por perturbações mentais.

---

1   Lacan, 1932/1975a.
2   Lacan, 1932/1975a, p. 15.

2.1. AIMÉE, A PREFERIDA DA MÃE

A relação de Aimée com a mãe era muito forte. Lacan a chama "exclusiva". A mãe partilha este laço. Aimée diz que foram "amigas". Esse laço, com o traço de gozo opaco, se revela no fato de que a mãe se isola totalmente no momento em que Aimée é internada. A mãe acusa os vizinhos pelos problemas e crises de sua filha. O delírio da mãe de Aimée manifestou-se aparentemente depois da primeira gravidez de Aimée. A mãe de Aimée confere à filha um lugar especial. Frente a seus filhos, isto dá a Aimée um lugar singular no fantasma da mãe. Aimée é a filha preferida da mãe, com o que o pai consente. Os pais de Aimée desejam que ela se torne professora primária, a partir dos seus resultados na escola, que lhes despertam expectativas. Eles permitem que, para sua toalete, ela possa vestir-se melhor que suas irmãs. Primeira da família a entrar no grau superior da escola primária, pais e professores esperam que ela se dedique ao ensino. Mas, quando tinha 17 anos, não é aprovada nos exames e desiste de se apresentar de novo para as provas. Pretende, então, dedicar-se "a atividades mais livres e mais elevadas.[3]

Uma leitura do caso feita por Jean Allouch (1990), no seu livro *Marguerite, l'aimée de Lacan*, situa a problemática do caso na relação mãe-filha. Será o que vai também propor Marie Magdaleine Lessana no seu trabalho: *Entre mère et fille: un ravage*,[4] em que o tema da devastação materna constitui a chave explicativa do caso Aimée e do caso das irmãs Papin.

O livro de Allouch constitui uma suma plena de informações sobre a história, a biografia de Aimée. A tese de Allouch é que o caso Aimée se apresenta como um caso de "loucura a dois". A loucura de Margueritte se liga à de sua mãe, Jeanne, diz ele.

---

3   Lacan, 1932/1975a, p. 222.
4   Lessana, 2010.

Cap. II – O caso Aimée

Jean Claude Maleval (1999-2000) criticou essa abordagem de Allouch, dizendo esquecer ele o papel fundamental do nome do pai, em nome de uma análise da "loucura a dois", o delírio mãe-filha, descrito de forma não reconhecida pela psiquiatria.

2.2. A POSIÇÃO FEMININA E A LETRA: O HOMEM, O POETA E O CARTEIRO

O primeiro amor de Aimée, Lacan o chama de "dom Juan de aldeia, poetastro de capela regionalista", e o diz dotado de "charme maldito".[5] Ela fica encantada por seu aspecto romântico e também por sua reputação pouco convencional, escandalosa. Seus encontros não são muitos e vão levar a uma primeira relação sexual. Ela vai saber dele que foi objeto de uma aposta, de um jogo. Assim que ela deixa a cidade de seu tio e sua irmã, ela mantém uma correspondência muito viva com seu ex-namorado, secreta. Ela o tem, diz Lacan, "como o único objeto de seus pensamentos".[6] Trata-se de uma relação marcada por uma forte idealização, platônica, mantida através das cartas, da correspondência. Ela vai evitar todo contato com os homens e mantém-se reservada quanto a isto. Nada fala a respeito de sua ligação pela correspondência, nem mesmo à nova amiga, que encontrou e que, como ela, trabalha nos Correios. Ela vai uma vez mais mudar de cidade e de posto, onde vai permanecer até sua primeira internação. Com essa mudança, ela vai passar do amor para o ódio para com sua primeira paixão amorosa, é o que vai observar Lacan. Aimée diz: "passei bruscamente do amor ao ódio".[7] Diz Lacan que, "mais tarde, quando passar ao ato contra Huguette

---

5   Lacan, 1932/1975a, p. 224.
6   Lacan, 1932/1975aª.
7   Aimée *apud* Lacan, 1932/1975a, p. 225.

Duflos, ela com 38 anos, ainda conserva uma atitude muito hostil frente a esse primeiro amor".[8]

Essa mudança de cidade é marcada por um quadro complexo de mudança subjetiva, de que não sabemos todos os elementos. Mas certas consequências são marcantes, como essa virada para o ódio.

Aspecto muito importante nesse caso é a relação com a letra. Dominique Laurent[9] ressaltara, nesse caso, que deter um "*savoir faire*" com a letra equivale a função fálica.

Segui o percurso da letra, a partir de Lacan, desde nosso texto sobre o caso Aimée, do fenômeno à estrutura. Agora, retomamos considerações de Dominique Laurent que fazem avançar a relação da psicose, da escrita e da letra, neste caso.

O homem que ela encontrou é um "homem de letras". E é através de cartas que ela mantém uma relação particular, marcada pela singularidade, com ele. Lacan considera que o laço com o poeta é marcado pela erotomania. O delírio, diz Lacan, vai marcar seu início, quando se dá a primeira gravidez.

D. Laurent[10] observa que o desencadeamento da psicose se deu com o primeiro encontro com o homem. O que confirmaria isso seria o desenvolvimento ulterior da erotomania por Aimée, muitos anos depois do começo do delírio, com a mudança de cidade, como dissemos. Aimée encontra uma nova amiga. Essa amizade muito intensa vai durar cerca de quatro anos. A amiga é uma aristocrata, que foi obrigada a trabalhar para sobreviver, "intrigante refinada", como observa Lacan. Este diz: "ela exerce um prestígio intelectual e moral sobre o pequeno mundo de empregados do escritório no qual ela evolui, dirigindo as opiniões, governando os lazeres, ela exerce uma certa autoridade pelo rigorismo

---

8   Lacan, 1932/1975a, p. 225.
9   Dominique Laurent, 2002.
10 *Idem.*

Cap. II – O caso Aimée

de suas atitudes".[11] Foi através dela que ouviu falar, pela primeira vez, de Hugette Duflos, e, também, de Sarah Bernhart, que se vão tornar perseguidoras maiores. Poder-se-ia ver aí, como pretende Silvia Tendlarz, a proliferação dos duplos na regressão tópica ao estágio do espelho. É como se esta conceitualização, antes mesmo do texto de 1936, lido no Congresso de Marienbad, sobre a Imago especular, já estivesse esboçada aqui.

Há uma diferença marcante nessa relação de Aimée com suas outras relações femininas, todas marcadas pelo conflito. Em tudo, Aimée discorda de suas colegas. Despreza suas preocupações e seu sonho, sua aspiração é de habitar um mundo superior. Aimée vai fazer confidências a essa amiga, dizendo-se "sentir-se masculina". E bem distante do mundo das mulheres.

Sua relação com os homens vai estar marcada pelo que ela vai chamar "acesso de dissipação".[12] Lacan vai notar o traço particular desse laço: ele viria de "uma afinidade psíquica com o homem, bem diverso da necessidade sexual".[13] Não se trata de uma experiência amorosa ou sexual que não a mobiliza. O que se dá é uma "curiosidade pela alma masculina",[14] que exerce sobre ela um poder de sideração, de atração. A amiga chegara a dizer: "Você é masculina".

Como definir esse percurso masculino na história de Aimée? Não se trata de uma identificação histérica. Para a histérica, a alma masculina não é objeto de atração, por saberem por demais o que os homens desejam. É o próprio homem que constitui um mistério para Aimée. Aquilo com que ela procura uma identificação é com a alma masculina. Nessa busca, o que a marca é para ela a ausência da significação fálica. A perturbação da identificação sexual depende disso. Seguimos, neste ponto, a hipótese

---

11　Lacan, 1932/1975a, p. 226.
12　Lacan, 1932/1975a, p. 227.
13　Lacan, 1932/1975a, p. 228.
14　Lacan, 1932/1975a, p. 227.

de D. Laurent (2002). Assim, a relação com a amiga vai inscrever-se no mesmo registro que o da relação com a irmã, e mesmo da amiga da escola. Os eixos que aí operam são os do imaginário e do ego ideal.

Aimée vai manter uma série de contatos com homens que fracassam, marcados por sonhos ambiciosos, sobre os quais fala com a amiga, mas que esta não consegue fazer equilibrar. Aimée decide, então, casar-se. Vai escolher um colega do seu círculo mais próximo de trabalho. Seu casamento vai-se realizar numa "atmosfera perturbada",[15] como nota Lacan. Sua família se opõe ao casamento, não o acha razoável. Aimée argumenta, calcando sua decisão na seguinte afirmação: "Se eu não o pegar, outra vai fazê-lo".[16] É uma fórmula enigmática, diversa do laço amoroso de sua primeira relação. Seu marido ocupa, na hierarquia da empresa, um lugar mais elevado. Assim, o casamento parece ser um instrumento de sua ambição. Esta amiga exerce sobre o casal influência através da indicação da compra de objetos de luxo, quando ambos eram noivos. Quando esta amiga, por razões administrativas, se afasta, a influência cessa bruscamente. Aimée vai-se encontrar sem outras relações, só com o marido. Há aqui uma passagem a notar, da escolha primeira do poeta, Aimée passa ao carteiro.

Aqui, entra o registro do imaginário: é que o casamento seria uma tentativa de se regular pela imagem da amiga.

O casamento rapidamente vai tomar caráter problemático, com diferenças de gostos e interesses divergentes. Queixas por motivo de ciúme vão aparecer, que, com o passar do tempo, dos anos, vão tomar um caráter francamente delirante. Aimée vai supor que exista uma relação de seu marido com a atriz Huguette Duflos. De um lado, ela não se interessa pela vida sexual. Fecha-

---

15 Lacan, 1932/1975a, p. 228.
16 *Idem.*

-se em mutismo, que dura várias semanas, e entrega-se de forma isolada à leitura. Se, por um lado, é difícil ela se dedicar a uma ocupação, vai-se dedicar a marchas e corridas, a partir de um impulso brusco e misterioso, enigmático, cuja causa não se pode estabelecer. Aimée vai apresentar, segundo seu marido, risos sem motivos e súbitos. Vai ser tomada também por "fobias de sujeira",[17] lavando as mãos sem parar. Como interpretar esses fenômenos do ponto de vista clínico? Manifesta-se aí uma atividade delirante, que aparece de forma não muito intensa. A fonte das "fobias parecem ligadas à dificuldade de suportar a vida sexual, mas o ritual nada tem de neurótico", observa Dominique Laurent.[18] Por volta de oito meses após o casamento, sua irmã Elisa vem morar em sua casa. Lacan diz ser um acontecimento capital na vida de Aimée. Elisa não tem filhos e perdeu o marido. Ela vai dedicar-se a cuidar do filho de Aimée, ela vai oferecer, diz Lacan, "seu devotamento, sua experiência, o conselho de sua experiência, e uma enorme necessidade de compensação afetiva". A presença da irmã vai ser seguida, nota Lacan, pelo controle e direção que ela vai imprimir às atividades da casa.[19] Para Aimée, é uma situação em que ela se sente moralmente humilhada. Tudo na atitude de sua irmã, atos, gestos, palavras e modos de sua irmã, vai aparecer para ela como críticas marcadas pela crueldade. Diz Lacan: "ela é dominada pela imagem mesma do ser que ela é impotente para realizar, como o fora sua amiga, a intrigante refinada".[20] Do que se trata aqui? De uma figura do outro que a acompanha sempre no eixo imaginário. A leitura de Lacan na tese é que se trata de mulheres ligadas ao Ideal do ego, que ele confunde com o superego.

---

17   Lacan, 1932/1975a, p. 230.
18   Dominique Laurent, 2002, p. 230.
19   Lacan, 1932/1975a, p. 231.
20   Lacan, 1932/1975a, p. 232.

108   O crime à luz da psicanálise lacaniana

Por outro lado, Aimée sempre expressara de forma exagerada, aumentada, os favores de sua irmã, mas que apareciam numa enunciação marcada pela frieza. Mas a ambivalência de Aimée se nota na figura que ela desenha da irmã: "por demais autoritária... sempre contra mim".[21] Aimée vai manifestar, também, que nunca aceitou a presença e o domínio da irmã na educação e nos cuidados de seu filho. Como diz, ela nunca suportou os direitos tomados por sua irmã na educação da criança. Assim, as críticas com relação à irmã, é Lacan quem nota, são rigorosamente negadas. Lacan diz que o delírio vai ser como que um mecanismo que tenta deslocar para outros as críticas contra a irmã. O casamento, que começara sob auspícios pouco favoráveis, vai encontrar um ponto de apoio na presença da irmã. Ele vai, assim, durar um tempo, e chegar à concepção de uma criança.

2.3. A PASSAGEM DA MULHER À MÃE

Se as maternidades futuras deixam inquietações, os laços de Aimée com o marido vão tornar-se cada vez mais problemáticos e de difícil apreensão. Aimée vai pensar que nada mais significa para o marido e que, talvez, ele pudesse ser mais feliz com outra. Ela vai estar grávida em 1921, com 28 anos. É da gravidez que data, para Lacan, o início das perturbações psicopatológicas. É então que vão surgir as primeiras manifestações de perseguição. "Seus colegas" criticam suas ações de forma desrespeitosa, caluniam sua conduta e anunciam infelicidades para ela. Na rua, cochicha-se contra ela, manifestam desprezo para com ela; o ciúme para com o marido dá lugar a acusações específicas e delirantes. Vai haver uma significação que domina

---

21   Lacan, 1932/1975a, p. 232.

Cap. II – O caso Aimée

"querem matar seu filho". Ela passa a ter pesadelos onde aparece a morte de seu filho.

Seu marido vai aparecer pertencendo ao conjunto dos que a ameaçam. Se tomarmos a fórmula freudiana do fantasma, bate-se uma criança, estamos bem longe dela na posição de Aimée. A fórmula freudiana foi extraída dedutivamente de uma relação com o pai. Este é que integra a castração. Esta relação dá conta da metáfora paterna, o que não é o caso aqui. No caso de Aimée, a criança toma a forma de uma realização do objeto *a*. Trata-se de um outro real com pretensão a gozar do sujeito. As passagens ao ato vão dar um testemunho disso. Aimée vai, uma vez, jogar um vaso na cabeça do marido. Outra vez, ela vai jogar um ferro de passar. Ela vai atacar também o carro de um colega de trabalho, furando a golpes de faca os pneus do carro. Os que trabalham no Correio vão aparecer também ligados à perseguição. Aimée vai, então, dar à luz a uma criança natimorta, uma menina. Esta criança natimorta se correlaciona a seu próprio nascimento precedido pelo de uma irmã que morreu também e cujo nome ela vai receber. Porém Aimée já estava em um quadro delirante antes do nascimento da menina. Aqui, a mobilização do significante do Nome-do-Pai basta para mobilizar a significação mortal, ameaçadora. Antes da gravidez, a situação é diferente: existe na relação homem-mulher; se a significação fálica é elidida, no entanto, ela é balanceada por uma amarração do sentido, um ponto de basta que se acompanha por uma cifração do gozo. O homem, com certeza, parece enigmático para Aimée! Se a alma masculina lhe escapa, ela consegue determinar um lugar particular para ele, como detentor de um saber especial, de um saber trabalhar a letra, de um saber fazer com ela. Pode-se dizer que esta relação funciona como uma relativa estabilização, tal como expôs D. Laurent e com cuja hipótese concordamos.

Trata-se de um enlace, e não de uma escrita da relação que não se escreve. Cabe lembrar aqui o que discutiu Jacques-Alain Miller, em seu curso "Causa e consentimento" (1987-1988), lembrado também por ele ao discutir o caso de Celso Rennó Lima. No complexo de Édipo, não se escreve a relação sexual, mas se escreve a relação pai-mãe. Para que se possa escrever a relação A/J, isto é, entre o Outro e o gozo, é preciso a significação fálica ou algo que figure em seu lugar, um lugar tenente. A hipótese de Dominique Miller é que o sujeito detentor de um saber-fazer com as letras funciona para Aimée como equivalente da significação fálica. Sabe-se que o que falta às mulheres e à mãe em especial é a letra. Aimée não ama as mulheres por terem o que ela não tem. Há como que uma prótese da significação fálica que joga com o mais e o menos da presença da letra. Há, nesse caso, a possibilidade de funcionar uma bricolagem.

Deve-se, então, escrever a relação pai-mãe, que não se escreve, em lugar de escrever a relação homem-mulher. Mas, para Aimée, escrever a relação pai-mãe é impossível. Há uma ruptura da significação que atinge os limites da significação e vai até o "*sein zu tod*", o ser para a morte no sentido heideggeriano. Tudo se desloca, bascula, quando há um apelo ao significante da paternidade. É assim que Aimée apresenta uma certeza delirante sobre a ameaça de morte sobre a criança, que tem uma correlação com o único sentido identificatório que ela pode atribuir à criança: aqui não se trata da equivalência "criança-falo", mas "criança-morte". Éric Laurent (2002) ressaltou que Lacan, na nota sobre a criança, além da equivalência "criança-falo", a relação "criança-objeto". Lacan, nessa nota, apresenta a criança como algo inteiramente diverso do falo . Para as mulheres, "a criança aparece como o objeto de sua existência que aparece no real"; Laurent diz que é o objeto de gozo que aparece no real. É um quase objeto perverso, parceiro real de gozo. Vai haver um desvelamento do significante mãe quando da segunda maternidade, que surge nestes ditos: "Alguns constroem estábulos para fazer de mim uma vaca de leite".[22]

---

22 Lacan, 1932/1975a, p. 155.

Nesse período, o significante alucinatório "vaca" vai aparecer duas vezes. Isso remete às múltiplas maternidades da mãe, durante anos, e também à lembrança dela com um de seus animais doentes. Lacan, como o "porca!" alucinatório, diz que nenhum "eu" o profere. Que ele vem do significante de gozo que vinha do açougueiro para casa. Dominique Laurent pergunta: será que se poderia dizer que o objeto de gozo Aimée sai do estábulo? Com a morte da criança, a certeza delirante se confirma. Aimée vai lançar toda a responsabilidade da morte sobre a sua melhor amiga, antes do casamento. O que vai cristalizar, condensar, a certeza persecutória, vai ser um telefonema da amiga pouco antes do parto. Aimée vai ficar muda, hostil durante vários dias. Aimée vai mudar também sua atitude frente à religião, que não pratica mais. Aimée, um ano mais tarde, vai engravidar de novo. O quadro delirante se repete novamente com temas e fenômenos análogos ao da primeira gravidez. O filho que Aimée pôs no mundo vai ser objeto de uma atenção apaixonada. Ela manifesta seus cuidados com a criança. Esses cuidados aparecem para os outros satisfatórios, mas a vigilância que ela exerce sobre tudo o que diz respeito à criança tem um tom exagerado e brusco. Aimée vai-se ocupar sozinha do filho até cinco meses. Ela vai aleitar a criança um pouco mais de um ano – 14 meses – até o momento em que vai ser internada. Esse período, que sucede ao nascimento da criança, vai estar marcado por interpretações delirantes que convergem para uma significação precisa: "todos ameaçam meu filho". Aimée vai aparecer briguenta com os vizinhos, com os que dirigem automóveis, envolvendo-se em vários conflitos. Mas ela é objeto de ataques: a cidade inteira sabe que ela tem uma vida "depravada"; dirigem a ela injúrias grosseiras e a acusam de vícios espantosos. Quando o delírio atinge o ápice, ela deseja queixar-se na justiça. Sem que o marido saiba, ela pede demissão do trabalho e consegue um passaporte para os Estados Unidos, com o objetivo de tornar-se romancista. A vocação para as letras toma forma, é o que se verifica com o abandono do trabalho, que não é mais um limite. Para Aimée, seu ideal sempre se localizou num universo discursivo, tal como a escola ou o correio. Agora, vai ser a academia. O que não vai dar certo. Aimée chega a confessar que abandonaria o filho, o que provoca nela apenas um pequeno incômodo. E, no entanto, seria pela criança que ela se lançaria na sua carreira de letras.

Lacan observa que, no momento em que a irmã toma a direção dos cuidados da criança, quando um terceiro entra na relação, é aí que toma forma a proliferação das interpretações, que são acompanhadas também de escândalos. Elisa, a irmã, vai-se ocupar da criança a partir do momento em que as perturbações de Aimée se tornam mais fortes e presentes. Aimée vai entupir a criança de alimentos, ou, então, deixar de lhe dar comida, de alimentá-lo.

Na vocação literária, vai ser encontrada uma compensação para seu desejo impossível de maternidade. É o que ela vai dizer a Lacan. Aimée não abandona sua decisão de partir, apesar dos insistentes pedidos do marido e de Elisa. Eles decidem, então, interná-la na clínica de Épinay. O que vai confirmar o delírio em sua certeza: querem arrancá-la de seu filho. No período em que foi internada, Aimée dirige-se a um escritor (que não é o autor de *Koenigsmark*, P. Benoit), a quem ela vai pedir que a ajude. Nesse período de seu delírio, o homem de letras toma a forma de um personagem benevolente. Ao mundo literário é endereçado um apelo, sob a forma de cartas, como garantia, mas que vai fracassar rapidamente.

Quando Aimée abandona a clínica, ela vai-se recusar a voltar para o marido e sua própria residência. Demanda um novo posto em Paris, e vai deixar o filho com a irmã e o marido. Sua maneira de viver em Paris vai assumir características bem particulares. No trabalho, ela vai ser excessivamente dedicada, e seu tempo de lazer vai ser muito ocupado pelos estudos que retoma. Vai apresentar-se por três vezes ao *bac*. Há um esforço desesperado de apoiar-se em

Cap. II – O caso Aimée

algo, seja por trabalhar demais nos correios, seja para os exames, nos estudos. É uma atividade marcada pelo excesso.

Aimée vai-se isolando progressivamente, visitando cada vez menos o filho, quando antes o visitava toda semana.

Seu delírio tem caráter organizado e se desdobra. Duas figuras, dois personagens, vão tornar-se fundamentais, centrais para ela: Huguette, ex-Duflos, e o romancista Pierre Benoit. Huguette fora a heroína do romance de Pierre Benoit, *Koenigsmark*. Eles ocupam o papel de perseguidores até a passagem ao ato. Hughette Duflos está na primeira página dos jornais, em um processo com a *Comédie Française*, depois da separação de seu ex-marido, R. Duflos. Huguette torna-se a grande perseguidora, pela grande ameaça que representa para a vida de seu filho. Trata-se de uma vingança contra a mãe. A atriz ameaça a vida do ser mais caro para Aimée. Como Aimée concebe sua responsabilidade frente a Huguette? Aimée "falou mal dela no escritório, dizendo que era uma puta.[23]

Não são todas as interpretações que dizem respeito à atriz. Muitas, no entanto, estão relacionadas a ela. As interpretações vêm da leitura dos jornais, cartazes, e do ato de ver fotografias. Há, ainda, a convergência para uma significação única, a ameaça de morte que pesa sobre seu filho. As maledicências que ela fez vão ser vingadas. Ela será certamente punida por todas as suas faltas e tolices.

Dominique Laurent diz que Aimée enuncia, sem o saber, "a potencialidade criminosa de seu delírio materno".[24] Diz Aimée: "Eu temia muito pela vida de meu filho, se algo de mal lhe acontece agora ou mais tarde por minha causa, eu serei uma mãe criminosa".[25]

---

23 Lacan, 1932/1975a, p. 162.
24 Laurent, 2002, p 136.
25 Lacan, 1932/1975a, p. 163.

Assim, por trás das acusações delirantes feitas contra Huguette Duflos, aparece a mãe criminosa. Trata-se aqui do processo fundamental em que está escrita a relação de Aimée com o Outro. Ela se limita, reduz-se apenas à vontade de gozo mortífero.

Esse processo está estruturado a partir dos elementos mesmos que presidem ao nascimento de Aimée, a morte da irmã Marguerite, cujo nome também vai-lhe ser atribuído.

Lacan, falando da mãe criminosa, esclarece a posição de Medeia, isto é, como ela ataca seus filhos. Quando eles perdem seu valor fálico e se tornam um objeto para ela, é então que ela os ataca.

Lacan dissera, a partir de sua concepção do gozo feminino, que "todas as mulheres são loucas". Naturalmente, essa consideração deve ser vista *cum granus salis*. "Não loucas do todo", diz Lacan. Ele dará uma extensão especial à loucura do falasser, em seu último ensino. No entanto, na tese de doutorado, ele antecipa essa concepção, ao falar da "perversão do instinto materno com pulsão ao assassinato".[26] Essa pulsão explicaria a "organização centrífuga do delírio".[27] É esta que dá ao delírio seu caráter atípico. Também aqui é preciso observar que essa perversão é uma possibilidade da mãe, e não um princípio geral.

O comportamento delirante de Aimée é explicado como uma "fuga para longe da criança".[28] E a cura como a realização da perda através da autopunição. Essa observação de Lacan sobre a pulsão ao assassinato contém elementos que ele vai desenvolver posteriormente.

Huguette Duflos não é a única perseguidora. Ela tem duplos, como nota Lacan, entre os quais estão Sarah Bernhardt e a escritora Colette. Elas figuram o modelo da mulher célebre, admirada pelo público, vivendo luxuosamente.

---

26   Lacan, 1932/1975a, p. 265.

27   *Idem.*

28   *Idem.*

Cap. II – O caso Aimée

2.4. A ESTRELA E O MUNDO DOS LETRADOS

Aimée, nos seus escritos ataca, critica radicalmente a vida das artistas, os quais acusa de corrupção e artificialismo.

Aimée persegue uma jornalista comunista, um ano antes da passagem ao ato, vai várias vezes a seu escritório para que ela publique um artigo contra Colette.

Depois que ela sai de Épinay, Pierre Benoit passa a ser um dos perseguidores de Aimée. Aimée vai procurá-lo quando se instala em Paris. Aimée se entrevista com ele para "acusá-lo de falar mal dela e lhe pedir explicações".[29]

Aimée é uma leitora voraz de romances, e acompanha o sucesso dos novos, assim como as celebridades literárias. O poder intelectual aparece para ela dotado de grande poder, de enorme alcance. É como "ricochete na sua imaginação" que lhe vem a ideia de que Pierre Benoit a persegue. Aimée não acreditava que Huguette pudesse agir sozinha. Pensava que tinha necessidade de alguém para sustentá-la em seus atos. Ela não parece "poder fazer tanto mal sem o apoio de alguém importante".[30] Existem laços indiscerníveis entre Pierre Benoit e Huguette Duflos, "eles não são amantes, mas fazem como se fosse verdadeiro".[31] Dominique Laurent considera, nesse aspecto, que se trata do enigma da relação sexual que se "resolve numa intenção de gozo maldosa que a visa".[32]

A particularidade do caso de Aimée torna preciso o que Freud apresentara de forma inicial, como um esboço. Freud, no seu texto, "comunicação de um caso de paranoia que contradiz a teoria psicanalítica".[33] Demonstra, em um caso de uma mulher

---

29 Lacan, 1932/1975a, p. 70.
30 *Idem.*
31 Lacan, 1932/1975a, p. 165.
32 Laurent, 2002, p. 137.
33 Freud, 2002, p. 209-218.

paranoica, perseguida por um homem, que o perseguidor é, na verdade, uma mulher.

No caso Aimée, há um verdadeiro casal que aparece atrás dos duplos. Quem é de fato o perseguidor? É o enigma da relação sexual. Ou o gozo enquanto tal que seria perseguidor.

Pierre Benoit, mancomunado "com atrizes", organiza escândalos contra ela. A vida de Aimée é perscrutada, desvelada por ele em seus romances, através de vários personagens. Aimée se vê em vários aspectos de suas heroínas. Um desses personagens se identifica como aquela de quem roubaram cartas. Numa carta em que Aimée responde a uma amiga, Lacan diz que, pressionada por ela, Aimée leu um desses romances. Quando Aimée lhe diz "é, exatamente, minha história".[34] A amiga se espanta por nada ver de semelhante. E Lacan cita seu argumento "Não se roubam cartas da heroína? De mim, também roubaram".[35]

Pierre Benoit tem vários duplos perseguidores, figurados por jornalistas que são, diz Lacan, R. D., M. de W., redatores do *Journal* no qual aparecem ameaças e referências veladas a ela.

Quando o delírio atinge o ápice, "todos os artistas, poetas, jornalistas são odiados coletivamente como grandes fautores das infelicidades da sociedade".[36] Chegam a constituir uma "raça", uma "matilha". E ainda mais, "para obterem para si um pouco de glória e de prazer, eles não hesitam em provocar, por sua bazófia, a morte, a guerra e a corrupção dos costumes.[37]

Resumindo, o Outro, real, é identificado pelo significante "homem de letras", é essencialmente enganador. Ele está disposto a tudo para gozar do sujeito.

---

34 Lacan, 1932/1975a, p. 165.
35 *Idem.*
36 Lacan, 1932/1975a, p. 166.
37 *Idem.*

Cap. II – O caso Aimée

Para onde, em termos temporais, se orienta o delírio? Para um futuro de redenção. Aimée ataca o mundo intelectual, assim como a despreocupação das mães frívolas.

Acredita que seu destino é o de combater esse estado de coisas e instaurar o reino do bem, "e a fraternidade entre os povos e as raças". Diz Aimée a Lacan: "Isso devia ser o reino das crianças e das mulheres. É o desaparecimento da maldade sobre a terra. Não devia haver mais guerra. Todos os povos deviam ser unidos. Isso devia ser belo".[38] Esta nova humanidade não deve conter nem homens nem pai.

Ela se sente destinada a influir poderosamente sobre a direção dos governos e as mudanças que eles devem realizar.

Sua pregação seria o vetor dessa influência: "Eu me havia entregado a um ideal, a uma espécie de apostolado, o amor do gênero humano, ao qual eu subordinava tudo".[39] Essa dedicação a levaria a "se separar ou desprezar os laços terrestres".[40] Essa alta missão apostólica se liga à redação dos romances. Nos oito meses que precedem a passagem ao ato, Aimée os escreve possuída pelo sentimento de sua missão e, ao mesmo tempo, da ameaça crescente contra seu filho.

Uma carreira de "mulher de letras e ciências" lhe está reservada, diz ela a Lacan.

Aimée pensa em dedicar-se à atividade científica. Ela pretende "se especializar em química".[41]

Para afastar seus perseguidores, é preciso que seus romances sejam publicados. Aimée os remete a vários editores. No entanto, sua obra, seus romances inéditos e escritos íntimos são objeto de plágio. Alguns meses antes do atentado, ao receber um não do

---

38 *Idem.*
39 Lacan, 1932/1975a, p. 177.
40 *Idem.*
41 *Idem.*

editor, avança no pescoço da funcionária da empresa. Aimée fere gravemente a empregada, tendo que pagar uma compensação. Um incêndio acidental atinge também sua casa.

2.5. A POSIÇÃO PARANOICA E A MULHER DE LETRAS, SENHORA DAS PALAVRAS

Aimée tornou-se mulher de letras, romancista, possuída por uma nova certeza, identificatória de seu ser. Para Dominique Laurent, ela se identifica ao que faltou à sua mãe, ao que constitui o x de seu desejo.

No entanto, ela não é reconhecida como escritora, o que vai acarretar a série de passagens ao ato.

A construção significante mostra-se incapaz de "cifrar o gozo do Outro. Só vai restar a passagem ao ato, "para barrá-lo".[42]

Desde o começo do delírio, dá-se a assunção da inscrição delirante. Há que lembrar que o ideal do ego de Aimée como mulher de letras está preso, tomado em sucessivas identificações, seja a professora, depois a funcionária dos correios, que vão constituir a sustentação de seu ser. Para Dominque Laurent, o encontro com o homem se dá sob o efeito da letra. Aimée escreve cartas, diários e artigos. Os dois romances que escreveu por último põem em ação os personagens da loucura de Marguerite. Aimée é, com efeito, o nome do personagem da heroína do primeiro romance. Lacan ressalta de forma fundamental o papel da escrita em Aimée: seu gosto pela escrita, esse gozo próximo do sensorial que lhe dão as palavras de sua língua, esse caráter de necessidade pessoal de que se "reveste para ela a obra literária, são apreendidos como o testemunho das virtualidades da criação que a psicose produz".[43]

---

42 *Idem.*
43 Lacan, 1932/1975a, p. 289.

Cap. II – O caso Aimée

O que Lacan apreende é a conexão, o enlace do gozo e da linguagem, que ele chama de "gozo quase sensível".[44] Articulando a psicose e a criação, ele se opõe radicalmente aos que concebem a psicose como déficit.

Lacan, por outro lado, observa que o trabalho de Aimée não tem ponto de basta para produzir sentido. Aimée faz um uso aleatório das palavras colhidas no dicionário, "palavras que a seduziram por seu valor sonoro e sugestivo, sem que aí a ligue sempre um discernimento esclarecido de seu valor linguístico, nem seu alcance significativo".[45]

Marguerite é "apaixonada pelas palavras", como ela diz. Disto dá prova seu interesse por palavras raras, exóticas. Há um verdadeiro trabalho de marchetaria verbal. O que Lacan chama essa "linguagem" que seduz Aimée vai ser desenvolvido por ele na análise da língua fundamental de Schreber e, depois, no gozo de alíngua e, em Joyce, na criação do *sinthoma*.

2.6. A URGÊNCIA DE AIMÉE E O APELO AO PRÍNCIPE DE GALES

Os dois romances que Aimée escreveu vão ser remetidos ao príncipe de Gales, encadernados em couro de um luxo que Lacan chama "tocante".

O príncipe de Gales entra tardiamente na história de Aimée. Lacan define a relação de Aimée com ele sob a forma de uma erotomania associada a um platonismo. Ela também se dirigira ao pretendente ao trono da França, mas o papel do príncipe de Gales é muito mais importante. A relação com o príncipe se faz através de escritos. Aimée assina e dedica suas obras a ele.

---

44   *Idem.*
45   Lacan, 1932/1975a, p. 191.

Lacan associa essa relação com o primeiro amor de Aimée. Como o primeiro, ele é marcado pela fidelidade, e no platonismo que o marca há uma "renúncia sem esperança". Ressalta Laurent que o primeiro amor também esteve marcado pela presença da escrita, isto é, pela atividade mesma do poeta, como também pelo laço epistolar que duraria três anos.

É bastante importante observar como o laço amoroso nutre-se exclusivamente de uma relação com o escrito. A posição frente ao príncipe seria do mesmo tipo?

Trata-se de um apelo via erotomania a um significante mestre com o qual a missão de Aimée pode realizar-se. O apelo ao homem de letras vai na mesma direção.

A escolha de seu objeto é tratada no romance de Aimée: "Os poetas são o inverso dos reis. Esses amam o povo, e os outros amam a glória e são inimigos da felicidade do gênero humano". O príncipe surge para Aimée como figura benevolente. Aimée o vê como suporte possível de seus objetivos e preocupações políticas e sociais.

O príncipe é a quem Aimée endereça um último recurso. Na verdade, esse laço não permite estabilizar uma possível metáfora delirante: "sou uma mulher de letras". É o que testemunha a passagem ao ato contra a atriz. O significante mestre "príncipe de Gales poderia remeter ainda às cartas de nobreza".[46] Para D. Laurent, a progressão do delírio poderia vir a incluir o príncipe de Gales, na série dos perseguidores.

O trabalho da escrita com essas relações mostra um esforço extremo de criação significante para barrar o gozo do Outro. Ele vai levar Aimée por caminhos singulares. Ela acha que "deve ir aos homens"[47] com uma missão salvadora.

---

46   Laurent, 2002, p. 141.
47   Lacan, 1932/1975a.

Cap. II – O caso Aimée

O que está em jogo nessa missão salvadora é a dimensão do empuxo à mulher. Essa dimensão característica da psicose, que Lacan situa a partir de Freud no caso Schreber e de que tratamos antes.

Aimée, no delírio, é a mulher de letras que falta ao mundo. "Mulher de letras" é como que um nome do pai que cifra o gozo do Outro.

O gozo do Outro, cada vez mais ameaçador, faz Aimée, durante um tempo, manter-se sempre junto à criança, pois a ameaça está presente de forma imediata.

Aimée mantém-se trabalhando e passa a injuriar suas colegas, faz queixas caluniosas. Deseja divorciar-se e "mataria mesmo o marido caso não consiga". Estou pronta para tudo, senão eu o matarei".[48] Ela diz à irmã que esta deve testemunhar que "André (seu marido) me bate e bate na criança".

É a urgência que marca a dimensão temporal da passagem ao ato. A urgência vai tomar a forma do "é preciso fazer alguma coisa". Ela compra uma faca alguns meses antes do atentado e procura o endereço de Huguette Duflos. Deseja afrontar-se face a face com a que supõe ser sua inimiga e "ter uma explicação com ela".[49]

Eis o que pensaria Huguette, segundo Aimée: "que pensaria ela de mim, se eu não apareço para defender meu filho, que eu seria uma mãe covarde".[50] Permanecem assim a ameaça ao marido de Aimée e à criança. Uma hora antes da passagem ao ato, Aimée não sabe ainda que vai procurar Huguette: "Uma hora antes desse infeliz acontecimento, eu não sabia ainda aonde iria, se eu não iria me encontrar com meu filhinho".[51] Nesse ponto crucial, Dominique Laurent diz que o sujeito Aimée encontra-se cortado, separado de seus pensamentos.

---

48   Lacan, 1932/1975a, p. 171.
49   *Idem.*
50   Lacan, 1932/1975a, p. 172.
51   *Idem.*

Diante de Huguette, a atriz, Aimée não se explica. Como Huguette se afasta depois de sua pergunta, Aimée diz que "a vê fugir". Depois que ela confirma ser a atriz, ela a ataca. Aimée diz que "teria atacado qualquer um de seus perseguidores se pudesse fazê-lo ou se o tivesse encontrado por acaso".[52]

Aimée permanece agressiva após o ataque. Manterá inicialmente suas ideias delirantes junto aos que a interrogam e também frente às companheiras da prisão. Ela escreve, uma semana depois, ao príncipe de Gales que "os homens de letras fizeram coisas graves".[53] Lacan, que teve acesso à minuta desse texto, observa que essa carta está marcada frente às outras pela "incoerência de seu estilo".[54] Depois, Aimée escreve para que os jornalistas modifiquem o juízo que fizeram sobre ela chamando-a "neurastênica, o que poderia "prejudicar sua futura carreira de mulher de letras e de ciências".[55]

Vinte dias depois, ela "começa a chorar e dizer que a atriz nada tinha contra mim... que eu não deveria ter-lhe feito medo".[56] Suas companheiras ficam espantadas e dirigem-se "à superiora das religiosas que queria por força me mandar para a enfermaria", para onde remetem Aimée.

2.7. DESTINO DO DELÍRIO DEPOIS DA PASSAGEM AO ATO

Com a internação, os temas do delírio sofrem uma extrema redução, assim como as queixas contra Huguette Duflos. Aimée é tomada pela vergonha quanto a aspectos do delírio, seus escritos grosseiros e seus atos agressivos. Diz: "Como pude acreditar nisso?".[57]

---

52   Lacan, 1932/1975a, p. 141.
53   Lacan, 1932/1975a, p. 172.
54   *Idem.*
55   *Idem.*
56   Lacan, 1932/1975a, p. 173.
57   Lacan, 1932/1975a, p. 156.

Cap. II – O caso Aimée

Agora, sua erotomania e sua megalomania parecem-lhe marcadas pelo ridículo. Mas o tom com que ela expressa sua vergonha, a enunciação, é marcada pela frieza. Lacan notara também uma reticência inicial que, para ele, está ligada à angústia quanto ao futuro.

Mas as preocupações de Aimée continuam centradas no seu filho: "Fiz isso porque queriam matar meu filho".[58] Quando é examinada diante de várias pessoas, fala da "simpatia devida a uma mãe que defende seu filho".[59] O divórcio antes desejado, ela o teme agora porque irão atingi-la separando-a do seu filho. A estabilidade da cura é observada durante um ano por Lacan, que vem visitá-la todos os dias. O diagnóstico de cura por Lacan, podemos considerá-lo forçado. O próprio Lacan nota a persistência do tema "querem matar meu filho". É verdade que outros temas conexos se desfizeram. É o que Lacan observa na fala, nos ditos de Aimée.

O que Lacan chama "cura" equivale à "libertação de uma concepção de si próprio e do mundo, cuja ilusão se devia às pulsões desconhecidas, e essa libertação se realiza com um choque com a realidade".[60] O próprio Lacan perguntara: houve, primeiro, cura? Lacan responde que "sim, se damos a esse termo o valor clínico da redução de todos os sintomas mórbidos".[61] Isso quer dizer que "caem todo o delírio e todos os seus temas, os temas do idealismo altruísta e de erotomania, como os temas de perseguição e de ciúme, o bom como o ruim, como o diz a própria doente".[62] Quando Lacan pergunta, pela "centésima vez", diz ele, por que ela "acreditava seu filho ameaçado",[63] ela responde: "Para

---

58 Lacan, 1932/1975a, p. 179.
59 Lacan, 1932/1975a, p. 179.
60 Lacan, 1932/1975a, p. 249.
61 *Idem.*
62 Lacan, 1932/1975a, p. 250.
63 Lacan, 1932/1975a, p. 252.

me castigar". E à pergunta "De quê?". Ela hesita, diz Lacan, entre: "Porque eu não realizava minha missão" e o que diz logo em seguida: "Porque meus inimigos se sentiam ameaçados pela minha missão". Ela se situa simultaneamente nas duas posições.

O choque com a realidade equivale para Lacan. Com o golpe que a situa em posição criminosa, culpada diante da lei, Aimée ataca a si própria. Com a compreensão do ato, "experimenta a sensação do desejo realizado".

Assim, a passagem ao ato é o ponto estratégico, o aspecto central que permite a Lacan situar no desenvolvimento do delírio a descontinuidade. É a partir dele que Lacan elabora sua tese sobre a autopunição. É um paradoxo, porque, na verdade, os elementos da tese de Lacan recorrem a Jaspers para "compreender" a loucura no quadro de uma concepção continuísta.

Há uma outra forma de pensar o desenvolvimento do delírio – para além da teoria da psicose de autopunição –: recorrer ao papel, à função do gozo. A paranoia corresponde ao fracasso da metáfora paterna. O gozo é identificado com o lugar do Outro real.

A passagem ao ato procura separar o sujeito do Outro do gozo. Trata-se de obter uma diferença significante, como formula Jacques-Alain Miller, a respeito do caso José, de Celso Renó Lima (2011).

Silvia Tendlarz já dissera que, para explicar a passagem ao ato, na psicose, e particularmente no caso Aimée, o imaginário não basta: "é necessário incluir outros elementos".[64] Ela acha em Aimée uma certa progressão. Depois de uma certa estabilização delirante, uma mudança começa a se operar, e aparece a necessidade "de fazer alguma coisa". Trata-se primeiro de "um sentimento inefável, mal-estar que dá conta de um gozo inominável".[65] Este se traduz, diz Silvia Tendlarz, em um "penoso sentimento de

---

64 Tendlarz, 1989, p. 192.
65 Tendlarz, 1989, p. 193.

Cap. II – O caso Aimée

falta a deveres desconhecidos que ela relaciona às ordens de sua missão delirante".[66] Surge, então, a ideia de que, se ela conseguir publicar seus livros, "os seus inimigos vão recuar aterrorizados".[67] Apresenta-se, assim, uma "sequência querulenta antes da passagem ao ato homicida".[68] Os episódios agressivos dizem respeito ao meio literário – perturbação de um jornalista ligado ao partido comunista para publicar seus artigos. Ataca a uma funcionária, tentando estrangulá-la, a senhorita Krisch, secretária do diretor literário da editora Flammarion, quando recebe um não para a publicação de seu livro *Le Detracteur*. Ela assinara a obra com o nome de Jeanne Pantaine, seu nome de solteira. Aimée saiu gritando: "bando de assassinos, bando de acadêmicos".[69] A não inserção de seu trabalho no circuito simbólico teve um efeito seguro no fato de que o trabalho da escrita não teve efeito de *sinthoma*. E, mais, sua produção se liga ao delírio, pois ela se vê interpretada por Pierre Benoit, a quem ela vai pedir explicações e que a chama de "mulher misteriosa". Aimée dissera ser Antinéa, como informou o *Le Parisien* de 31 de abril de 1931.[70] Antinéa era o personagem central e o título de um dos romances de P. Benoit.

A imagem atacada por Aimée é, sem dúvida, uma "representação dela própria", de onde Lacan retirou a conceituação da autopunição. Como observa Silvia, não se trata de uma agressão narcísica. Segundo Miller,[71] trata-se aqui, e é de fato o que está em jogo, de um "esforço de estabelecer uma diferença simbólica com o real".[72] Dá-se assim uma travessia do espelho da subjetivação. Uma certa travessia do imaginário teve lugar. O que produz a re-

---

66   *Idem.*
67   *Idem.*
68   *Idem.*
69   Tendlarz, 1986, p. 331.
70   Tendlarz, 1986, p. 333.
71   Miller *apud* Renó Lima, 2011.
72   Tendlarz, 1986, p. 194.

dução quase imediata do delírio. Não imediata, como diz Silvia, mas quase, pois não ocorreu logo depois da passagem ao ato, mas depois de alguns dias de detenção.

Miller estabeleceu, no seu curso "Causa e consentimento", na sessão de 20 de abril de 1988, que, no caso da passagem ao ato, se trata de estabelecer uma diferença simbólica. É o que ele mostrou no caso José, paciente de Celso Renó Lima.

A vida de Aimée não vai passar por nenhuma crise significativa. Lacan encoraja sua atividade de escritora. Aimée espera, ao sair da hospitalização, realizar novos projetos literários: "o que eu não escreveria agora se eu estivesse livre e se tivesse livros".[73]

Aimée se ocupa da biblioteca e tece trabalhos com agulha, que fornece ao serviço. D. Laurent pergunta se ela fabrica "um objeto delirante, que poderia ser o vestido de organdi, lençol da criança cuja morte revelaria a separação?".[74]

Lacan vai, em sua tese, publicar parte dos textos de Aimée. Ele recebeu também outros textos que ela produziu. Lacan ocupa a posição do secretário do alienado, do receptor de seus escritos.

Lacan é aquele a quem Aimée endereça os seus escritos. Ele fala a Aimée sobre seu trabalho de tese, que ela não lê. A publicação do livro a torna célebre em 1933. A vanguarda intelectual, os surrealistas interessam-se por ela. O prenome que ela deu a um de seus personagens, e que Lacan retomou, a torna famosa.

Aimée foi transferida de Saint-Anne para Ville-Évrard. É, então, classificada como desequilibrada constitucional. Lacan não aceita a tese constitucionalista sobre a loucura.

O Dr. Chaumes, que conhecia a tese de Lacan, dá-lhe alta, quando ela pede uma nova *expertise*.

---

73   Lacan, 1932/1975a, p. 176.
74   Laurent, 2002, p. 143.

Cap. II – O caso Aimée

O Dr. Folin, assistente de Chaumes, diz: "ela estava muito calma e costurava. Nunca falava do passado e não evoca o que fora o caso Aimée. Continuava acreditando nas perseguições".[75]

Durante a guerra, sua irmã a acolhe, e depois ela se torna a governanta de uma família franco-americana, até 1951, sem referir-se a seu passado e sem mostrar traços claros de loucura.

Em 1951, passa a trabalhar para Alfred Lacan e vai encontrar Jacques Lacan, seu psiquiatra, a quem pede seus papéis, sem obtê-los.

Aimée passa a escrever sob o influxo de uma inspiração religiosa. Pretende fazer uma obra sobre as mulheres da Bíblia. Parece ter tido acessos críticos de misticismo, mas sem caráter persecutório. Nunca mais foi hospitalizada. A passagem ao ato realizou uma separação com a criança, objeto de gozo. Trata-se de uma estabilização relativa, como observa Silvia Tendlarz.[76]

Silvia Tendlarz e Dominique Laurent recorrem ambas ao esquema I para situar a posição de Aimée. Silvia o toma para analisar a estrutura geral do caso. Dominique Laurent o utiliza para dar conta do estágio final do delírio de Aimée.

Silvia nota que a teoria psicanalítica da fixação libidinal leva Lacan a pensar o caso a partir do complexo fraterno, ao narcisismo secundário do objeto homossexual.

Assim, no texto, são ressaltadas as perturbações psicóticas que se referem ao registro imaginário.

Em Aimée se encontra certo relaxamento, um enfraquecimento de seus laços afetivos. Lacan ressalta a discordância entre a preocupação com a criança e o fato de afastar-se dela, não se ocupando nem quando ele fica doente.

Silvia Tendlarz ressalta, quanto ao esquema I, duas orientações: a linha das identificações imaginárias que correspondem ao

---

75 Laurent, 2002, p. 144.
76 Silvia Tendlarz, 1986, pp. 3-6.

que Lacan chama de posição do criador. Assim, quanto às identificações imaginárias, há a linha *m-i*, que sustenta seu ideal de mulher de letras, marcada "por um certo sucesso social".[77] Por outro lado, essa mulher que ela deseja ser está ligada à "erotomania", que produz a "multiplicação metonímica das perseguidoras". De um lado, regressão tópica ao estágio do espelho, e, do outro, esforço para atingir o ideal. Esse esforço produz o esforço para tornar-se escritora, é o que a leva a escrever. Ela considera que o registro simbólico ficaria mais difícil de apreender, sem deixar de notar que o delírio mesmo pode-se considerar "como uma metáfora delirante no lugar da metáfora fálica faltante".[78]

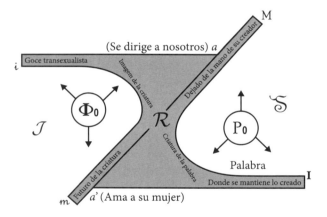

Esquema I
m: futuro da criatura
I: lugar onde se sustenta o criado
I: gozo transexualista
M: deixada cair pelo criador

---

77 Tendlarz, 1986, p. 308.
78 *Idem.*

Silvia situa o papel do Criador, da criatura e do criado nesse esquema para Aimée. Ela a compara com Schreber.

Assim, a forclusão do Nome-do-Pai acarreta a vacância do lugar da lei. O que se manifesta no delírio de Schreber pela multiplicação dos deuses, a hierarquia dos reinos desagregados e, ainda, pelo fato de que Deus "está forcluído de todo e qualquer aspecto da troca".[79] O que se traduz pela total incompreensão divina em compreender a criatura viva. É o que põe em evidência o furo no simbólico. Assim se apresenta o furo no lugar do que deve garantir a ordem do universo.

Em Aimée, ressalta Tendlarz, esse lugar de "garantidor da ordem do mundo" se apresenta na missão que "ela deve realizar".[80] No seu período de dissipação, ela pensa ter "o dever de ir aos homens".[81] Silvia cita uma apresentação de pacientes de Eric Laurent em que este afirma que o lugar de Aimée, nesse período, é o da "mulher que falta aos homens".[82] Ela procura, assim, situar-se no lugar da exceção, o da mulher que falta que permite construir uma certa ordem universal. É o que aparece em delírios psicóticos.

A missão de Aimée é também a de realizar reformas, exercer influência, e está também ligada ao gozo. É o que indica a progressão que leva à passagem ao ato.

Quando ela não pode se situar como garantidora da ordem do mundo e seus escritos são recusados, ela passa ao ato.

Na passagem ao ato, estão presentes os três registros: o imaginário, em que ela atinge a si mesma através do atentado na vertente mortífera do narcisismo, real, diz Tendlarz, "na necessidade

---

79 Lacan, 1966, p. 563.
80 Tendlarz, 1986, p. 310.
81 *Idem*.
82 *Idem*.

indeterminada de se libertar", e simbólico, "no esforço de produzir uma simbolização no real".[83]

Para Dominique Laurent, pode-se escrever a estrutura final do delírio segundo as quatro assíntotas do esquema I. Em M, o apelo a Deus. Em i, a função da escrita, como prática de gozo, em m, o futuro da criatura, a governanta-cozinheira que não queria nada, em I, a mulher de letras em que se mantém o criador, isto é, escrever a relação das mulheres com Deus, no poema sobre as mulheres da Bíblia.

2.8. A CONTINUIDADE DA INTERPRETAÇÃO DO CASO AIMÉE: ALLOUCH, ANZIEU E LESSANA

Além da tese de Lacan sobre a psicose paranoica, em que Aimée aparece como um caso de psicose de autopunição, que descrevemos, há também o livro de seu filho Didier Anzieu, feito com entrevistas de Gilbert Tarrab, *Une peau pour les pensées*.[84] Ele fala, então, de sua mãe, Marguerite Pantaine. O caso aparece também no livro de Elisabeth Roudinesco.

Marie Magdaleine Lessana, no seu livro *Entre mère et fille: un ravage*,[85] refere-se à obra de Jean Allouch "que critica a obra de Lacan, apresentando uma nova interpretação".[86] Lessana diz ter feito novas entrevistas com pessoas que conheceram Marguerite depois de seu internamento, isto é, após 1945, que trariam novas luzes para o caso.

No centro da interpretação de Allouch e de Lessana, está a relação com a mãe.

---

83 Tendlarz, 1986, p. 310-311.
84 Anzieu, 1986.
85 Lessana, 2000.
86 Lessana, 2000, p. 323.

Cap. II – O caso Aimée   131

Elas se distinguem da interpretação de Lacan, que, segundo Lessana, "faz de Huguette ex-Duflos uma imagem ideal de Marguerite, um protótipo de um duplo que não é senão a perseguidora principal, a intrusa, sua irmã Elisa, para com a qual Aimée não pode senão desconhecer seu próprio ódio".[87]

Allouch critica a tese de Lacan, dizendo que Lacan não dera toda a atenção à relação de Marguerite com sua mãe, apesar das numerosas indicações que ele próprio registrara. O que Allouch põe em evidência é o fato de que a mãe de Jeanne se põe a delirar após o atentado feito por sua filha Marguerite. No seu delírio, ela imputa, mais uma vez, a responsabilidade de sua infelicidade "à ação hostil de sua vizinha".[88]

A passagem ao ato teria, segundo Allouch, "a função de advertir a mãe.[89] Lessana pergunta: "de que a passagem ao ato é a advertência?".[90] Seguindo Allouch, ela diz que "o ato de Marguerite diria a sua mãe: 'Não seria você que gozaria do que sua loucura pretende que a outra mulher goza?' Você agora está advertida pela minha passagem ao ato que eu própria estou advertida desta possibilidade".[91] Ainda segundo Allouch, Marguerite advertiria a mãe de que a morte da primeira Marguerite "seria um infanticídio: assim, Marguerite diria não à sua função de substituta".[92]

Lessana, nos passos de Allouch, se reporta ao terrível acontecimento que antecede o nascimento de Aimée, a morte de sua irmã mais velha, com cinco anos de idade. Era a primeira Marguerite da família.

Lacan observa que foi a mãe de Aimée quem viveu essa tragédia. E a família insiste na comoção violenta que sofreu Jeanne,

---

87   Lessana, 2000, p. 324.
88   Lessana, 2000, p. 325.
89   *Idem.*
90   *Idem.*
91   *Idem.*
92   *Idem.*

a mãe, com a morte da mais velha das crianças, devido a um acidente trágico. A criança, a primeira Marguerite: "ela cai, à vista da mãe, na abertura hiante de um forno aceso, e morre muito rapidamente de queimaduras graves".[93]

Lessana entende a passagem ao ato de Aimée como um ato de advertência endereçado à sua mãe: ele seria o efeito da devastação materna.

Lessana multiplica as questões sobre a morte pelo fogo, pelas queimaduras produzidas. Pergunta como foi possível que uma menininha de cinco anos possa queimar numa casa onde os gritos podiam alertar as pessoas. Como os pais poderiam ser tão ausentes para que a menina queimasse e não tivesse qualquer ajuda. É o pior dos acontecimentos subjetivos que vai marcar a mãe e sua relação com Aimée.

Para o filho, Didier Anzieu, a mãe nasceu para substituir a primeira Marguerite. No seu *Une peau pour une pensée*, Anzieu diz o seguinte: "a família vivia numa grande casa de pedra... só a peça comum tinha aquecimento com uma grande lareira, no interior da qual podíamos nos sentar em bancos. A cena se passou antes do nascimento de minha mãe. Era um dia de festa. Para ir à missa, Marguerite estava vestida com uma saia de organdi: a pequena estava levemente vestida, fazia frio, ela se aproximou do fogo... e ela morreu queimada viva. Foi um choque para seus pais e para suas duas irmãs. Minha mãe foi concebida para substituir a defunta. E como foi de novo uma menina que nasceu, deram-lhe o mesmo nome, Marguerite".[94]

Allouch consultou o registro civil, que dá conta do que se refere aos filhos de Jeanne e Jean-Baptiste Pantaine: Marguerite nasceu em 19 de outubro de 1885, Elisa, dita Eugénie ou Nena, em 27 de setembro de 1887; Maria, dita Clotilde, em 15 de ou-

---

93   Lacan, 1932/1975a, p. 175.
94   Anzieu, 1986, p. 19-20.

Cap. II – O caso Aimée

tubro de 1888. Marguerite morre em 15 de novembro de 1889. Há um menino natimorto em 12 de outubro de 1891. Marguerite Jeanne nasceu em 4 de julho de 1892, depois Guillaume François, em 21 de agosto de 1894. Abel Marcel, em 11 de abril de 1889, e Emille Guillaume Clovis, em 27 de setembro de 1892.[95]

Quando do acidente de Marguerite, a mais velha, Jeanne e Jean-Baptiste Pantaine tinham três filhas: Marguerite, cinco anos, Elisa, três anos, Maria, dois anos. Um ano depois do acidente, Jeanne deu à luz uma criança natimorta, o que leva a concluir que ela já estava grávida quando da morte da mais velha. Lessana pergunta se ela duvidava de estar novamente grávida ou não queria saber. A hipótese de Lessana é que Marguerite intuitivamente se dera conta de que a mãe estava grávida. E que seria comum as mulheres tomarem conhecimento de sua gravidez pelas palavras ou reações de suas filhas pequenas. Lessana diz que Jeanne, grávida de um quarto filho, "ficava um pouco estranha, estava um pouco longe" ("*était quelque peu ailleurs*").[96]

A resposta de Marguerite seria uma atuação do significante "acidente" tomado literalmente. Seria a palavra que significava seu próprio nascimento, ou, ainda, da criança que iria nascer, "ainda um acidente?".[97] Marguerite, tendo nascido nove meses depois do casamento de seus pais, poderia ter sido concebida de modo acidental.

A hipótese de Allouch é diferente. Ele não pensa que a mãe estivesse grávida quando do terrível acidente. Para Allouch, foi o acidente que desencadeou a gravidez, que deve fracassar, Jeanne dando à luz uma criança natimorta.

A criança que nasce depois desse duplo acidente vai ter o nome de Marguerite. Desta vez, para Lessana, seria a realização

---

95 Allouch, 1990, p. 154.
96 Lessana, 2000, p. 299.
97 *Idem.*

do desejo materno, e mesmo de uma requisição feita pela mãe de uma criança para substituir a defunta. A menina recebe o mesmo nome da irmã que faleceu, Marguerite, ao qual se acrescenta o da mãe, Jeanne. Isto assinalaria que, de fato, se trata do desejo da mãe, de quem ela recebera, assim, essa função de substituição. Isso vai ter um efeito no luto da primeira Marguerite, para sua mãe.

No estudo de Allouch, a não aceitação por Jeanne de sua responsabilidade na morte da filha, levou à recusa do luto pela primeira Marguerite.

Trata-se, assim, da posição da mãe que se distrai de seu filho, deseja outra coisa diversa do filho que vai ter. Será o que Aimée vai chamar de "descuido das mães frívolas". A preocupação de Aimée seria que a despreocupação das mães frívolas matasse a criança.

Como Jeanne não podia se conceber como faltosa, ela passa a acusar os vizinhos. Lacan fala de Jeanne: "a mãe se apresentava faz muito tempo como interpretativa, persuadida da vontade de fazer mal à sua vizinha... sentimento de ser espiada, escutada por seus vizinhos, temor que a faz recomendar a leitura em voz baixa das cartas, que, iletrada, deviam ler para ela".[98]

A despreocupação da mãe frívola é remetida à vizinha, a quem Jeanne acusa de gozar de sua infelicidade.

O nome da vizinha era Elisa, como o da filha mais nova, que terá importante papel na história de Marguerite. Elisa tornou-se, com efeito, a irmã mais velha depois da morte de sua irmã. Será ela quem vai se ocupar materialmente de Marguerite, desde a idade de um ano até os nove. Por fim, Elisa deixa a casa para ir trabalhar na casa de Guillaume, irmão mais novo de seu pai. Lessana segue o encadeamento das posições da mãe, Jeanne, a da irmã Elisa e de Marguerite. A tese de Lessana é que Elisa ocupa a fun-

---

98   Lacan, 1932/1975a, p. 221.

Cap. II – O caso Aimée 135

ção materna como substituta junto a Marguerite, na sua infância. Ela permanece na casa da família dos nove aos 13 anos. Lessana insiste no fato de que "não há em Marguerite traço de hostilidade para com sua mãe, nem desta para com Marguerite.[99] Ela diz que essa hostilidade, impossível de praticar através da agressividade, "alimentou a construção do delírio e da passagem ao ato".[100]

Jeanne não funcionou como mãe de Marguerite, pois eram "duas amigas". Foi Elisa que tomou a si a tarefa após a morte acidental da primeira Marguerite. E lembra que Marguerite diz que, se tivesse ficado ao lado de sua amiga Jeanne, "nada disso teria acontecido".[101]

Lessana sustenta a ideia de que, no amor materno, há uma exigência de amor puro, que "apaga todo desejo e desconhece o ódio, que recusa toda manifestação do impossível".[102] Nesse sentido, ao visar a perfeição do amor, se ele se recusa a se chocar com o impossível pela agressividade, ele deixa de ser humanamente materno, "ele não tece mais a filiação".[103]

A devastação materna vai estar, então, do lado de Elisa, que Lessana extrai da descrição feita por Lacan, do encontro com Elisa:

> (...) ela chega a nós em um estado de emoção extrema. A irmã de Aimée expressou para nós, antes de tudo, um temor sem medida de uma eventual libertação de nossa doente, onde ela vira nada mais do que uma ameaça imediata para sua própria vida, assim como para aquelas do marido e da criança. Ela chegou assim a súplicas que em nada eram necessárias, para que se detivessem tão grandes males. Ela conclui suas considerações com um quadro apologético de seu devotamento para com a doente, da vigilância sem falta de que ela deu provas

---

99 Lessana, 2000, p. 329.
100 *Idem.*
101 Lessana, 2000, p. 329.
102 Lessana, 2000, p. 330).
103 *Idem.*

junto a ela e, por fim, das angústias que foram as suas. Por seu tom de defesa chorosa, ressalta do conjunto de todas as nossas informações que "a intrusão da irmã de Aimée foi seguida pelo controle sobre a direção prática da casa".[104]

Para Lessana, não pode haver melhor descrição da devastação que sofre uma mãe por sua filha, a ingratidão se devendo ao fato de ter desdobrado tesouros de devotamento que soldam pela maldade da filha, ou mesmo da atuação de um perigo mortal, tudo isso misturado a fenômenos de transitividade que dão um caráter de má-fé às suas lamentações".[105]

Essa relação é colocada no registro imaginário. Elisa ocupa uma posição neurótica para com Marguerite e supõe "a mesma lógica que ela, a luta imaginária".[106] Foi essa vertente da relação com Elisa, da devastação que prevaleceu, segundo Lessana, mesmo para Lacan, que "chega a designar Elisa como a perseguidora principal, por ter tomado o lugar da irmã".[107]

Mas Lessana não mantém de forma exclusiva a explicação do crime no registro imaginário. Ao referir-se ao objetivo de "atingir a imagem da outra mulher", ela se refere à série das perseguidoras que se fixou no "par do célebre perseguidor Pierre Benoit (que rouba seu 'jardim secreto' e 'a atriz'. Esta imita quando interpreta os textos de Pierre Benoit e de outros autores".[108]

Trata-se, aqui, do registro simbólico, ternário, em que "o dispositivo a três cristaliza a imagem da outra mulher como desejada pelo homem e a introduz no cenário que enquadra a perseguição".[109] Assim, a posição de Marguerite no cenário trian-

---

104 Lacan, 1932/1975a, p. 231.
105 Lessana, 2000, p. 331.
106 Lessana, 2000, p. 333.
107 *Idem.*
108 Lessana, 2000, p. 336.
109 *Idem.*

Cap. II – O caso Aimée

gular vai-lhe permitir considerar sua posição e enquadrar o corpo da outra mulher cujo gozo sexual suposto... "gozo dos artistas", diz Lessana, a persegue.

Torna-se, assim, possível o encontro com a outra mulher. É a posição equívoca de Huguette que bastou para produzir a passagem ao ato. "Marguerite, ferindo a artista, atinge a imagem que a domina".[110]

Lessana conclui que se, como Allouch conjecturou, Marguerite deixou de delirar porque sua mãe acusou "a recepção da advertência que o atentado estava dirigido a ela" e sua hipótese de que o atentado atuara como "ato de devastação na falta da devastação com a mãe". Para ela, sua hipótese se encontra "confirmada".

É o ato agressivo que diz não à função de "substituta da morta a que a mãe a destinara".[111]

Quanto ao registro do real, Lessana refere-se e insiste no papel da escrita na história de Aimée, observando que ela consagrara sua vida à escrita. E lembra, também, que Aimée será reprovada no exame para a Escola Normal de professores. Aos 17 anos, pretende "aspirar por caminhos mais livres e mais elevados". E acredita que tem "necessidade de direção moral". Ficou triste com as educadoras leigas "que fazem das suas e não se ocupam com você". E lamenta a perda das professoras da escola religiosa que "formavam as jovens e viam longe".

Lessana descreve o percurso de Marguerite, como já o fizemos, da escrita dos romances à tentativa de publicação e seu fracasso com a agressão da funcionária da editora Flammarion. Ela resume: "mas a publicação das obras de Marguerite não se fez. O jardim secreto não chega a publicação. É o fracasso".[112]

---

110 *Idem.*
111 Lessana, 2000, p. 337.
112 *Idem.*

138　　　　　　　　　　　　　O crime à luz da psicanálise lacaniana

A tese de Lessana é que "a única publicação efetiva se fará pelo atentado".[113] Depois, como sabemos, seus escritos serão publicados, mas sem o seu consentimento e com fragmentos comentados na tese de Lacan. Mas, como observa Dominique Laurent, ela vai atingir a celebridade literária junto aos surrealistas, como admite também Lessana, isto é, por Dali, Éluard, Crevel, Bousquet.

2.9. MALEVAL E A CONSTRUÇÃO DO CASO AIMÉE: CRÍTICA À TESE DE ALLOUCH SOBRE O DELÍRIO A DOIS E A FORCLUSÃO DO NOME-DO-PAI

É ao grande trabalho de Allouch, Marguerite ou à Aimée de Lacan, que Jean-Claude Maleval consagra o que consideramos o melhor de suas considerações sobre o caso Aimée. O livro de Allouch é a fonte de muitíssimas informações biográficas sobre Aimée, seu círculo, sua história. Allouch reconstrói o caso para sustentar o que Maleval considera "muitas construções audaciosas", com o fito de "apreender a psicose de Aimée como um caso de loucura a dois".[114]

Para Allouch, como já vimos, na leitura de Lessana, a loucura de Marguerite tem a ver com a de sua mãe Jeanne. Mas, dessa "última, sabemos muito pouca coisa".[115]

Eis o que diz Lacan de Jeanne:

> (...) ela se apresentava faz muito tempo como interpretativa, ou, para melhor circunscrever os fatos, manifestando, nas suas relações na aldeia, uma vulnerabilidade com fundo de inquietação, rapidamente transformada em suspeita. Citemos um

---

113 Lessana, 2000, p. 317.
114 Maleval, 1999-2000, p. 25.
115 *Idem*.

Cap. II – O caso Aimée

fato que nos contaram: que uma vizinha prediga sobre um de seus animais doentes que ele não vai se curar, ei-la logo sensível à ameaça das palavras, que será percebida como uma ameaça mágica, por fim persuadida da vontade de fazer mal à sua vizinha, por fim, desconfiando que esta tenha envenenado o bicho etc. Essa disposição antiga e reconhecida precisou-se depois, em um sentimento de ser espiada, ouvida pelos vizinhos, terror que lhe fez recomendar a leitura em voz baixa das cartas que, analfabeta, ela devia fazer com que lessem para ela. Por fim, depois dos acontecimentos recentes ocorridos com a filha, encerrou-se em um isolamento intratável, imputando formalmente à ação hostil de seus vizinhos diretos toda a responsabilidade do drama. [116]

Como ressalta Maleval, toda a tese de Allouch se apoia nesta "última e rápida indicação que o atentado de Aimée foi integrado no delírio da mãe".[117] Ela é o nó, o núcleo da compreensão do caso que aí se encontra. Ao atacar Huguette Duflos, Aimée não atinge sua irmã Elise, "mas sua mãe Jeanne, a que se teria endereçado".[118]

Por que existe o delírio a dois? Porque, para Allouch, "há duas temáticas maiores no delírio de Jeanne e de Marguerite".[119] No entanto, a prova se encontra nas "variações específicas do delírio de Jeanne".[120]

Quanto a Lacan, ele diz que o delírio tem três tempos, apresenta uma tríplice temporalidade. O primeiro, em que existe a convicção de Jeanne da vontade de fazer mal à vizinha. Em seguida, um momento que Lacan data precisamente, em que a mãe de Aimée se acredita espiada pela vizinha e onde Lacan diz que "se

---

116 Lacan, 1932/1975a, p. 221.
117 Maleval, 1999-2000, p. 26.
118 *Idem.*
119 *Idem.*
120 *Idem.*

precisa" esta vontade de fazer mal. E, por fim, momento também datado de forma exata por Lacan, em que "Jeanne se isola e imputa a seus vizinhos a responsabilidade do que acaba de acontecer a Marguerite".[121]

O que Allouch ressalta é que essa "pontuação temporal corresponde a dois tempos fortes da psicose de Marguerite".[122]

Diz Allouch: "o mais de dez anos nos remete exatamente a 1921, ano do desencadeamento da psicose de Marguerite".[123] Maleval nota com perspicácia que, se subtraímos "o mais" da frase, a precisão da data deixa de existir. Prossegue Allouch: "a referência aos acontecimentos recentes nos remete ao atentado contra Huguette Duflos". E Allouch conclui, então: "não se pode dizer melhor até que ponto as variações da posição de Jeanne são uma réplica dos acontecimentos de sua filha Marguerite".[124] Ele conclui, dizendo que é nesse sentido que o caso de Marguerite "aparece indubitavelmente como um caso de loucura a dois".[125] Maleval lembra, ainda, a referência de Lacan, retomada por Allouch, da "ligação exclusiva com a mãe que marcou a infância da doente".[126] Jeanne lhe dera sua afeição, e nem "as faltas de nossa doente diminuíram sua ligação com a filha". "Ela está há vários anos em poder do delírio, e este explodiu plenamente a respeito dos acontecimentos sobrevindos com a sua filha".[127] Assim, Maleval enfatiza a relação entre os elementos que as duas mulheres mantêm: a morte da irmã mais velha, que se chamava Marguerite, os aspectos comuns com a temática dos delírios, assim como as variações do delírio da mãe correlacionados com o que ocorre com a loucura

---

121 Lacan, 1932/1975a, p. 221.
122 Maleval, 1999-2000, p. 26.
123 *Idem.*
124 *Idem.*
125 *Idem.*
126 *Idem.*
127 *Idem.*

Cap. II – O caso Aimée

de Marguerite. São esses elementos que a interpretação de Allouch trata de ligar entre si. Para Allouch, tanto em Marguerite como em Jeanne há um desejo ordenador da loucura que se formula assim: "Que não se vá pensar que eu sou uma mãe criminosa".[128]

Há, por um lado, a recusa da mãe de assumir sua possível responsabilidade que poderia ter tido na morte acidental da Marguerite mais velha, e, por outro, a tentativa de mascarar a identidade de Aimée com a irmã morta, o que se faria por um amor inalienável, que vimos também na análise de Lessana. Esses elementos estariam "no princípio do delírio de ambas".[129] Quanto à pulsão mortífera, Jeanne a rejeitaria sobre a vizinha. Aimée, atacando uma figura materna, "procuraria revelar a verdade do delírio de sua mãe".[130]

Assim, lembra Maleval, Allouch interpreta a passagem ao ato "como um domínio e uma interpretação do desejo inconsciente de sua mãe".[131] O delírio visaria à responsabilidade inicial da mãe "no infanticídio inicial".[132]

Para Allouch, a passagem ao ato teria atingido seu alvo, porque o delírio teria explodido completamente.

E Allouch chega a dizer que, ao fazer enlouquecer a mãe, "Aimée pode renunciar à sua" loucura.[133] Assim, Maleval resume a interpretação do que ele chama o "sopro" do delírio.

A tese implícita de Allouch é que a interpretação do desejo que constituía a base do delírio teria uma eficácia nas perturbações psicóticas. Maleval lembra que essa hipótese que inscreve a psicose numa dimensão histórica e fantasmática está mais próxima de Anzieu do que de Lacan. Maleval observa que o que a

---

128 Allouch, 1990, p. 340.
129 *Idem.*
130 Maleval, 1999-2000, p. 26.
131 *Idem.*
132 *Idem.*
133 Allouch, 1990, p. 241.

psiquiatria estabeleceu como delírio a dois não corresponde ao que Allouch chama delírio compartilhado. Assim, nos casos de Aimée e de sua mãe Jeanne, não se trata de delírios idênticos, mas de uma suposição de homologia.

Homologia devida a um desejo no princípio. Trata-se, na verdade, de uma postulação de Allouch, isto é, dos temas principais compartilhados. A condição fundamental dessa interpretação é a substituição da criança pelo animal que teria sido envenenado pela vizinha. Há, ainda, um ponto a mais: a intervenção do delírio de Marguerite no de sua mãe: enquanto o delírio desta nutriria o da filha. Isso se daria "em um círculo em que a perseguição da mãe inscreve a filha desde antes de seu nascimento, desde o ato de sua concepção".[134] Esta é uma forma de loucura a dois que nunca foi descrita pela psiquiatria. Allouch não ignora esse ponto, e procura, como observa Maleval, dar mais consistência à sua abordagem, apoiando-se numa indicação complexa e muito sucinta de Lacan no seminário "O Sinthoma", na lição do dia 16 de dezembro de 1975: "se admitimos o que enuncio hoje, poderíamos deduzir disso que três paranoicos poderiam ser enodados a título de sintoma, um quarto termo que seria situado como personalidade".[135] É nesse texto que Lacan ressalta que resistiu a republicar a sua tese sobre *A psicose paranoica em suas relações com a personalidade*, por muito tempo, por considerar que a psicose paranoica e a personalidade não têm relação, pela "simples razão de que são a mesma coisa".[136]

Mas o que interessa é saber quais são as modalidades desse enodamento, desse enlace, para Allouch. Ele concebe duas modalidades. Na primeira, as três paranoicas seriam Aimée, a mãe e a tia: o quarto termo que não deve ser concebido como paranoico é

---

134 Allouch, 1990, p. 371.
135 Lacan, 1975-1976/2005, p. 52.
136 *Idem.*

Cap. II – O caso Aimée

Elisa, irmã de Aimée. No segundo tempo, Lacan tomaria o lugar de Élise. O que diz Lacan da tia? Apenas uma frase: "uma tia rompeu com todos, deixando uma reputação de revolta e de desordem na conduta".[137] Maleval observa ser muito audacioso falar de psicose dessa tia apenas a partir das perturbações do comportamento. Ele enfatiza que o pouco que sabemos basta para saber que ela não era absolutamente capaz de fazer laço, exatamente porque "a única coisa segura que sabemos é que precisamente ela rompeu com aqueles".[138] Para Maleval, a tese de Allouch é engenhosa, mas está calcada em referências altamente hipotéticas que advêm mais de suas interpretações "do que dos protagonistas do caso.[139]

Maleval acha dispensável entrar na sua complexidade, por não garantir a convicção do leitor. Importante, no entanto, é ressaltar que a tese de Allouch implica, de forma sub-reptícia, "uma compatibilidade das abordagens freudianas e lacanianas da psicose"[140] que, para Maleval, deveria ser justificada.

De um lado, lembra Maleval, os fantasmas infanticidas no delírio de Aimée, que é uma tese de Freud que afirma existir "um núcleo de verdade histórica na psicose".[141] Por outro lado, há a hipótese lacaniana da existência de uma estabilização referida a um enlace concebido a partir da topologia lacaniana. Ora, a tese lacaniana implica o primado da "estrutura relacional frente à gênese histórica".[142] Maleval ressalta, de forma justa, que a imbricação dessas teses não foi nem interrogada nem questionada. Elas são apenas "justapostas".[143]

---

137 Lacan, 1975-1976/2005, p. 52.
138 Maleval, 1999-2000, p. 27.
139 *Idem.*
140 *Idem.*
141 *Idem.*
142 *Idem.*
143 *Idem.*

144 O crime à luz da psicanálise lacaniana

No entanto, Allouch se dá conta de suas implicações maiores. "É que o lugar determinante atribuído aos fantasmas maternos na gênese da psicose de Aimée",[144] "assim como a hipótese de que o atentado de Aimée constitui uma interpretação das perturbações de sua mãe constituem abordagens incompatíveis com a concepção da psicose referida à forclusão do Nome-do--Pai".[145] Esta posição, isto é, a hipótese quanto à forclusão, situa-se num plano a-histórico. Maleval lembra que seus temas se referem habitualmente a "elementos pedidos emprestados à história do sujeito"[146] evocados anteriormente. Mas o desencadeamento tem uma base na estrutura "comandado pela atualização da carência paterna".[147] Ele não se funda "em uma lógica derivada do modelo do recalcamento".[148]

Então, diz Maleval, ainda que Allouch pretenda seguir o ensino de Lacan, ele "varre em algumas linhas toda a referência para apreender a psicose de Aimée".[149]

Eis o que diz Allouch:

> (...) não se trata aqui de forclusão, pela razão a nossos olhos maior, que seu conceito não se atém à distinção R. S. I. recebida como um dado (o que era o caso no momento do seminário de Lacan sobre as psicoses). Ora, em 1975, a problemática do nó borromeano converge com a reconsideração por Lacan de sua tese para fazer valer, que, longe de ser um dado, essa distinção constitui um problema.[150]

---

144 *Idem.*
145 *Idem.*
146 *Idem.*
147 Maleval, 1999-2000, p. 28.
148 *Idem.*
149 *Idem.*
150 *Idem.*

Cap. II – O caso Aimée 145

Maleval considera essa observação "rápida e obscura",[151] problemática, que exigiria alguns desenvolvimentos. Ela consistiria na recusa do conceito de forclusão do Nome-do-Pai. Maleval a considera inteiramente inconsistente, pois "nada vem conformá-la no ensino de Lacan".[152] Para Maleval, as últimas pesquisas de Lacan em nada põem em questão ou recusam o conceito de forclusão para "apreender a estrutura da psicose". Maleval ressalta que é o contrário que se dá. Lacan, com efeito, na lição de 16 de março de 1976, diz que, "se a forclusão pode servir, é quando ela é posta em correlação com o Nome-do-Pai".[153] E isso, mesmo se o Nome-do-Pai aparece "em fins de contas como algo frágil",[154] Maleval nota, ainda, que, pouco antes, Lacan falava de "carência de pai",[155] a respeito de James Joyce. Falta a Allouch uma argumentação séria e consequente para dar conta desse aspecto.

O que faz Allouch? À concepção lacaniana da psicose, ele opõe uma "abordagem freudiana revisitada".[156] Allouch postula, em suma, que "o delírio não apenas se fundamenta em um núcleo de verdade histórica, mas que, além disso, desejos aí se expressam".[157] O que se trata é de fundamentalmente "negar as pulsões assassinas"[158] ou, ainda, o que Maleval considera pouco compatível, "o desejo de Marguerite de fazer sua mãe confessar o inconfessável, o infanticídio".[159]

Maleval chega a dizer que a tese de Allouch, depois de 10 anos, caiu em um profundo esquecimento, o que deve ser nuan-

---

151 *Idem.*
152 *Idem.*
153 *Idem.*
154 *Idem.*
155 *Idem.*
156 *Idem.*
157 *Idem.*
158 *Idem.*
159 *Idem.*

çado, porque ela foi publicada no Brasil em 2002. Quanto a não ter suscitado pesquisas, isso também deve ser nuançado, porque Lessana a seguiu no que tange ao caso Aimée e também às irmãs Papin. E o trabalho de D. Laurent, ainda que numa linha conceitual inteiramente diversa, recorre ao amplo material recolhido por Allouch. Nesse sentido, é bem verdade que o trabalho de Allouch vale mais pela riqueza e variedade da documentação do que pelo caráter original e riqueza conceitual de sua abordagem.

2.10. OS IMPASSES DE ALLOUCH NO CASO AIMÉE: A FORCLUSÃO, O GOZO E O OBJETO PEQUENO *A*

Maleval observa criteriosamente que Allouch não se limita de forma exclusiva a esvaziar toda e qualquer referência ao Nome-do-Pai. O impasse diz respeito também à concepção lacaniana do objeto pequeno *a* e toca também à dimensão do gozo. É importante observar que Lacan, ao retrabalhar o caso Aimée, na última etapa de seu ensino, na década de 1970, diz: "eu não tinha o que agora possuo", adiantando: "eu não tinha ideia alguma do objeto pequeno *a* nesse momento".[160]

Maleval adianta, então, o que considera duas preciosas observações de Lacan: primeiro, "situar o objeto *a* no caso Aimée".[161] E, em seguida, considerá-lo como uma erotomania. Maleval pergunta por que Lacan alterou seu diagnóstico em 1975, quando publica de novo sua tese. Não é difícil explicar por que ele substituiu a categoria de paranoia de autopunição. Quanto a esse conceito, Lacan diz que ele, "evidentemente, levara a lógica um pouco longe".[162] Maleval ressalta que Lacan não insiste

---

160 *Idem.*
161 Maleval, 1999-2000, p. 29.
162 *Idem.*

Cap. II – O caso Aimée

no delírio de interpretação na psicose paranoica e prefere situá-
-lo como uma erotomania.

É claro que Maleval reconhece existirem temas erotomanía-
cos na psicose de Aimée, especialmente em relação ao príncipe de
Gales, e mesmo com Pierre Benoit, estudados por Lacan. Maleval
considera, no entanto, que eles não parecem dominar o quadro.

A perspectiva em 1975 é outra: Lacan concede, agora, papel bastante amplo à erotomania. Esta implica "a escolha de uma
pessoa mais ou menos célere e a ideia de que essa pessoa só se
interessa por você.[163]

Na tese, Lacan considera a posição erotomaníaca de Aimée
de forma bastante semelhante:

> (...) na forma de erotomania que se poderia chamar de forma
> simples, o traço de iniciativa atribuída ao objeto está ausente,
> enquanto o da situação superior do objeto escolhido assume
> todo seu valor e tende mesmo a se reforçar. Mas ele aparece,
> por outro lado, na gênese das perseguidoras, onde o traço da
> situação superior do objeto, longe de ser atribuível, como se
> disse, ao "orgulho sexual", é apenas a expressão do desejo in-
> consciente de não realização sexual e de satisfação encontrada
> em um platonismo radical.[164]

Para Maleval, colocar no mesmo plano a interpretação da
erotomania e não o delírio de interpretação significa situar a lógica do caso na apreensão da relação com os perseguidores, no
caso Huguette Duflos e Pierre Benoit. Para Maleval, isso equivaleria a abandonar a explicação centrada no ódio destinado à irmã.
Trata-se, na verdade, "da carência da função paterna",[165] que põe

---

163 *Idem.*
164 Lacan, 1932/1975a, p. 264.
165 Maleval, 1999-2000, p. 29.

o sujeito na posição difícil para se descolar do lugar que é concedido ao fantasma materno. Nela, ele encontra um apoio para situar-se e orientar-se na existência. Mas ele aí só pode ter um lugar de dejeto.

Didier Anzieu e Allouch ressaltaram a temática da criança-morta, que Aimée supôs ter sido sacrificada pela mãe. No delírio de Aimée, ela e o filho situam-se em posição idêntica, como "objetos destinados ao gozo mórbido de um outro gozador,[166] esse Outro é encarnado por artistas célebres. Opera aqui a "lógica da estrutura". É ela que, através do atentado, leva Aimée ao sacrifício de seu ser social.

Maleval observa que o primado do estrutural sobre o histórico pode parecer uma petição de princípio, que não seria possível decidir. Mas o que leva a considerá-lo consistente é a riqueza dessa hipótese, quando ela é relacionada a outras observações.

Há aqui mesmo uma dimensão clínica muito importante nas passagens ao ato psicóticas e na melancolia: trata-se do "apelo ao sacrifício de um objeto de gozo",[167] inerente ao sujeito psicótico.

Como observamos no caso José,[168] a passagem ao ato do psicótico comporta uma tentativa de cura, pois ela procura realizar uma subtração do objeto de gozo interdito. O sujeito encontra-se em dificuldade com ele, devido "à carência da separação resultante da função paterna".[169]

Maleval afirma que é graças a essa lógica que se pode entender o alívio produzido pelo atentado de Aimée. As perturbações – e estas são um aspecto significativo do caso – surgem desde a primeira gravidez. Aimée temia que se pretendesse atentar contra a vida de seu filho, antes mesmo que ela desse à luz uma menina

---

166 *Idem.*
167 *Idem.*
168 Renó, 2011.
169 *Idem.*

Cap. II – O caso Aimée

natimorta. O Outro anuncia para ele que o nascimento de uma criança tem o efeito de perturbar a ordem do mundo. Aqui, o mecanismo da psicose opera como sabemos: quando o significante Nome-do-Pai é convocado, manifesta-se o efeito da forclusão. Entra em cena o mecanismo essencial da função paterna, "fazer cair o objeto de gozo",[170] é o que não ocorre para Aimée, como "tudo indica", diz Maleval. É o que aparece no seu romance "*Sauf votre respect*", na seguinte descrição: "eu abraço meu menino que treme na minha porta. Nós formamos um só, tão forte é o abraço".[171]

A dimensão simbólica da separação que não adveio é marca patológica de Aimée. Como vimos, ela se dedica de forma apaixonada ao filho, e de forma exclusiva, até a idade de cinco meses.

Maleval descreve o quadro que já tratamos. Aimée torna-se, "durante todo esse período, cada vez mais interpretante, hostil, querelante, todos ameaçam o seu filho".[172]

A criança é, para Aimée, "objeto de um gozo fora da lei, angustiante, incestuoso".[173] Maleval lembra a referência de Lacan aos sonhos em que ela via "seu filho afogado, morto, raptado pela GPEU",[174] a polícia secreta russa.

Lacan diz que Aimée lhe dá outras razões: ela lê no *Le Journal* que seu filho vai ser assassinado porque sua mãe era maledicente, era "vil, e que se vingariam dela".[175]

Maleval lembra e põe em relevo que "um gozo interdito, fora do limite fálico, apela, muitas vezes, um retorno no real".[176] Esta seria a razão pela qual Aimée teve que se estabelecer distancian-

---

170 *Idem.*
171 Aimée *apud* Lacan, 1932/1975a, p. 194.
172 Maleval, 1999-2000, p. 30.
173 *Idem.*
174 Lacan, 1932/1975a, p. 163.
175 *Idem.*
176 Maleval, 1999-2000, p. 30.

do-se do filho, indo para Paris, quando a criança ficava no interior, em Melun.

Maleval afirma que se pode compreender que ela tenha pensado em abandoná-lo sem grande emoção. E Aimée chega a confessar que "abandonaria seu filho e iria para os Estados Unidos, tornar-se romancista. Atualmente, essa confissão provoca apenas um embaraço medíocre. E foi por seu filho que ela se lançou nessa louca empresa".[177] Esta é a leitura de Maleval a respeito da passagem ao ato. Se este tem um valor resolutório do delírio, foi porque instaurou "um processo de separação sugerido na alusão delirante, a saber, liberá-la do objeto *a*, não extraído, encarnado pelo seu filho".[178] Maleval lembra que o primeiro romance, *O Detrator*, se termina com a morte da heroína e de seu filho. O que "viria confirmar a ausência da separação simbólica entre esses dois seres".[179]

Diz Lacan: "ela manifesta, em numerosos escritos íntimos, os sentimentos de amor e de angústia que lhe inspiram as crianças, sentimentos que têm uma relação evidente com suas preocupações e temores sobre seu próprio filho".[180]

Para o objetivo que nos interessa, é importante a observação de Maleval, quando diz ser verdade que "se pode invocar a satisfação do sentimento de autopunição". Mas "essa formulação apreende apenas um efeito imaginário".[181] Pode-se entender, então, que o essencial da explicação de Lacan, a tese mesmo que elabora, e a figura clínica que inventa, uma modalidade de psicose, a psicose de autopunição, situa-se no registro imaginário. Escapa-se, assim, da explicação da dinâmica das perturbações.

---

177 Lacan, 1932/1975a, p. 160.
178 Maleval, 1999-2000, p. 30.
179 *Idem.*
180 Lacan, 1932/1975a, p. 167.
181 Maleval, 1999-2000, p. 31.

Lacan não dispõe ainda do conceito do objeto *a*, mas já pudera observar, numa nota de sua tese de 1932, que seria possível interpretar o comportamento delirante de Aimée como "uma fuga para longe de seu filho", e que "a satisfação autopunitiva que está na base da cura teria sido determinada em parte pela "realização" da perda definitiva de seu filho. A interpretação de Maleval é que a produção no real de uma separação não advinda simbolicamente, "o aprisionamento e, em seguida, a hospitalização instalaram uma precária compensação à forclusão do Nome-do--Pai".[182] Maleval remete, aqui, à interpretação de Françoise Schereiber (1988), que vai no mesmo sentido. A separação definitiva da criança faz cair o delírio, porque libera Aimée de um gozo intrusivo e insuportável. Françoise Schreiber destaca que, no romance, Aimée descrevia a imagem de gozo pleno entre uma mãe e uma criança presa a seu peito dizendo: "a mãe tem uma face de animal feliz!".[183] Ao atingir seu ideal exteriorizado, Aimée ataca a "plenitude de gozo, completada pelo objeto, que, rejeitada do real, retorna ao imaginário".[184] A questão da letra na clínica da psicose relacionada à forclusão do Nome-do-Pai leva Maleval a chamar a atenção para um elemento que deve ter tocado a Aimée. Lacan não podia referir-se a ele, devido à exigência de supressão dos nomes verdadeiros do caso. Trata-se do nome da perseguidora número 1, Huguette Duflos, que estava presente na primeira página dos jornais, anos antes do atentado. Era o nome que estava em questão no processo de Huguette. Ela se casara, em 1910, com Raphael Duflos, ator muito conhecido da *Comédie française*, seu professor no conservatório. Ela, ao casar-se, recebera um nome prestigioso para sua vida mundana e para sua carreira. Ao divorciar-se, nos anos 1920, ela não quis perder o nome do marido,

---

182 *Idem.*
183 Schereiber, 1988, p. 31.
184 *Idem.*

seu patrônimo. Mas Raphael se opusera a isso. Huguette ganhou na justiça o direito de conservá-lo, mas acrescentando o prefixo "ex-". Aimée acusa Huguette e as atrizes de costumes dissolutos, e esta carregava esta marca no "ex-" do próprio nome, em uma época em que o divórcio não era uma prática ou ato muito comum. A hipótese de Maleval é que Aimée, "apaixonada pelas palavras", como diz Lacan, teria sido guiada pelo "puro significante em sua escolha, entre tantas comediantes, de uma perseguidora com o nome tão particular",[185] isto é, Huguette *ex*-Duflos. Para Maleval, depois da hospitalização, deu-se uma pacificação da psicose de Aimée. Mas uma estabilização mais completa foi alcançada através da "elaboração de um "delírio parafrênico" acoplado a um trabalho com a escrita.

Aimée confiou, mais tarde, a Didier, seu filho: "ela se tornara a eleita de Deus, que seus méritos em superar tantas provas tocara". "Ela começa a escrever em alexandrinos a história das mulheres da Bíblia: ela lera para mim uma estrofe, esplêndida".[186] Trata-se, assim, de uma pacificação obtida "pela encarnação megalomaníaca de uma figura de exceção".[187]

A hipótese precedente sobre a distância do filho fora acompanhada de uma elaboração por parte de Aimée, que se pode entender a partir de uma confidência de Didier. Ele não chegou a compreendê-la. Aimée veio-lhe dizer um segredo: "ela se preocupava muito com o repouso das almas dos defuntos da família; um dia ela me anunciou vindo da igreja: eu te inscrevi entre os mortos perpétuos".[188]

Maleval aproxima o caso Aimée do caso Schreber. Ela consegue realizar o que Maleval chama um trabalho autoterapêutico,

---

185 *Idem.*
186 *Idem.*
187 *Idem.*
188 Maleval, 1999-2000, p. 32.

Cap. II – O caso Aimée

semelhante, em outro registro, ao que Jacques-Alain Miller chama de autoclínica de Gide.

O trabalho de Aimée "desemboca em um nó em que se conjugam o apelo à função paterna e uma significantização da perda do objeto de gozo".[189]

Aimée, ao inscrever Didier nos "mortos perpétuos", possivelmente, através de missas, parece dar uma solução ao que produziu sua psicose, quando seu filho aparecia por demais vivo.

Didier notara que era insuportável para Aimée, ao sair da hospitalização, viver na mesma casa que o filho. "Não seria suportável nem para ela, nem para nós. Ela tinha necessidade, para seu equilíbrio, de viver só, em sua casa".[190] Graças a isso, teve uma "vida relativamente feliz e equilibrada"[191] no último quarto de sua vida.

Maleval destaca, ao assumir o papel de "eleita de Deus" em segredo, que se trata de uma das características principais do delírio parafrênico, sua diplopia, seu caráter autônomo, em ruptura com a vida real. É o que caracteriza o parafrênico, conservar uma boa relação com o mundo real, apesar da ficção absurda que a ele se justapõe. Ao sair de Ville Évrard, Aimée vai viver uma vida tranquila, enquanto mantém, ao mesmo tempo, suas convicções delirantes, que não interferem na vida cotidiana.

Maleval refere-se aos documentos do hospital, que falam de sua "reticência, ou de "possibilidade de reticência" quanto a convicções delirantes.

As considerações de Allouch vão em uma direção próxima: "como dizer do estatuto do delírio além da cura?".[192] Allouch acha que é Lacan quem formula o termo mais próprio. Ele refere-se por

---

189 *Idem.*
190 *Idem.*
191 *Idem.*
192 *Idem.*

duas vezes à "grande reserva de Marguerite".[193] Allouch fala, então, de um delírio reservado. Existe uma equivalência entre a detumescência do delírio e o ato de colocá-lo em reserva. Tal nos aparece, cingido de mais perto, o estatuto da cura... "é, ao mesmo tempo, um delírio isolado, tornado inoperante por esse isolamento mesmo e conservado".[194]

Aimée não se curou de sua psicose. Mas, como o delírio seguiu seu curso, Maleval lembra a observação de Tanzi sobre a tendência do delírio a se equilibrar. Nesses casos, o paranoico tende a se pacificar.

Assim, em Aimée, teria havido um importante trabalho de mobilização significante que reorganizou seu mundo. É o que mostra sua posição quanto à religião. Quando seu delírio eclodiu, Aimée interrompeu suas práticas religiosas. Ela mudou de posição, pois, em 1945, passou a escrever "sob o impacto de uma inspiração religiosa",[195] diz Didier. Maleval ressalta que ela pode enquadrar seu gozo seja pela prece, seja por ter inscrito seu filho entre "os mortos perpétuos".

---

193 *Idem.*
194 Allouch, 1990, p. 346.
195 Maleval, 1999-2000, p. 32.

CAPÍTULO III

Landru – Um *serial killer* na *belle époque*

3.1. A LEITURA DE MARIE LAURE SUSINI: O AUTOR DO "CRIME PERVERSO"

Marie Laure Susini e Francesca Biagi-Chai analisaram do ponto de vista lacaniano os crimes de Landru. Uma pretendeu elaborar uma categoria clínica, "a do autor do crime perverso". Biagi-Chai vai interrogar particularmente a psicose de Landru e seu caso a partir da particularidade de um real sem lei, que se inscreve na sua história.

Susini, ao propor a primeira categoria clínica, analisa o crime do ponto de vista da perversão. Landru vai integrar uma série de que fazem parte Gilles de Rais, Sade, Jack o estripador e ainda outros casos. Biagi-Chai analisa principalmente Landru, mas também Pierre Rivière, que tratamos à parte, confrontando sua leitura com a de Roudinesco, além de Donato Bilancia.

No sintagma "autor do crime perverso", Susini refere-se ao ato, numa leitura que lhe é particular. Trata-se de um crime cujo traço comum é do "provocarem a indignação".[1] Ao passarem, observa ela, a multidão grita "morra". Na série, como emblemáticos estão Gilles de Rais e Sade. Gilles de Rais, cujo processo eclesiástico tornou-se um grande espetáculo. Susini analisa Sade também nessa categoria, a partir da biografia de Pauvert (2013)

---

1 Susini, 2004, p. 14.

em que o marquês vai aparecer realizando crimes de morte, diferente da primeira biografia escrita por Gilbert Lely (1952), que foi o ponto de partida de Lacan para elaborar o matema do fantasma, matema do fantasma de Sade, e também o da sua vida. Há, ainda, Jack o estripador e o Vampiro de Düsseldorf. Vamos concentrar e restringir nossa análise à particularidade do caso Landru e confrontar sua leitura com a de Francesca Biagi-Chai, cujo diagnóstico de psicose situa Landru nos crimes do real.

Os autores desses crimes vão se inscrever nos registros do Outro social de uma maneira singular: "eles obsediam a memória popular, servem a lenda, prestam-se ao mito".[2]

O estudo de Susini procura fazer uma história do que seriam "os precursores históricos do *serial killer*".[3] Não é preciso recorrer à história epistemológica das ciências para desmontar a categoria do precursor. Aqui são casos que não se situam na atualidade, na contemporaneidade. Basta apenas lembrar que todo mundo se considera, em qualquer época, vivendo no presente e não em função de um outro momento histórico, no futuro. No entanto, o que a interessa, também, principalmente, é a atualidade. No entanto, o que importa são as características sincrônicas, atuais de sua análise, e não a antecipação do futuro.

Susini observa que esse sujeito é "a vedete da atualidade dos crimes sangrentos".[4] Sua figura é múltipla, "matador noturno, assassino de mulheres, de crianças, estrangulador de velhinhas". Sua ação "semeia na cidade um vento de pânico, uma atmosfera de suspeita e de angústia".[5] Pode ser o autor de um único crime. Esse crime, ou a série de crimes, vai-lhe valer uma celebridade universal.

---

2   *Idem.*
3   *Idem.*
4   Susini, 2006, p. 13.
5   *Idem.*

Cap. III – Landru

Susini diz que, paradoxalmente, eles não constituem legião, o que poderia ser contrariado pela multiplicidade dos *"serial killers"*, principalmente nos Estados Unidos, dos matadores em escolas, de Columbine, De Shung-Ho, em Virginia Tech, que despertara a preocupação de sua professora de literatura, até outros mais recentes. Há que considerar, como observa Jacques-Alain Miller, que os Estados Unidos, com a globalização, tendem a generalizar seus sintomas, o *american symptom*,[6] de que os *serial killers* são um aspecto.

Mas, diz Susini, nas estatísticas criminológicas, eles representam uma parcela mínima. São seus atos que provocam a revolta, o povo reclama sua execução, exige-se o retorno da pena de morte. Provocam considerável comoção e produzem debates violentos.

Marie Laure Susini ressalta a reação paradoxal a esses crimes, não apenas de espanto, estupor, medo ou nojo, mas ao fato de tornarem-se vedetes, centro de um espetáculo. A tendência contemporânea ao estrelato aqui tem seu lugar.

É o caso de Landru, que se tornou uma figura popular, celebrado na canção de Charles Trenet – *"Landru, Landru qui seduit les mamans et fait peur aux enfants"* – no filme de Chaplin, que levou escritores como Colette e Roland Dorgeles a seu processo, além de uma multidão de jornalistas, ao tribunal de Versalhes, em que foi julgado.

Susini atribui a esses criminosos um traço comum: "um espantoso domínio da comunicação, o sentido agudo da publicidade.[7] Exercem sua atividade escrevendo cartas aos jornais e entrevistas na televisão. O trabalho de Susini procura agrupá-los para encontrar sua "estrutura comum".[8] Ela entende existir entre Gilles de Rais, Jack o estripador, Henri-Desirée Landru e os es-

---

6   Miller, 1996-1997.

7   Susini, 2006, p. 14

8   *Idem.*

158   O crime à luz da psicanálise lacaniana

tranguladores de hoje "uma identidade de estrutura":[9] para além da comunidade de destino ou de comportamento. É esse traço comum que importa. Diz Susini que, entre "as recidivas do piromaníaco incendiário, o único assassinato do canibal, ou de um estrangulador de criança, existe a mesma lógica".[10]

Susini pensa que, "para defini-los, identificá-los e agrupá-los, a apelação 'autor do crime perverso' era a mais adequada, a mais precisa". Ela criou, assim, a entidade "autor do crime perverso".

Parece uma fórmula redundante, que poderia ter a forma mais simples "criminoso perverso". Para ela, ele é "autor do crime perverso", não porque seria "maléfico, desviante, manipulador, mas porque manifestaria uma malignidade de caráter e de comportamento".[11] Para Susini, ele é criminoso, porque "sua relação com o Outro", e principalmente "o Outro do encontro sexual, a isso o força".[12] Trata-se, no caso do autor do crime perverso, de "uma resposta particular à pulsão sexual".[13] O ato efetua-se no quadro "de uma perversão, no sentido psicanalítico do termo".[14] Não se trata de perversidade, mas de uma forma específica de relação com o mundo. O que aí está em jogo "é a sexualidade", que, como no ato sexual, tende "a se repetir".[15] Assim, o crime perverso constitui também "o ato do *serial killer*".[16]

Maus encontros com o Outro vão ter a "mesma necessidade de reproduzir um crime idêntico".[17] Vão "repetir o mesmo ato preciso". Lógica comandada pela repetição.

---

9   *Idem.*
10   *Idem.*
11   *Idem.*
12   Susini, 2006, p. 15.
13   *Idem.*
14   *Idem.*
15   *Idem.*
16   *Idem.*
17   *Idem.*

Mas o sujeito, o autor, terá seu destino determinado por acasos. Poderá não prosseguir, parando no primeiro crime; outros, como Landru, vão perseguir uma série.

No contexto da atualidade, vai ser reconhecido como *serial killer*. Para o grande público, a noção de *serial killer* evoca os filmes de terror, o monstro assassino, sua falta de medida, sua *hybris*, seu caráter feroz. Há, ainda, como polo de atração as vítimas aterrorizadas.

O que se trata de apreender para Susini é a lógica do ato.

Essa lógica depende de um mecanismo que já pode ser elucidado desde o primeiro ato. A questão é saber "em que este primeiro crime já contém a lógica de sua repetição". Trata-se de descobrir como "o ato criminoso perverso é o elemento prévio, fundamental de uma potencial série".[18]

Susini escolheu chamar esse criminoso de "autor". O crime que é, "fundamentalmente, um ato violento, exercido contra o Outro",[19] que raramente dá seu consentimento.

O ato perverso é também simultaneamente o ato primeiro de um drama teatral: constitui também uma encenação. Dessa encenação, "o público, de maneira surpreendente, assiste e participa".[20] Esse autor-ator do espetáculo tem como alvo a reação do público. Para Susini, esse aspecto nunca foi identificado nem levado em consideração. Ele é, para Susini, "um dos aspectos fundamentais da perversão criminosa".[21]

O autor do crime perverso é, aqui, de maneira essencial, "autor e criador de um espetáculo incomum.[22] Sua representação se faz em nossa intenção.

---

18   *Idem.*
19   *Idem.*
20   *Idem.*
21   Susini, 2006, p. 16.
22   *Idem.*

160   O crime à luz da psicanálise lacaniana

Para Susini, nas sociedades de espetáculo, no sentido de Debord, como a nossa, ele é uma das vedetes. Ele se faz ver, proliferando no meio da mídia contemporânea. A psicanalista evoca o caso de Pierre Victor, que aconteceu no governo Mitterrand, cujo processo retumbante antecipou a abolição da pena de morte, quando era ministro da Justiça Robert Badinter.

Esse criminoso, que estrangulara uma criança, fora o primeiro a saber tirar partido da televisão. Oferecia o suspense de uma investigação ao vivo, em que os telespectadores participavam toda noite. Jornalistas e público assumiam a função e o lugar do delegado. Havia, assim, o lado da investigação de que todos participavam.

Eram simultaneamente investigadores-telespectadores para um autor, diz Susini, "que representava conscientemente ou não, diante dos outros e com os outros".[23]

Susini toma a complexidade que tem a estranha singularidade desse criminoso, ela isola um sujeito, "autor do crime perverso" para o estudo. Sua posição é que não existe nem "uma teoria verdadeira", nem "uma clínica psicanalítica da perversão criminosa".[24] Susini trabalhou em um hospital psiquiátrico, onde atendeu "pacientes criminosos que não eram psicóticos. Haviam escapado por acaso, seja das perícias, seja dos diagnósticos, seja da responsabilidade penal".

Susini considera, em primeiro lugar, a dimensão do real, "o real da repetição".[25] Essa, para ela, supõe "uma causa e o ato que se reproduz, se repete".[26] Para ela, trata-se de um mecanismo. "Obedece a uma mecânica, suscetível de desmonte, de análise, de entendimento. Trata-se essencialmente de compreender a primeira

---

23   *Idem.*
24   Susini, 2006, p. 26.
25   *Idem.*
26   *Idem.*

Cap. III – Landru

passagem ao ato que inaugura a série".[27] E, mais seriamente, "a estrutura específica, elementar, da passagem ao ato".[28] Há, ainda, uma hipótese complementar. Ela supõe que "o que explica o ato igualmente explica igualmente a organização de toda a vida do homem que age".[29]

Assim, a elucidação do crime permite, de forma idêntica, compreender, mais exatamente em termos lacanianos, explicar "o criminoso e seus paradoxos".

É o que Susini, ao interrogar-se sobre a dimensão da compreensão, diz tratar-se "principalmente, com todo o rigor, a lógica do inconsciente".[30] O que se trata de evitar? A fascinação, a cegueira, "o espetacular, os comportamentos manifestos".[31]

Trata-se de colocar as questões, para "compreender, reconstruir o inconsciente".[32] Na verdade, na formulação de Susini, trata-se de apreender o fantasma do sujeito criminoso. Diz ela: "o fantasma inconsciente, isto é, a relação específica do sujeito com seu mundo, sustenta a perfeita coerência daquilo que parecia primeiramente aberrante, inexplicável, enigmático".[33]

Ela vai perseguir "a rigorosa e secreta lógica de um ato criminoso", que se confunde também com a "imposição implacável de um destino".

Para Susini, o público que é manipulado por uma cena "também responde ao fantasma do autor". É um dispositivo que é montado. O público é, assim, "à sua revelia, o parceiro, o Outro do autor do crime perverso contemporâneo".[34]

---

27   *Idem.*
28   *Idem.*
29   *Idem.*
30   *Idem.*
31   *Idem.*
32   Susini, 2006, p. 27.
33   *Idem.*
34   *Idem.*

162   O crime à luz da psicanálise lacaniana

Trata-se de apreender um mecanismo sutil, que só aparentemente é tosco, grosseiro.[35]

A história de Landru, que se tornou pública, começou com a leitura de seu caderno de notas pelo delegado Belin. Seu nome aparece já no dia seguinte na manchete de um jornal.

Landru vai, então, começar a tornar-se célebre. Já conta com 50 anos, não é um começo precoce. Sua carreira criminosa começou cerca de quatro anos antes, com o início da Primeira Guerra Mundial. Ele, no entanto, já se encontrava inscrito nos registros da polícia, fora preso e também encontrava-se foragido, condenado inclusive à relegação.

Era casado, possuía mulher e quatro filhos, que residiam em Paris. Sua mulher trabalhava como lavadeira, pois as atividades de escroque de Landru não eram suficientes para prover a subsistência de sua família. A mulher aceitava, consentia com a vida delinquente do marido e, inclusive, auxiliou-o em alguns detalhes de seus atos. Landru encarava de forma singular e paradoxal as suas funções de pai e de marido e apresentava-se como modelo de autoridade patriarcal.

Mas sua figura pública era outra, e nas sucessivas mudanças de domicílio e atividade ele se apresentava com uma pluralidade de nomes. É o que aparece quando ele é detido, sempre sob a cobertura de um nome falso.

Foi no dia 12 de abril de 1919, muito cedo, às seis horas da manhã, que Henri-Desiré Landru, com o falso nome de Lucien Guillet, foi levado para ser investigado por policiais à Secretaria de Segurança de Paris, suspeito de ser responsável pelo desaparecimento ou assassinato de duas mulheres.

O nome de Guillet era um dos múltiplos pseudônimos, como Diard, Fremyet, Dupont, Cuchet, Morel, Petit, Tartempion,

---

35   Susini, 2006, p. 27-30.

Cap. III – Landru

Forest de Barzieux, com que se apresentava para as mulheres. Mas será com o nome de Landru que ele vai tornar-se célebre, a partir de sua identificação pela polícia.

Seu nome vai ficar na memória popular da França, vai atravessar as fronteiras, e vai-se tornar conhecido como o indivíduo que "matava mulheres, reduzindo-as a cinzas, no seu fogão, e se apropriava de seus bens". É hoje conhecido como um perturbador Barba-Azul de nossa época.

Landru nada confessou e vai-se opor ativamente à investigação. Sua vida "inteiramente reconstruída",[36] no período da instrução criminal, pelos investigadores.

Susini declara que a vida do homem Landru, "o que sentiu, o que viveu, vamos ignorá-lo para sempre".[37] Não é, no entanto, o que se pode apreender, como observa Biagi-Chai, que trata da particularidade de sua alíngua, onde Landru, sujeito psicótico, aparece.

Ele não teria falado nada de si mesmo, nunca disse o que fosse de uma lembrança, de uma emoção, de uma esperança, de uma coisa banal e íntima.[38]

É verdade que Landru não respondeu ao juiz, ao presidente do tribunal, nem ao promotor. Mas não "respondia ao que o incriminava, o responsabilizava".[39] Sua resposta mais comum era "não tenho resposta a dar". Mas respondia sim para mobilizar o público, inverter o sentido da investigação, do questionamento. Para Susini, sua vida "parecia não lhe dizer respeito".[40]

Por outro lado, suas ações são conhecidas de forma extremamente precisa. A polícia encontrou em sua casa todas as suas cadernetas de contas, onde ele registrava minuciosamente

---

36 Susini, 2006, p. 27.
37 Susini, 2006, p. 31.
38 *Idem.*
39 *Idem.*
40 *Idem.*

tudo o que entrava e também o que gastava. Recorria, também, à escrita, para registrar toda sua movimentação, seus deslocamentos, seus encontros e seus percursos. Um registro detalhado, preciso, marcado pelo relógio, praticamente correndo Paris, de manhã, de tarde e de noite. Na maior parte das vezes, ia ao encontro de mulheres. É o que vai aparecer no primeiro plano da sua vida.

Quando foi preso, em 1919, e seus crimes vão-se tornar um acontecimento nacional, Landru levava também no seu caderninho de notas uma lista de 11 mulheres e, entre elas, o nome das duas desaparecidas, pelas quais as famílias haviam acionado a polícia.

O delegado Belin, diante dessa improvável e contingente descoberta, deduz de forma fulgurante que Landru é o autor dos misteriosos desaparecimentos.

São as suas 11 vítimas? Landru vai negar seguidamente os crimes. Mas a convicção de sua responsabilidade surgiu agora ligada à escrita minuciosa de seus cadernos, e será ela quem vai levá-lo à guilhotina.

Landru, com efeito, ia tudo registrando. O que vai ser uma orientação preciosa para a investigação policial. Que se depara também com enigmas no texto, pois Landru utiliza também códigos no seu dossiê, nos seus cadernos, que somavam mais de mil páginas.

O inspetor de polícia Riboulet foi quem estudou os carnês, e seu estudo é a fonte para explicá-los. Seu trabalho minucioso e metódico permite dar conta dos menores detalhes e concordância dos fatos e o emprego do tempo das atividades criminosas, tal como está registrado nos carnês de Landru.

Os carnês de Landru não eram uma construção hábil para camuflar os delitos. Pelo contrário, é o real que retorna nessa contabilidade estranha do cotidiano que são esses inacreditáveis carnês. Eles são "simulacros e envelopes vazios":[41] são eles que revelam o domínio e a aparente vontade consciente de Landru.

A lista dos nomes das desaparecidas é seguida da data em que todo traço da pessoa foi perdido, a que se segue uma cifra indicando o momento da morte. À pergunta sobre o que essas horas significam, Landru respondeu: "Essas horas não correspondem a nada e não têm nenhum significado racional".[42]

Se a lista das mulheres desaparecidas parece ser uma tentativa de contabilizar a economia do comerciante de móveis, a notação da hora da morte parece a única notação irracional de Landru.

Biagi-Chai pergunta-se se esses carnês poderiam funcionar como uma racionalidade levada ao extremo, com o traço e a nota, como um ponto de parada que se oporia a todo escapamento fora da racionalidade.

Esse desconcertante rigor poderia ter a função de uma borda delirante para além dos limites comuns. Essa borda encerra, fecha a não significação do crime no seu utilitarismo.

A figura de Landru vai surgir nos relatos, na correspondência das mulheres que o amaram, das que chegou a conquistar, que chegaram a quase 300. Susini lembra que suas amantes testemunharam, inclusive Fernande Segret, que deu conta de que Landru não era impotente e que não "manifestava nenhuma esquisitice, nenhuma estranha predileção".[43] Ele aparece satisfatório, mesmo de forma excepcional.

Da vida de Landru fazem parte também as casas de campo, em primeiro lugar, a de Vernouillet e, principalmente, a de Gambais, onde se "encontrou o famoso fogão, além de restos de ossos calcinados e moídos.[44]

---

41 Biagi-Chai, 2007, p. 67.
42 *Idem.*
43 Biagi-Chai, 2007, p. 31.
44 Biagi-Chai, 2007, p. 32.

Além disso, o jardim com o seu roseiral, onde sob as folhas mortas encontraram-se "semicarbonizados grampos de cabelo, uma armação de corpete, um escarpim".[45] A isso se vai somar, para surpresa de muitos, o que se encontrou em sua garagem de Clichy, na rua Malakoff, uma massa macabra de objetos de suas vítimas assassinadas: sutiãs, roupas, muitos móveis, ferro para frisar cabelo, uma dentadura, uma peruca, além de papéis.

A investigação vai reconstruir o labirinto, o quebra-cabeça das pistas, múltiplas. Com a progressão do processo investigatório, vão surgir detalhes horríveis e escabrosos, mórbidos (dentaduras das amantes, restos humanos)".[46] Vai-se precisar o número de suas amantes. Sua divulgação vai-se fazer pouco a pouco nos jornais. Mas sua sucessão vai despertar um interesse cada vez maior do público. As surpresas não parecem ter fim, seja para os jornalistas, seja para a opinião pública. Durante o processo, vai haver um pouco de tudo, de comentários maliciosos, a cartas de visionários e cartomantes e um turbilhão de cartas. Landru vai ocupar a manchete dos jornais por dois anos.

A conclusão do inquérito vai enunciar existirem 11 mulheres assassinadas e o filho de uma delas, André Cuchet. Landru nada vai confessar, ele persiste insistindo no muro da vida privada para não responder às questões.

O julgamento vai começar sob forte impacto, como um grande acontecimento, nos anais da justiça. Ele se inicia em Versalhes, no dia 7 de novembro de 1921. Uma multidão toma os trens para Versalhes e se aglomera desde a madrugada perto do tribunal, no Palácio da Justiça. Figuras conhecidas do *grand-monde* parisiense, da canção, das letras, da nobreza, do teatro ocupam os primeiros lugares. Maurice Chevalier, Colette, Roland Dorgeles, a princesa Helène da Grécia, outros escritores vão par-

---

45 *Idem.*
46 *Idem.*

Cap. III – Landru

ticipar também à sua maneira, com depoimentos significativos sobre seus encontros com Landru.

A expectativa de um espetáculo judicial em grande estilo foi plenamente alcançada. Landru estava "à altura de sua notoriedade".[47] Assim, o assassino de 11 mulheres tem os modos, veste-se e fala como "um *gentleman*".

São Colette, Biagi-Chai e Jacques-Alain Miller que detêm, no entanto, a chave do personagem: "Se baixa pela metade as pálpebras, o olhar assume aquele langor, aquele desdém insondável, que vemos na fera enjaulada".[48] Da fera, tem a impassibilidade e a indiferença.[49]

Landru vai manter um constante silêncio, que vai exercer extremo fascínio sobre o público. Ou, ainda, suas respostas frente ao desaparecimento das mulheres: "Elas desapareceram? Também desapareci durante dez anos. Provem que elas estão mortas. Encontrem os corpos".[50]

Landru não apenas atrai, sidera, produz um estranho efeito cômico, ele maneja o humor.

Ao promotor diz: "o senhor pede tanto a minha cabeça que lamento ter apenas uma para lhe oferecer".[51] Risos e aplausos agitam a audiência. O presidente diz que vai evacuar a sala: "Vou mandar todos para casa". Responde Landru: "de minha parte será um prazer".[52] Ele vai manter-se impassível em meio à hilaridade que toma a assistência.

É uma representação, representação de sua vida, feita para os outros.[53] É como se tratasse de uma proposta de roteiro, para

---

47 *Idem.*
48 Biagi-Chai, 2007, p. 33.
49 Susini, 2006, p. 33.
50 *Idem.*
51 *Idem.*
52 *Idem.*
53 *Idem.*

168   O crime à luz da psicanálise lacaniana

seu personagem, assistida por Landru, "impassível, com a distância das estrelas".[54]

Outra hipótese interessante é que se poderia tratar de uma ficção cantada a várias vozes".[55]

Elas são: Belin, o investigador, o legista e o coro composto pelas "duzentas e oitenta e três amantes (ainda que nem todas se apresentem ao tribunal)".[56]

O inspetor Belin é a primeira voz. E o registro "da realidade sórdida e mesquinha das pequenas coisas extorquidas, dois pobres brincos retirados da morta e dados na mesma noite à esposa e às amantes".[57] Registro das idas e vindas de trem, de ida e volta para Landru (3,85 F e apenas um de volta para a senhora de 2,4 francos).

Segue-se a notação de todas as compras de serrotes, serras circulares, serras de mão, serras de metais, e de pinças.[58] Sem contar as datas de entrega de carvão para alimentar o famoso fogão.

A segunda voz, sinistra, é a do médico legista. Trata-se do Dr. Paul, "grande mestre do necrotério, dissecador de cadáveres".[59]

Diz Susini, a respeito do Dr. Paul, "é um excelente ator, vedete do cômico macabro", jubilante.

O que resta dos ossos e das cinzas? "Três crânios, seis mãos, cinco pés".[60] Ele faz vir teatralmente o "famoso fogão" em pleno tribunal. E apresenta o tempo de combustão de uma cabeça vazia: "trinta e oito minutos. Cem minutos para uma cabeça cheia, com cabelos e olhos".

Há, por fim, o coro das 283 possíveis noivas. Nem todas se apresentaram ao tribunal, é verdade. Há, aqui, diz Susini, a melodia

---

54   *Idem.*
55   *Idem.*
56   *Idem.*
57   *Idem.*
58   Susini, 2006, p. 34.
59   *Idem.*
60   *Idem.*

Cap. III – Landru

das namoradas, um traço de sedução irresistível, do amante perfeito? Landru mostra-se orgulhoso e irrita o presidente do tribunal.

"O senhor procurou sempre a companhia das mulheres? Ao que Landru responde: "nunca tive modos diferentes, se é o que o senhor quis dizer".

Há que isolar, considerar separadamente, duas das mulheres de Landru. De um lado, Marie-Cathérine Remi, sua mulher, e, de outro, sua amante, Fernande Segret.

Susini apresenta uma imagem, um quadro um pouco simplificado de Landru na família.

Diz ela: em casa, ele aparece, antes, como bom marido e bom pai.[61] Traz, quando pode, dinheiro e "um presentinho".[62] E exerceria uma firme autoridade sobre toda a família. Outro é seu papel com Fernande, que conheceu quando ela tinha 28 anos. "Landru é o amante mais velho, muito apaixonado por uma mulher ainda jovem". Susini figura o estilo de Landru com Fernande através de algumas cenas. Landru tira fotos com Fernande, de braços dados, leva Fernande à Ópera-Cômica. Montam uma casa, e ele lhe dá um conjunto de porcelana.

Landru tem duas casas, dois lares. Promete a Fernande casar-se com ela, mas vai adiando. Adula a mãe de Fernande dando-lhe um casaco caro.

Landru fizera uma lista onde figuravam suas relações mais próximas. Um número designa a posição e o lugar de cada um. No real da escrita, o número 7 e o de sua mãe, 7b. Antes, em primeiro lugar, vem Marie-Catherine, a esposa em primeiro lugar como número 1. O número 2 é ele, Landru, depois vêm os filhos, 3, 4, 5, 6. O número 3 é Marie-Henriette, nascida em 1891, que ele legitimou depois do casamento, em 1893. Número 4 é Maurice-Alexandre, que nascera em 1894. O 5 é Suzanne, nascida em

---

61 *Idem.*
62 *Idem.*

1896, e, finalmente, o de número 6 é Charles, nascido em 1900. Elas não estão propriamente na família. Mas fazem parte de uma série contínua, positiva. Há a outra lista, das 283 que constituem, por assim dizer, o avesso negativo desse quadro.

Landru, no tribunal, pergunta por que o criticam, por que o censuram. Quando nem a mulher nem Fernande aparentemente o fazem.

Mas não será o que se pode ver por uma leitura atenta do que dizem em seu depoimento no tribunal. A esposa, Marie-Catherine, pergunta-se sobre uma possível loucura de Landru, questão investigada por Biagi-Chai. E Fernande se esvai no tribunal, sob o peso das evidências das acusações.

Há, de qualquer forma, o problema das desaparecidas. Foram essas que levaram Landru ao tribunal. Elas, ainda que não estejam presentes para testemunhar, "vão falar à sua maneira".[63] Elas todas têm irmãs e amigas com quem podem falar e "contar seus amores".[64] Existem ainda as cartas e os cartões-postais, os telegramas. Todo um campo da escrita que fala a respeito delas, que testemunha. E as confidentes vão, então, falar no tribunal. Todos esses registros que combinam elementos diversos, da polícia, da medicina legal, das mulheres, em um quebra-cabeça, vão-se estabelecer entre eles uma concordância. Acrescentam-se as "testemunhas, os registros dos cadernos, a confusão do hangar, a análise das cinzas do fogão".[65]

A versão única que resulta desse conjunto, única possível, parece difícil, inicialmente, mas é a que se impõe como única verossímil e real. E, além disso, há o roteiro do trem, até Gambais,

---

63 Susini, 2006, p. 35.
64 *Idem.*
65 *Idem.*

que vai ser repetido por 10 vezes. Landru estabelecera com "as noivas que pretendia matar a mesma relação codificada".[66]

Susini figura, então, o cenário dos encontros, ou, melhor dizendo, dos maus encontros com Landru e o dispositivo que ele montou, em que entram anúncios de jornal, um para cada encontro. A dimensão da escrita é essencial nessa estória. Que Landru encontre as vítimas "numa rua ou por anúncio matrimonial, sempre uma correspondência é trocada".[67]

E Landru aparece seja como engenheiro, professor, diplomata, homem de negócios, isto é, sempre com um codinome, uma falsa identidade, um nome de empréstimo. Ele redige sempre três modelos de cartas que são enviadas uma depois das outras, numa sequência programada como batalhas para uma guerra.

Entre os elementos dessa estratégia há, para Marie-Laure Susini, alguns que são muito significativos. Em primeiro lugar, Landru repete sempre estar muito ocupado ou ausente de Paris.

Ele insiste para que a mulher que deseja seduzir que ela lhe escreva para revê-la. Manifesta que sente sua ausência, ou que sofre, está triste por tê-la perdido. Faz-se difícil, procura fazer-se desejado. Para Susini, não se trata da tática banal do sedutor. Nas duas cartas seguintes, um outro elemento vai aparecer: Landru fala reiteradamente da presença da mãe em sua existência, ao mesmo tempo em que se descreve e se apresenta. Diz Landru: "sempre vivi com minha mãe", ou, ainda, "a única afeição de minha vida foi o culto de minha mãe".[68] Landru mente de fato? Pode-se dizer, com Susini, que se trata "de uma mentira que grita a verdade do inconsciente".[69]

---

66 *Idem.*
67 *Idem.*
68 *Idem.*
69 *Idem.*

O que as mulheres vão poder ler é uma declaração de um sujeito bem comportado. Tratar-se-ia de uma relação particular com a mãe. Biagi-Chai descreve de maneira precisa e lança luz sobre a figura da mãe de Landru, do laço particular e problemático com ela.

Há, ainda, um elemento comum entre as mulheres que vão ser presas para Landru. Existe uma faixa etária comum para as noivas. "Para Susini, das fotos guardadas no dossiê, é como se todas se parecessem", como se fossem variantes do mesmo tipo feminino. O que se isola desse modelo é uma sensualidade plácida, ampla e redonda do queixo e da boca.[70]

Nada se poderia saber do que foram efetivamente para Landru. Mas a escrita dos cadernos diz algo a respeito do objeto *a*; a dimensão do desejo, reduzida ao dinheiro, à utilidade, em um nível mesquinho, absolutamente inumano.

Mas, no processo de sedução, bastam três cartas para que o cônsul, o funcionário público, o professor ou o engenheiro, seja ele Petit, Diard, Tartempion ou Guillet, consiga que ela se disponha a esposá-lo. Parece espantosamente fácil a vitória nessa espécie de *blitzkrieg*, nessa guerra-relâmpago. Alphonse Boudard, um dos biógrafos de Landru, resume sua vida em alguns significantes: "uma espada, um cacete, uma escavadeira, um pau". Ao uso da máquina acrescenta-se "a encenação que o veste com um engodo fálico".[71]

Susini associa Landru a Verdoux, o que fizera antes Lacan. Com efeito, é para ela impossível pensar em Landru sem associar a ele as aventuras burlescas de Monsieur Verdoux.

Charles Chaplin compreendeu, captou que, com o pseudônimo, Landru se fantasia, se veste de um personagem, "representa

---

70 Susini, 2006, p. 36.
71 *Idem.*

Cap. III – Landru

um papel",[72] seja o diplomata, o engenheiro, ou o industrial. Ele está em cena, representando.

Assim, tem-se a cena descrita por Alphonse Boudard, a respeito de Landru, aliás, o cônsul Petit, cônsul em Melbourne, quando chega à casa de Marie-Angélique, a viúva Guillin. Landru diz estar apressado, mas que não pode deixar de passar na casa de sua caríssima amiga, dizendo: "esperam-me na embaixada da Inglaterra". E ele usa, nessa noite, uma roupa de marquês Luís XV, que alugou em um brechó: "paletó dourado e bordado, calças de cetim, sapatos de fivela, e uma espada ao lado".[73] Marie-Angélique admira a representação e se prepara para viajar para o exterior, pretende viver uma nova vida. Faz economia, reúne os objetos e está fazendo as malas.

É, então, convidada para antecipar a lua de mel, indo para a casa de campo em Vernouillet, chamada "The Lodge". Essa é a primeira cena.

Na cena seguinte, Landru já está de trem, de volta para Paris. Vai encontrar-se com Fernande. Dá-lhe de presente um colar que pertencia à senhora Guillin, que assassinou. Leva Fernande para a Ópera-Cômica para ver e ouvir Manon.

Landru já registrara as joias e o dinheiro na caderneta. Anota o que distribuiu. No outro dia, dá um pouco de dinheiro à mulher, Marie-Catherine, e a Maurice, o filho mais velho. E vai retomar sua corrida ao encontro das outras mulheres. Ele volta, em seguida, a Vernouillet, a casa de campo onde deixou o corpo da senhora Guillin assassinada. Faz o corpo em pedaços e os queima, em seguida, no famoso fogão. Leva os objetos de M. Guillin para Clichy, onde vão ficar junto com outros despojos. Landru, então, recomeça a sua sequência de crimes.

---

72 *Idem.*
73 *Idem.*

Landru, no processo, não confessa seus crimes, não revela seu enigma. Mas a sequência de traços, de restos, de elementos, todos indícios que deixa atrás de si constituem efetivamente provas.

Susini diz que, aparentemente, ele "facilitou o trabalho do investigador mais obtuso". É o argumento da defesa. Moro-Gafieri, seu advogado, diz que, se Landru matou, deveria considerar-se que era louco.

Tratava-se de um paradoxo: de um lado, ausência de confissão, de outro, uma "proliferação de provas".[74]

Aliás, Moro-Gafieri tinha o senso do espetáculo, do uso da cena. Um jornalista, Henri Béraud, dá conta disso: "Certamente, existem outros advogados, mais austeros, mais viris, e, para dizer a palavra que queima os lábios dos colegas, mais sérios. Pode-se criticá-lo por confundir o banco dos advogados no tribunal e o teatro. Mas será culpa sua se ele é um ator nato, se possui essa ascendência física, essa voz clara e comovente, que são propriamente qualidades teatrais?".[75]

Mas os argumentos da defesa não vão tocar os membros do júri nem o tribunal. Em um processo que produziu um imenso eco, Landru foi condenado à morte pela guilhotina.

Os psiquiatras que atuaram no processo vão considerá-lo normal, são de espírito.

No caso Landru, temos as relações da loucura com uma aparente normalidade, moldada na maior conformidade, sob a máscara da maior banalidade cotidiana. Há aí o inacreditável. É esse inacreditável "que chamamos real".[76] Mas de que real se trata na psicanálise? Não é o real da natureza, que domina o mundo antigo. É um real de um mundo transformado pelo capitalismo, pela guerra, a ciência e a técnica. Não é por acaso que Landru, que

---

74 *Idem.*
75 Béraud, 1924, p. 289.
76 Biagi-Chai, 2007.

Cap. III – Landru

cometeu seus crimes durante a primeira guerra mundial, toma a figura de um industrial. Para Biagi-Chai, Landru apoiou-se na sua época e ele traz as marcas delirantes dela. É também a ideia de Chaplin, no seu filme *Monsieur Verdoux*, calcado na figura de Henri-Desiré. O impulso para a destruição, o gozo revelado pelo impulso à destruição e também pela indústria moderna são situados como homólogos da figura de Landru, nesse filme, fortemente atacado nos Estados Unidos, quando Chaplin o fez em 1947, em plena guerra fria.

É a questão que é colocada pelo *Petit Journal*, um dos muitos jornais que acompanharam o rumoroso processo. Por que Landru, o culpado, inteligente, possuindo uma boa instrução científica, tornou-se o mais terrível criminoso? Será necessário explicá-lo. Essa é a questão central.

Como os assassinatos se inscrevem no esquema da psicose, sabendo-se que não é automático, nem necessário que um sujeito psicótico, seja paranoico ou esquizofrênico se transforme em um assassino. Essa questão se coloca: saber se o crime coincide com o desencadeamento da psicose.

Biagi-Chai traçou o percurso de Landru para tornar-se assassino.

Landru se tornara pai e esposo, tornando-se o ponto de apoio da família, o que mobilizara, ao mesmo tempo, um elemento de verdade, um lugar no Outro e para o outro.

Mas ele se situava até então na zona das aparências, de puros semblantes em que pudera se manter desde que nada lhe pedissem, podendo ele dar o troco. Trabalhava com projetos que o definiam, mas que o anulavam. Ele refletia as relações do mundo, mas não as incorporava. Era um mundo em que seus semelhantes, assim como ele, se apagavam. Não tinha *alter ego* e, por isso, vivia isolado. Precisava dar uma significação ao pai de família, ao engenheiro. Mas ele falhou nessa operação: abre-se uma brecha em seus pontos de apoio, que são fracos, e, por não ser ele próprio, se descompensa.

Depois do casamento, Landru vai-se lançar em uma corrida acelerada, mudando sem parar de residência e também de um trabalho para o outro. É o que Pierre Darmon vai chamar de "delírio deambulatório".[77] Ele vai passar, depois da mudança de domicílio e de trabalho, à troca de identidade e à substituição das noivas, à troca pelo assassinato.

Entre 1893 e 1900, ele exerce uma dezena de ofícios e muda de lugar uma quinzena de vezes. Ele é visto sucessivamente como contador, diretor de trabalhos, fabricante de tetos, "empregado de uma imobiliária, cartógrafo, trabalhador de manufatura, fabricante de brinquedos, fabricante de bicicletas. Ao mesmo tempo, ele muda oito vezes de domicílio, carregando mulher, filhos e bagagens em suas peregrinações".[78]

Essas deambulações vão desarticular profundamente sua vida familiar. Uma máscara social, um semblante, vem encobrir isso; são os certificados de satisfação de seus empregadores. Mas também essa máscara cai, destruída pela ausência de uma relação estável com o mundo e a vida profissional. A energia e a força do desejo vão-se perder nesse mundo de agitação constante. Assim, "o mal-estar esgota o sujeito, capta toda a sua energia, e vai, progressivamente, perturbar o equilíbrio pessoal e familiar".[79]

Mas a mulher e os filhos vão viver apenas de historietas e faz de conta. É, no entanto, o fabricante desse quadro que formula para a família o discurso sobre os grandes princípios da moralidade. Fala para a filha das regras de uma boa educação. Para a mulher, dos méritos de uma vida profissional de sucesso. Essa vida cotidiana em desagregação mostra em Landru "a impossibilidade de dar conta de seus deveres familiares".[80]

---

77   Darmon, 1994, p. 197.
78   Darmon, 1994, p. 127.
79   Biagi-Chai, 2007, p. 44.
80   Biagi-Chai, 2007, p. 41.

Cap. III – Landru

O que ocorreu com a função paterna em Landru? É como se ela "não o tocasse, não pudesse afetá-lo".[81] Assim, se a fala não tem consequências, "situa-se fora do pacto, tudo torna-se possível".[82] Há, de um lado, uma "hiper-responsabilidade fantasmática".[83] Ela responde a uma "irresponsabilidade efetiva".[84]

Trata-se de uma forma muito singular de entender suas funções de pai de família. Ela vai levá-lo a romper o laço social e as leis. A distância entre o trabalho e a escroqueria vai desaparecer.

Os certificados que tratam de seus méritos tornam-se cada vez mais vagos. Depois de quatro anos, Landru começa a fabricar falsos certificados. Ele fala, inclusive, nesses textos, de suas invenções. A identidade frágil de Landru é o que ele vai apresentar "para sustentar uma identidade social em falência".[85]

No processo, ele fala sobre essas falsificações, sem interrogar-se minimamente sobre elas. Ele enuncia, então, o que é "o dogma de sua identidade pessoal": "Senhor presidente, tenho infelizmente uma concepção bastante particular da lei. Estimo que o falso não existe no momento em que ele não prejudica ninguém. Acreditei cometer apenas uma falta leve".[86]

O mundo é para ele um lugar em que tudo lhe é permitido. E o que é o sujeito aqui? Apenas um espelho em que se refletem múltiplos semblantes. Eles conhecem apenas a lei do "cada um por si e para os seus".[87] Assim, no terreno do real da escrita, não há, para Landru, diferença entre o verdadeiro e o falso".[88]

---

81 Biagi-Chai, 2007, p. 45.
82 *Idem.*
83 *Idem.*
84 *Idem.*
85 *Idem.*
86 *Idem.*
87 Biagi-Chai, 2007, p. 46.
88 Biagi-Chai, 2007, p. 46.

178   O crime à luz da psicanálise lacaniana

Vejamos um pouco como se dá o início da carreira de escroque de Landru. Como vimos, assumia também um título e uma atividade profissional significativa, na diplomacia ou no mundo industrial.

A vida cotidiana se desagregara desde a época em que fora pai de família. Nem sua inteligência nem seus recursos fizeram com que ele conseguisse comercializar a motocicleta "racional" que planejara. É nessa impossibilidade que se observa um desencadeamento, um distanciamento da relação do sujeito com o Outro, mesmo se não toma uma forma aguda. Com falsos diplomas e um nome falso, é como engenheiro que ele aparece muitas vezes. Nessa esfera, com efeito, ele tem conhecimentos, e mesmo fez algumas invenções. A mecânica e as invenções são aspectos de sua vida. É um autodidata no campo da engenharia. Inventou uma motocicleta "la Landru", quando ele tinha 30 anos, que foi mostrada no salão das Tulherias. Nessa época, ainda não era propriamente um escroque, e com esse invento poderia talvez inserir-se no laço social. Poderia construir uma suplência, fazendo-se um nome como inventor e escapar, como diz Biagi- Chai, "do jogo do puro reflexo dos múltiplos espelhos".[89] Porém o sucesso independe da vontade do sujeito, para que um produto seja reconhecido, reproduzido e integrado no circuito social.

Landru interessava-se por motocicletas desde a infância. Ele a utilizava como um objeto de culto, de forma peculiar, com luvas. Mais adiante, vai dedicar-se a aperfeiçoar seu uso e faz um modelo que é patenteado em 1899, e, uma vez mais, um ano mais tarde. Na sua justificativa, ele falava do caráter irregular das motocicletas movidas a petróleo.

Surgiu um real, algo novo que separou totalmente, como diz Lacan, "o grupo vital constituído pelo sujeito (Landru) e os seus,

---

89   Biagi-Chai, 2007, p. 51.

Cap. III – Landru

e o grupo funcional, em que devem ser encontrados os meios de subsistência do primeiro".[90]

Diz Biagi-Chai: "O real do sujeito, separando-se de toda realidade social, ordenou suas condutas em um campo crepuscular".[91] Aparece aí uma constante que, nos dizeres do sujeito, estaria articulada à modalidade primeira pela qual o sujeito entrou na realidade. Trata-se da marca do significante, quando toma corpo a palavra do outro, com as difrações entre enunciado e enunciação, entre dito e modo de dizer. Essa relação com o outro está fundada no campo da linguagem, como o próprio sujeito, no campo do grande Outro, para Lacan.

Aqui está a relação com a lei, que não é apenas o que se escreve no código penal, mas se liga ao pacto simbólico que une os homens e interdita o incesto e o parricídio. A função paterna dá um sentido a isso, como exceção. Ela permite pensar-se no lugar do outro, como imaginário e como simbólico. O campo do Outro permite que, a partir da palavra, um discurso se constitua sobre a realidade, e que uma realidade íntima se exprima em um real, um gozo se experimente. Há aí uma parte de gozo perdida, o que levará Lacan a pensar o Outro (A) barrado. Esse gozo quer dizer que não há instinto, e que a pulsão passa pelos desfiladeiros do significante. Seria o que leva a opinião pública a pedir explicações sobre os motivos secretos do crime, sobre a causa. Muitas vezes, defronta-se com o silêncio do acusado. Era o que se dizia de Landru preso: na prisão de Versalhes, ele permanece enigmático e misterioso". Era o que estampava o jornal *Le Matin*, em novembro de 1921.

Na psiquiatria, Bleuler, que inventou o conceito de esquizofrenia, interessava-se pela enunciação no discurso dos pacientes psicóticos. Ele analisa o jargão particular dos sujeitos

---

90   Lacan, 1950/1966, p. 145.
91   Biagi-Chai, 2007, p. 176.

que descrevem detalhes e silenciam sobre outros elementos bem mais importantes. Biagi-Chai ressalta em Landru "um certo preciosismo, gosto pela perífrase, ressaltando um detalhe em detrimento do real".[92]

Trata-se de uma reticência prolixa, em que o maneirismo verbal gira em torno do vazio. É um discurso a que a intencionalidade falta, onde falta um querer dizer. Para o discurso analítico, contam tanto a enunciação quanto o enunciado. O gozo se lê em parte na escolha das palavras. E "mesmo no tom da voz, no brilho do olhar, no corpo que acompanha os dizeres. Vários aspectos podem aparecer, desde uma enunciação verdadeira, um mal-estar ou uma discordância".[93] Na relação entre enunciado e enunciação, revela-se a maneira pela qual se enlaçam os três registros: imaginário, simbólico e real. Esse enlace é o que liga sujeito, corpo e linguagem, e que Lacan chama alíngua (*lalangue*). Lalíngua marca a maneira pela qual o sujeito especifica sua relação com a linguagem, seu monólogo particular. Ela marca o modo específico de gozo do sujeito. Para saber quem é o sujeito dessa alíngua, é preciso dar conta de suas "fórmulas, axiomas, as insistências, as insinuações, as pontuações, as barragens, os silêncios, ambiguidades, incoerências".[94] Os espectadores, e mesmo alguns clínicos, tomavam os ditos de Landru como espirituosos, não procuram senão causas *standards* para a passagem ao ato. Não procuram a relação do sujeito com a verdade de seu ser, relação que pode estar na sua enunciação.

Quando da depressão de Landru, que foi qualificada pelo doutor Paul de grande crise de tédio, chegou-se a temer que ele se suicidasse. Pensou-se que ele queria subtrair-se ao olhar do outro. Diz o doutor Paul: "Para evitar os olhares, ele rebateu sobre

---

92   Biagi-Chai, 2007, p. 153.
93   *Idem.*
94   *Idem.*

Cap. III – Landru

suas sobrancelhas o casquete e esconde sua figura com seu famoso lenço vermelho. Do rosto, só se distinguem dois pontos móveis dos olhos, que, sob as pálpebras, vão e vêm medrosamente, como se diria..." Ele entra de cabeça baixa e olhos à espreita. Índice de vergonha ou culpabilidade? É a pergunta de Biagi--Chai. Ela diz que, certamente, não é vergonha nem culpabilidade, porque não é o olhar que se abaixa, mas o rosto que desaparece, e o olho que persiste. É o comentário da foto do *Le Matin*. Trata-se de um olho sem olhar. Em Gambais, foi encontrado um quadro da virgem com o menino, que pertenceu a Landru. Este atirara no rosto da Virgem e principalmente nos olhos. Biagi--Chai observa que o olhar do Outro poderia estar entre a devoção religiosa e o culto da mãe. Trata-se de um olhar morto. A questão é: destruiu ele o olhar que o olhava verdadeiramente? O que pode vir no lugar desse olhar que não adveio? Há, na psicose de Landru, algo que resiste à compreensão. Para compreendê-la, é preciso iniciar-se a uma nova língua. Iniciar-se a um novo imaginário, diz Lacan. Trata-se "de um imaginário sem imagens, onde real e simbólico estão diretamente conectados", mais precisamente equivalentes um ao outro, sem espaço".[95] Landru refere-se à sua função de patriarca na família. Biagi-Chai diz que a figura patriarcal a que se refere Landru não é o pai, mas sua caricatura. Quanto à questão de sua relação com a família, pode-se formular a pergunta: qual é o apelo do amor paterno? Não é o de um dom da palavra, mas uma conduta fabricada, em que ele tenta manter juntos os grandes princípios morais e a necessidade de prover com recursos a família. Essa necessidade situada como absoluta vai conduzir Landru fora do laço social. Duas posições que não estão amarradas entre si. A família produz esse postulado de fundo utilitarista, absoluto, de natureza totalitária. Fazer tudo para

---

95 Biagi-Chai, 2007, p. 171.

182 O crime à luz da psicanálise lacaniana

prover a família. O que é um imperativo nada kantiano. Era o que Lacan já observara como oposição fundamental ao falar de *M. Verdoux*, o filme de Chaplin.

Landru matou uma série de mulheres. Vamos examinar os traços particulares de suas vítimas, a partir de Biagi-Chai, Pierre Darmon, Sami Cohen e Gérard Jaeger.

3.2. LANDRU E SUAS VÍTIMAS

Há elementos invariantes nas mulheres que Landru escolheu para assassinar. Elas vão noivar com ele, anunciam a seu círculo social que conheceram um engenheiro rico e que vão se casar. Mas Landru, em todos os casos, não fornece os papéis. Mudam para uma casa de campo, algo que todas farão, seja para Verrouillet ou Gambais. Todas as noivas estão escritas em um carnê com tempo absolutamente preciso, com hora e minuto ao lado de seus nomes. Para todas, Landru arranja documentos, telegramas, estratagemas e arranjos para os vizinhos, parentes e porteiros para fazê-los acreditar que elas permanecem vivas.

Landru rouba, apropria-se do mobiliário, títulos, documentos de identidade, roupas, inclusive as roupas da casa, todos os bens e insígnias dos sujeitos que faz desaparecer.

No entanto, o desaparecimento de todas essas pessoas parece impossível, seja aos pais, amigos e vizinhos. Todos se lembram da história com Landru e não aceitam o desaparecimento.

Em todos os casos, Landru comprou duas passagens de ida para Gambais e só uma de volta. As testemunhas não deixavam dúvidas de que eram impossíveis estes desaparecimentos sem nenhum sinal, sem qualquer referência.

O processo revela a particularidade, a singularidade das mulheres desaparecidas e põe a nu também a fria lógica comercial de Landru. Era o que Biagi-Chai chama de "plasticidade psíquica de

Cap. III – Landru

Landru",[96] voltada apenas para seu aspecto estritamente utilitarista, que se "moldava" à expectativa que cada mulher mostrava. Inventava, falsificando nome e profissão, e sabia também deslizar "nos interstícios do desejo do outro".

Biagi-Chai rejeita, para Landru, o conceito de "personalidade múltipla", classificação americana substituída no DSM IV por "perturbação dissociativa da identidade".[97] Landru não tem personalidade ou tem todas. Se personalidade consiste em se moldar a tudo o que o leva a atingir seu objetivo, "ele é um transformista no domínio do mental".[98]

Landru fora apelidado de "Fregoli", famoso transformista e contorcionista italiano.

Para Lacan, há sujeitos para os quais a existência é "uma série de identificações puramente conformistas que lhe dão o sentimento do que é necessário fazer para ser um homem".[99] Sujeitos que se dedicam a imitar e copiar sem cessar, para fazer face ao furo forclusivo ou à ausência de cor que dá a falta de significação fálica.

Se Landru não tem medida própria, suas noivas encontram nele sua própria medida. Vamos ver, de forma um pouco condensada, os traços de cada uma, na sua relação particular com Landru.

3.2.1. Jeanne Jamast Cuchet

Landru conheceu Jeanne em março de 1914. Era uma jovem viúva de 39 anos, mas parecia ser mais jovem, com algum patrimônio financeiro, e Landru acabara de ser solto. Ele fora preso antes por sua atividade de escroque com móveis, e vai recomeçar

---

96 Biagi-Chai, 2007, p. 78.
97 DSM IV, 1996.
98 Biagi-Chai, 2007, p. 78.
99 Lacan, 1981, p. 231.

184   O crime à luz da psicanálise lacaniana

sua atividade de escroque no casamento. Mas não planejara ainda matar as vítimas.

Não se sabe bem onde ele encontrou Jeanne Cuchet. Teria sido no jardim do Luxembourg. É seu cunhado quem diz que ela procurava um parceiro para casar nos anúncios matrimoniais.

Segundo Landru, o filho André de Jeanne Cuchet teria passado na garagem da rua Malakoff para consertar sua bicicleta. Mostrara-se entusiasmado e tornara-se aprendiz de mecânica com Landru. Ele teria apresentado a mãe a Landru.

Jeanne Cuchet trabalhava em casa para uma loja de *lingerie*, dirigida pelo Sr. Folvary.[100] Este diz que "ela era muito ingênua e de uma extraordinária timidez".[101] Jovem, bonita e elegante, ela tem a intenção de casar-se de novo.

Eis que Landru, sob o nome de Émile Diard, se apresenta a ela, pretendendo seduzi-la com visitas, flores, e lhe oferece também um anel. Jeanne se apaixona por Landru. Jeanne vai mudar: ela se "torna sonhadora e concentrada",[102] diz Folvary. É o seu esquema de escroque que vai ser posto em ação.

Neste caso, Landru não pretende, de fato, isolar a família, não se preocupou inicialmente com o filho. Logo Jeanne Cuchet tornou público seu noivado para a família, para a irmã e o filho. Marcam, então, uma data para o casamento. Landru vai exigir que ela deixe seu trabalho e viva maritalmente com ele, em outro lugar. Ele abre, em julho de 1914, uma conta bancária, onde deposita as economias de Jeanne Cuchet, assim como o dinheiro de um pretenso sócio de quem furtou a bicicleta. Ele gasta todos os recursos de Jeanne e desaparece.

Sozinha, Jeanne abre a pasta pessoal de Émile Diard, onde encontra os papéis de Landru, onde estão um documento do ser-

---

100 Darmon, 1994, p. 177.
101 *Idem.*
102 *Idem.*

Cap. III – Landru

viço militar, uma caderneta de trabalho, uma carta de motorista, além da correspondência dos filhos. Ela fala de sua descoberta ao cunhado e à irmã. Ambos insistem para que se afaste desse estranho, dizendo: "ele foi embora, melhor". "Esse homem não representa nada de bom".[103] Circula mesmo o boato de que Landru é um espião da Alemanha.

Um mês depois, a 2 de agosto de 1914, explode a Primeira Guerra Mundial.

A questão é saber qual o impacto desse S_1, uma guerra mundial, a guerra sobre o sujeito Landru. Ele vai aparecer para Jeanne Cuchet em estado de urgência. A guerra imprimiu nova conformidade, impôs-lhe uma nova identificação. Landru vai conseguir convencer Jeanne Cuchet da razão de suas ausências e de seus documentos falsos. Chega a dizer a Jeanne que vai divorciar-se. Ele retorna à sua posição junto a ela, e consegue separá-la da família, da irmã e do cunhado, e também vai tentar fazê-lo de André, o filho de Jeanne.

Nesse ponto, vai seguir uma pista, um caminho que ele vai prosseguir com suas futuras noivas. Isolar as mulheres que seduz, uma a uma, de suas famílias e de seus amigos. Jeanne não vai responder às cartas que lhe são dirigidas. Mas, neste caso, Landru não vai conseguir afastar Jeanne de André. Este permanece muito tempo na casa de Vernouillet, que Landru alugou. O próprio André vai acabar abandonando o emprego e permanecendo na casa de campo. Esse lugar não é muito isolado e possui uma vizinhança próxima, diferente da outra casa que Landru vai alugar em Gambais, residência isolada.

A ideia de apossar-se dos bens móveis e imóveis de Jeanne Jamast Cuchet viria a Landru em paralelo com a economia de guerra, com o desaparecimento de Jeanne.

---

103 Biagi-Chai, 2007, p. 80.

A economia de guerra vai-se traduzir em Landru com o significante morte, associado ao objeto pequeno *a*, dinheiro, que vão entrar em ação de uma nova forma.

Landru não conseguirá separar André de sua mãe, e este vai ser o único homem que Landru vai assassinar. Neste caso, Landru não conseguiu também separar Jeanne de uma de suas amigas. Ela tem uma amiga da mesma idade, com um filho Maxime, amigo íntimo de André. Maxime vai ser mobilizado durante a guerra, e André lhe escreve que, se for incorporado, poderá encontrá-lo.

Jeanne escreve e remete cartões postais para a amiga, Madame Morin. Não foi vê-la antes de deixar Paris "por causa da rapidez com que nos decidimos: em três dias tudo se concluiu".[104] Ela acrescenta: "Penso logo ir a Paris. Não deixarei de ir vê-la".[105] Pretende manter o contato, ir visitá-la. Porém, a partir de 27 de janeiro de 1915, não há mais notícias. Jeanne Cuchet não mais escreve, nem cartões postais ou cartas. A última notícia de André Cuchet datava exatamente de 27 de janeiro. Tratava-se de "uma carta de felicitações a seu tio Germain, que obtivera no exército em guerra uma citação[106] "por ato de bravura". "Foi a última referência de que a mãe e o filho estavam vivos".[107] Quando André foi convocado para a guerra, não respondeu ao chamado de sua classe.

Silêncio brusco. Landru passa ao ato e comete seus primeiros assassinatos. Neste caso, um duplo assassínio.

Jeanne sabia que Landru era casado, possuía filhos, conhecia sua verdadeira identidade e suas atividades de escroque. Mas aceitara as desculpas de Landru. Ela vai-se isolar, então, da irmã e do cunhado, o Sr. Friedmann, agente de segurança no Sudeste

---

104 Darmon, 1994, p. 183.
105 Darmon, 1994, p. 184.
106 Darmon, 1994, p. 184.
107 *Idem.*

Cap. III – Landru

da Ásia, no Tonkin. Eles não vão recebê-los porque Landru vai conseguir afastar completamente Jeanne da família.

Depois do crime, os bens de Jeanne Cuchet vão passar para Landru através de papéis falsos que os grafólogos, no processo, identificam com a escrita de Landru, mas assinados com o nome de Jeanne Cuchet.

Landru vai tentar fazer verossímil o desaparecimento de Jeanne Cuchet. Vai encenar uma história, fabricar um drama que não convence nenhum dos próximos. A irmã e os amigos vão considerá-la inteiramente inverossímil, impossível, uma verdadeira tramoia. Francesca Biagi-Chai, com muita perspicácia, observa que se trata de um comportamento suspeito, incongruente, incoerente.

Landru vai visitar a vizinha de Jeanne, Madame Morin, para lhe dizer que ela partiu com o filho para a Inglaterra. Esta lhe diz que isto não é possível, porque Jeanne não sabe falar inglês e que André é por demais patriota para deixar seu país em plena guerra. Landru diz não saber o endereço de Jeanne e desaparece.

Quando o processo foi instaurado, Landru afirma não conhecê-la, assim como se recusa a responder a perguntas importantes, e desvia-se diante de uma prova. É o que Biagi-Chai chama "sua plasticidade estrutural, deslizando entre os discursos",[108] sem se ancorar em nenhum.

Quando, no tribunal, é interrogado pelo juiz de instrução, por que age dessa forma e sobre o que sabe sobre o desaparecimento de Jeanne Cuchet e de André, responde saber o que os levou a agir assim, sabe onde eles se encontram, mas que não foi autorizado a revelá-lo.

É uma resposta que não leva em conta encontrar-se em um tribunal penal, marcada, seja pela ingenuidade ou por um estra-

---

108 Biagi-Chai, 2007, p. 81.

nho tipo de ironia. Diz que se foram, levando apenas sacos de viagem, e que os acompanhou até o trem.

A consideração do tribunal e das testemunhas é de que isto não é digno de muito crédito, porque deixaram tudo, dinheiro, roupas, relógio, papéis de identidade, carteira de depósito bancário, que foram procurados em toda parte no mundo e na França, e que não há sinal de travessia de fronteira com passaporte etc. A posição de Landru agora é a do silêncio. Ele diz nada ter a responder, quando suas respostas podem levá-lo à guilhotina.

Diante das falsificações de sua contabilidade, ele diz; "eu não retruco, digo simplesmente que minhas lembranças não são precisas".[109]

Qual é a chave de seu sistema, desse método de fabulação mentiroso? Ele é organizado, "marcado por mentiras, reticências, solipsismos"[110] e por considerações genéricas e vagas. Não tem, na verdade, e nele se perde toda realidade.

Eis alguns exemplos:

"É possível que eu tenha fornecido a meu filho uma explicação de minha presença em Vernouillet".[111] Outra resposta de Landru: "Eu presumia ser perseguido pela polícia, fazia parte da ordem das coisas".[112] Em outra fala, diz ter comprado de uma de suas amantes o que elas queriam vender-lhe. Landru encontra-se prisioneiro de um método, de um sistema em que não há qualquer garantia de verdade, de verificação, de responsabilidade, um jogo de virtualidades, onde todos os enunciados se equivalem.

Ele diz, ainda, que "as testemunhas falam o que querem", e que Jeanne Cuchet "tinha toda liberdade de ação". À observação de que ela rompeu os laços com a família, depois de conhecê-lo,

---

109 Biagi-Chai, 2007, p. 82.
110 *Idem.*
111 *Idem.*
112 *Idem.*

Cap. III – Landru

diz: "eu me dei conta disso, mas não tenho nenhuma responsabilidade nisso. Jeanne Cuchet, como eu, estava enojada com a hipocrisia das pessoas".[113] E diz mais: "se se procurasse um culpado, evidentemente se acreditaria encontrar aí um índice de culpabilidade".[114]

Trata-se de um delírio de interpretação que dá ordem a seu mundo, nele "tudo é real porque é pré-interpretado",[115] segundo sua lógica delirante. Isso equivale a que tudo se situa no plano da virtualidade, tudo é virtual, porque não há nada que faça sentido, "não há ponto de basta para conectar o real e a realidade".[116] As interpretações vão deslizando nesse espaço do delírio, e nada as pode deter. Não há, assim, nenhuma garantia para os enunciados, nem verdade, nem ancoragem em qualquer saber.

Trata-se aqui do sentido da forclusão do Nome-do-Pai para Landru. Falta-lhe a significação do falo, não há ponto de basta, ou o significante do desejo.

Landru mantivera com Jeanne Cuchet uma relação de 11 meses.

3.2.2. Thérèse Turan Laborde-Line

Trata-se de uma argentina, que figura, aliás, no caderno de notações de Landru, com o nome de "Brasil". Ela nascera em Chascomus, em 1868, perto de Buenos Aires. Landru confundia a Argentina com o Brasil. Foi cedo para a França, onde se casou com o dono de um albergue, em Oloron, o senhor Laborde-Line, de quem teve um filho, Laurent.[117] O marido a abandonou, e fa-

---

113 *Idem.*
114 *Idem.*
115 *Idem.*
116 *Idem.*
117 Darmon, 1994, p. 186.

leceu em Bordeaux. Thérèse vai, então, dedicar-se à educação de seu filho.

Quando ela vai conhecer Landru, Thérèse é viúva, tem 46 anos, e vivia em Paris, na rua de Patay, com seu filho que trabalha nos correios. Quando este se casou, Thérèse se tornou insuportável para a esposa do filho. O jovem casal vai procurar outra residência, ainda que ajude um pouco a Thérèse. Nesse meio-tempo, explodiu a Primeira Grande Guerra.

Ela vai procurar um trabalho, ainda que receba recursos de seu filho. Coloca no jornal um anúncio procurando um lugar de dama de companhia ou um emprego de escritório.

Landru, respondendo ao anúncio, apresenta-se no seu endereço, no dia 27 de maio de 1915, apresentando-se com o nome de Durand. Ainda que o documento final da instrução criminal a descrevesse como "uma pequena mulher morena, já idosa, muito isolada em Paris e que não conhecia ninguém",[118] ela possuía alguns belos móveis, especialmente uma secretária estilo império, encontrada, mais tarde, na casa de campo de Landru, que será reconhecida pelo filho, pois tinha um segredo em uma gaveta, que só ele e a mãe conheciam. Ela tem, ainda, algumas poucas economias.

Nesse meio-tempo, Landru vive dos títulos que roubou de Jeanne Cuchet, e redige muitos anúncios procurando casamento. Em seis meses, vai encontrar quatro de suas próximas vítimas.

Thérèse Laborde-Line encontra-se só, seu filho pedira-lhe que deixasse Patay, e Landru a leva rapidamente para Vernouillet. Ela acreditava que encontrara um industrial, que possuía um automóvel e uma casa de campo. Foi o que dissera a síndica do edifício, Madame Tréhorel, onde morava, anunciando satisfeita que, noiva, iria viver com ele. Ao despedir-se, diz que vai escrever-lhe.

---

118 *Idem.*

Cap. III – Landru

Thérèse passa dois ou três dias no campo, e desaparece no dia 24 de junho de 1915.

Landru vai buscar os móveis da noiva, que ela deixara em um guarda-móveis.

Ele não conseguiu ficar com os móveis, por causa de um pequeno incidente, uma falha no seu sistema que colocou em xeque sua operação e o fez deparar-se com a justiça e a polícia. Landru deixou de pagar a passagem de trem, viajou sem tíquete, no dia 26 de julho, e foi interpelado por isso. Ele se apresentara com o nome de Cuchet, morando no número 47, em Vernouillet. Ele não compareceu à audiência, e foi condenado *in absentia* a pagar 25 francos de multa. A polícia dirigiu-se então à Vila The Lodge, de Landru, e a encontrou fechada. Os vizinhos lembraram que os móveis da proprietária haviam sido levados pelo transportador Criton. Este informou que os móveis haviam sido deslocados para uma garagem em Neuilly. Um comissário da polícia interrogou a proprietária da garagem, a senhora Szisz, que proibiu o locatário de tocar nos móveis antes de ver o comissário. Darmon nos informa que Landru foi buscar os móveis com seu filho Maurice, e, quando soube da convocação da polícia, Landru "empalideceu, voltou para o carro e desapareceu".[119] Até 1919, ninguém fora buscar os móveis.

Landru aproveitou-se rapidamente do isolamento familiar de Thérèse, de forma diversa do que ocorrera com Jeanne Cuchet. O noivado e o drama deles duraram apenas um mês.

3.2.3. Marie-Angélique Pelletier Guillin

Marie era uma viúva com a qual Landru entrou em contato a partir de 15 de julho de 1915. Ele se fizera passar por um senhor

---

119 Darmon, 1994, p. 198.

Cuchet, rico industrial, originário de Lille.[120] Pelos seus bons serviços na guerra, iria ser nomeado cônsul na Austrália. Ela nascera em Bellarvilliers (Orne), em 1863. Casara-se com um jornaleiro, Guillin, de sua cidade, em 1880. Tivera dois filhos, Angèle e Adrien, desse casamento. Seu marido faleceu em 1886, e ela se dedicou, até 1894, à educação de seus filhos. Em 1912, ela perdeu seu filho em um acidente de trabalho. Angèle casara-se com um Coquet, e morava na província.

Landru colocou no *Le Journal* um anúncio no setor "casamentos" que dizia: "Senhor, 45 anos, só, sem família, situação: 4000 f, deseja esposa com situação semelhante".

Marie Guillin vai responder quase imediatamente, pois sua idade e situação parecem semelhantes à proposta de Landru. No seu caderno, Landru a designa com o nome da rua em que habita: Crozatier, assim como o fizera para o suposto país de origem de Thérèse.

Morando sozinha em Paris, com a filha no interior, dispondo de patrimônio, ela vai interessar a Landru.

Marie cuida de sua aparência, suas aspirações vão além de seu nível social, é vaidosa. Fica muito animada, e se diz feliz com a promessa de casamento, e conta aos amigos pequenos detalhes de sua convivência com Landru.

Um acontecimento singular que lembra a estória de Barba-Azul: Marie Guillin olhou pelo buraco da fechadura do quarto que Landru mantinha fechado e viu inúmeras roupas e sapatos de mulheres. Landru a apelidou, então, de pequena marota (*petite friponne*). À pergunta espantada de Marie, ele responde que todos os objetos guardados "pertenciam à mãe, por quem ele tinha amor". Marie Guillin acata as suas explicações e anuncia à sua filha que vai se casar, e parte por alguns dias para Vernouillet. Partiram em viagens de núpcias por volta do fim do mês de julho.

---

120 Darmon, 1994, p. 196.

Por volta dos dias 3 e 4 de agosto, Angèle recebia uma carta da mãe com uma nota de Landru, que ele tinha pressa de conhecê-la.

Depois de 31 de agosto, não se ouve mais falar de Marie. Todos pensavam que se encontrava na Austrália. Na sua agenda, Landru consigna a lista das joias de Marie Guillin. Os móveis de Marie vão levados pelo senhor Criton, de uma transportadora, no dia 4 de agosto, da villa "The Lodge", em Vernouillet.[121] Como o administrador do imóvel se espanta que a proprietária não esteja presente, Landru diz que ele agiu assim, sozinho, para não fatigar a mulher. Com o dinheiro da noiva assassinada, Landru fornece algum para os gastos da sua mulher e dos filhos.

Com papéis falsos, consegue transmitir para si bens e títulos de Marie Guillin. Landru vai-se apropriar de tudo, títulos, dinheiro, joias, tecidos, bolsas, pastas, roupas, lençóis, toalhas e mesmo um postiço que Marie usava no cabelo.

O caso Guillin vai durar um mês e meio para Landru.

3.2.4. Berthe Anne Héon

O lugar de nascimento é um elemento que Landru utiliza para nomear, no caderno, suas noivas e vítimas. Assim, Berthe Héon vai ser registrada como Havre, assim como Thérèse Labor-de-Line como "Brasil".

Landru encontrou Berthe em 28 de agosto de 1915. Ela nascera no Havre, em 1860, e se casara com o Sr. Héon, proprietário do café *Au zouave*.[122] Em seis anos, perdeu o marido, um amante, o Sr. Godoin, seus filhos naturais, um rapaz, Emmanuel e duas moças, Mathilde e Marcelle, além do marido das duas.[123] Ela não tem fortuna, apenas móveis e algumas economias, e deseja muito casar-se.

---

121 Darmon, 1994, p. 192.
122 Darmon, 1994, p. 195.
123 Darmon, 1994, p. 196.

Landru escreve para ela com o nome e título de engenheiro Petit, cujo projeto é encontrar uma mulher que vá viver com ele na Tunísia. Landru coloca essa condição, para verificar se os laços familiares são bem frágeis. A algumas pessoas, vai dizer que pretendia ir para o Brasil ou para a Argélia.

Berthe Héon tinha "cinquenta e quatro anos, mas não parecia ter mais de cinquenta. Era viva e alerta. Era bastante forte e coquete, sempre bem-cuidada, e não gostava de falar de sua idade",[124] diz o relatório final da instrução criminal.

Berthe Héon não tem mais ninguém no mundo, e contava apenas com uma pequena cachorrinha à qual era muito ligada. Landru a ajudara a vender seus móveis e os de sua filha.

Landru e Berthe decidem partir. Ela coloca numa pensão sua cadelinha, de que gosta muitíssimo. Quando visita uma amiga, para se despedir, pede-lhe que cuide da sepultura dos seus, porque vai passar três anos no exterior. Landru espanta a ela e à amiga, dizendo-lhes que não se vive com os mortos. Esquecera, no entanto, esta declaração.

Landru vai deixar Vernouillet, para se instalar em Gambais, um lugar "profissional".[125] Será Berthe Héon a primeira a desaparecer ali.[126] Será em dezembro de 1915 que Landru comete o seu primeiro assassinato ali. Ela estava viva até o dia 8, porque Landru anotara despesas com ela, nesse dia. Pouco tempo depois, Marcelle Daloin, empregada de uma amiga de Berthe, M. Chouillet, recebia um cartão-postal vindo de Noisy-le-Sec. Dizia: "*Bonnes amitiés*" (boas amizades). Os grafólogos estabeleceram que se tratava da assinatura de Landru. Nos seus carnês, vai aparecer pela primeira vez a notação da diferença do valor dos dois tíquetes de viagem de ida, 3,85F e de um da volta, 2,40F.

---

124 *Idem.*
125 *Idem.*
126 Darmon, 1994, p. 198.

Cap. III – Landru

Ninguém irá buscar a cadelinha, e os papéis de Berhe vão ser encontrados na garagem da rua Maurice, em Clichy, além de um livro que pertencera a seu genro, oficial de marinha falecido. Esse caso vai durar um pouco mais do que os de Jeanne e de Thérèse: cerca de quatro meses.

3.2.5. Anne Collomb

Anne respondeu ao anúncio de Landru no *Le Journal*, em 1º de maio de 1915:

> Senhor, resolvi responder ao seu anúncio deste dia, tenho 29 anos. Sou viúva, sem filhos, e, por assim dizer, sem família. Ganho duzentos francos por mês, em um escritório, e, sendo econômica e bastante correta, consegui fazer algumas economias, que, com o pouco que tinha quando meu marido morreu (sic), elevam-se a oito mil francos".[127]

Anne Collomb mentira a Landru: tem 44 anos, e não 29. E possui pai, mãe, irmão e irmã, quando disse não ter família.

Landru vai encontrá-la em 9 de maio de 1915. Ele não vai recuar, mesmo com as mentiras, e vai levar algum tempo para afastar Anne Collomb de seus parentes. O que vai prolongar sua vida, se comparado à rapidez com que Landru comete o assassinato de Thérèse e de Jeanne.

Landru vai exigir que seu noivado permaneça secreto e que Anne nada diga sobre ele a ninguém. Ela vai-lhe dar dinheiro, regularmente, que Landru fornece à mulher, aos filhos, assim como quita dívidas.

Depois de um ano, Anne confidencia à irmã sobre sua situação, e ambos vão estar com ela por ocasião do Natal. Mas Landru

---

127 Biagi-Chai, 2007, p. 85.

se recusa terminantemente a encontrar os futuros sogros. Anne vai visitar os pais e promete que vão passar o fim do ano juntos.

Landru e Anne marcam uma data para o casamento; ela deixa seu apartamento, anuncia que vai deixar o emprego e que vai viver com o marido.

A família de Anne julga Landru bizarro, estranho, fugidio, e mesmo inquietante.

Landru e Anne Collomb vão, então, para Gambais, em 26 de dezembro, com dois bilhetes de ida e apenas um para a volta. No dia 27, pelas notas do caderno, sabemos que Landru já se encontra em Paris. Os bens de Anne Collomb vão rapidamente passar para Landru. Ele os registra rigorosamente no seu caderno de contabilidade.

A família espera por Anne, e pensa que ela deve estar dominada pela paixão. A irmã diz que ela se encontra inteiramente dominada pelo noivo, obedecendo a Landru de forma cega.

A família manda fazer uma busca particular, mas não chega a nenhum resultado positivo. Landru pretende fazer crer que ela se encontra viva. Manda o filho pagar uma dívida que ela contraíra meses antes, com um comerciante, e Maurice, o filho, deixa este recado: "ela está com um *monsieur* e se diverte loucamente". Landru manda flores – rosas, lilases, mimosas – para a família de Anne Collomb, com um cartão de visita desta e um endereço truncado. Na garagem de Landru, foram encontrados todos os bens de Anne Collomb.

Os laços com a família e os amigos prolongaram a ligação com Anne. Ela vai sobreviver um pouco mais. A ligação com Anne vai durar 20 meses.

3.2.6. Andrée Babelay

O caso de Andrée Babelay escapa ao modelo comum das vítimas de Landru. Ela é a sexta da lista, não é viúva, não dis-

Cap. III – Landru

pōe de recursos e nem foi contatada por anúncios. Andrée é uma jovem de 19 anos, que trabalha como babá de crianças e como cartomante.

Landru a encontra em 10 de março de 1917, no metrô, onde ela estava quase chorando. Estava em conflito com a mãe e sozinha na cidade e na vida.

Um outro caso pode ser colocado ao lado de Andrée Babelay, o da amante de Landru, Fernande Segret, que ele encontrou também de forma fortuita. O comissário Bellin, que prendeu Landru, estabeleceu desde cedo esta conexão: "Landru teria amado essa morena picante, como, mais tarde, amou outra amante, Fernande Segret, com a qual vivia quando eu a detive?".[128]

Andrée, quando conheceu Landru, levava uma vida errante, em conflito com sua mãe. Mudara há pouco tempo de trabalho e se instalara junto a uma nova patroa. Parece desdenhosa e um pouco arrogante, traço que compartilha com Landru. Esse aspecto é descrito por seus colegas da escola.

Com efeito, Andrée apresenta-se, diz Sami Cohen, na sua biografia de Landru, com "sua atitude e seu modo de ser, com maneiras audaciosas, tinha o olhar insolente, a aparência excêntrica, dissimulando por seus adornos exagerados sua verdadeira situação social, sempre pronta a acolher a brincadeira de um passante, trocando ditos jocosos".[129]

Andrée não hesita em fazer pequenos furtos contra sua mãe, de sua irmã, ou de pessoas com quem convive, sem nada lhes pedir. Sua irmã, um dia, encontrou com Andrée um pequeno carnê de couro negro que era seu. Ela diz que Andrée nunca lhe pediu o carnê, como presente, simplesmente apropriou-se dele. Dizem que seu humor é variável, que ela é versátil, indisciplinada, fabuladora, mudou muitas vezes de local e de ofício. Por fim, as

---

128 Belin, 1950, p. 115.
129 Cohen, 1975, p. 145.

estadias vão-se tornar tão curtas que vai ser impossível enumerá--las todas. É Andrée que sempre se vai, dizendo que "não quer continuar". Porque já está cansada, porque não é um emprego suficientemente bom para ela. Sente-se mal em sua situação presente. O dossiê do processo diz que está "perdida em um mundo fantasioso, mitômana e, talvez, um pouco esquizofrênica".[130]

O texto do relatório do processo traça um retrato de Andrée:

> (...) sua atitude autorizava iniciativas ousadas. Bem morena, de altura média, os olhos negros e vivos mergulhados nas órbitas, seu olhar como seus modos provocavam o passante. Sua aparência era excêntrica, ela gostava de aparecer, usando a fala livre da rua, diz sua patroa, e ninguém duvidaria de sua verdadeira situação".[131]

É possível que Landru tenha visto em Andrée alguém como ele, no plano imaginário, "isolado de tudo". Vai ser como ele se define para Fernande Segret, a amante em cuja casa vai ser preso, na rua Rochecheouart.

Andrée, diferente das outras noivas, vítimas de Landru, não possui qualquer recurso, mas tem traços comuns com Landru, em que ele pode mirar-se. Andrée escreve à sua mãe: "creio que minha patroa vai partir por quinze dias para o campo, que coisa, que pessoa chata" (*quelle crampon*).[132] Em uma caderneta, Landru utiliza o termo "*crampon*" com o sentido de "mulheres velhas". Nesse ponto, não se trata de forma alguma de seu culto à mulher. Não sabemos quem utilizou primeiro o termo, se Andrée, se Landru. Mas aqui aparece que ambos partilham da desqualificação, do desprezo pelo outro.

---

130 Susini, 2007, p. 88.
131 Darmon, 1994, p. 204.
132 Biagi-Chai, 2007, p. 88.

Landru espera das mulheres que o acompanham na vida uma posição de força. Isso ele encontra não em Andrée Babelay, mas em Fernande Segret. Landru foi protegido pela mãe, é sua mulher, Marie-Cathérine, quem, de fato, sustenta os filhos.

Em Andrée Babelay, as provocações, as aspirações à distinção social eram apenas uma máscara. O que de fato caracteriza Andrée é instabilidade, imaturidade, infantilismo.

Ela vai aparecer como um duplo de Landru, sem o caráter forte de Fernande Segret, sua futura amante. Inconsistente como Landru, Biagi-Chai nos diz que ela vai aparecer como desnecessária para Landru, sem qualquer perspectiva para ele. Landru vai seguir a mesma lógica utilitarista que o caracteriza.

No processo, algumas hipóteses foram feitas sobre a atitude de Landru com Andrée. Em primeiro lugar, que ele se teria enganado quanto à pessoa. Ele acreditava que Andrée, bastante elegante, tivesse recursos. Outra hipótese era a indiscrição de Andrée. Diz Landru: "ela teve a indiscrição de abrir o cofre onde eu colocava os papéis das outras pessoas que os tinham confiado a mim".[133] O que dera a Andrée a ideia de lhe confiar os seus. Landru responde assim à pergunta por que os papéis de Andrée foram encontrados com ele. Para Biagi-Chai, trata-se de uma ironia feroz. O que diz Landru é que foi a ele que adveio a ideia de matar e ficar com os papéis. A ideia que ele imputa ao outro veio-lhe em um instante, "em um impulso ao ato pouco elaborado".[134] Para Landru, a ideia não é propriamente uma ideia, mas algo que corta, impede o pensamento.

Andrée vai desaparecer em 12 de abril de 1917, apenas um mês depois de encontrar Landru.

---

133 *Idem.*
134 Biagi-Chai, 2007, p. 89.

3.2.7. Célestine Lavie Buisson

A seu texto no jornal, a resposta de Célestine Buisson chegou a Landru em maio de 1915, mesma época em que recebeu as respostas de outra vítimas, M. Guillet e de M. Collomb.

Ela escreveu a Landru, falando de suas rendas: "sou viúva, tenho 12 mil francos, tenho 40 anos, tenho um filho no *front*, portanto, estou sozinha e queria refazer minha situação." Diz, pouco depois, preferir a companhia de Landru à do filho: "Preferiria estar só com você, cuidar de você e te amar sempre, eu o amo de fato, mas você o ultrapassa".

Nas suas anotações, Landru escreve: "Tem um filho de 19 anos, casou-se com um hoteleiro, era uma mulher 'pau para toda obra', sem fundos, levou o 'pé de meia' e os móveis, com a morte do velho, ciúmes de família".[135]

São considerações grosseiras e cruas que não dão lugar algum à civilidade e que fazem aparecer o que Biagi-Chai chama de inversão quase instantânea do humor.[136] Haveria, assim, dois significantes opostos, o que seria bom e ruim para ele, corresponderiam a duas personalidades opostas, disjuntas sem relação entre si. Elas vão emergir, ora numa relação com o que perturba, irrita ou não convém, e isso produz uma reação violenta de Landru. Do outro lado, há uma relação com o que sustenta, nutre, acalma, e Landru manifesta a "afetação dengosa".

Trata-se de uma relação forclusiva com ele próprio, nesse desdobramento diverso das personalidades múltiplas. O sujeito não é capaz de se apreender, pensar-se ou ver-se. Trata-se de um sujeito incapaz de reflexividade. Seus estados correspondem, ponto por ponto, à satisfação e à insatisfação. Landru se dedica inteiramente a seu ativismo, e seria incapaz de um encontro com o outro.

---

135 *Idem.*
136 *Idem.*

Landru vai-se dedicar intensamente a Célestine Buisson. Segundo o que dizem, ela foi inteiramente subjugada por ele, e se dedica inteiramente a ele.

Durante seis meses, Landru desaparece, dizendo, depois, a Célestine que teve de tratar de negócios na Tunísia, voltando para sua "noiva". Nesse meio-tempo, desapareceram três mulheres. Célestine Buisson vai cuidar da vida financeira de Landru, que fornece recursos à sua mulher e filhos, em 1916 e 1917.

Entre os próximos de Célestine, há apenas duas irmãs e seu filho, que se encontra no interior da França. Landru vai intervir na vida dessas pessoas. Ela vai cuidar de uma delas, M. Paullet, que morrerá, doente, em um hospital. A outra irmã, Madame Lacoste, no entanto, desconfia de Landru. Célestine pede à sua irmã, induzida por Landru, que receba em sua casa seu filho que voltou a Paris, para ficar só com Landru. Madame Lacoste vai recusar receber seu sobrinho. Gaston, poucos dias depois, parte para os Basses-Pyrinnées. Ela também não aceita que a irmã mantenha Landru. Inquieta-se bastante com o modo pelo qual Landru entra nas questões de família.

Em julho de 1917, Landru não tem mais recursos, e Célestine dispõe de poucos. Ele parte com ela para Gambais, levando dois bilhetes de ida e um de volta. Para limitar as suspeitas da irmã de Célestine Buisson, ele fica algum tempo em Gambais com Célestine, fotografa-a de bicicleta, mandando a foto para sua irmã, além de escrever alguns cartões postais. Célestine é assassinada no dia 1º de setembro de 1917. No dia anterior, Landru possuía apenas 88 francos. No dia posterior, ele atinge a soma de 1.820 francos. Landru vai, então, pagar suas dívidas, fornece dinheiro à mulher e ao filho, vende os móveis de Célestine, e, com a falsificação da assinatura, apropria-se de todos os seus móveis e bens. Landru tudo registra em seus cadernos. Sua amante o manteve durante dois anos, tendo dito Landru ser difícil substituí-la, de tal forma ela era exemplar.

Em 29 de setembro, Landru se apresenta no 113, Boulevard Ney, com um documento falso, feito por ele, como vão estabelecer os grafólogos, em que Célestine diz que "deixara o apartamento e estava mantendo uma cantina para os americanos, na província". Nas suas notas, ele escreveu: folha caída, 060.

Landru falsificou mesmo uma carta para ele, que mostrou à responsável pela portaria:

> Não poderei ter nem mais um dia para te ajudar, querido. É você quem terá todo o mal dessa trabalheira. Ficaremos um pouco tranquilos quando tivermos acabado... Para a roupa de cama, faremos com que venha em sacos... Para os móveis, tudo o que você quiser está bem e nos desembaraçará. Retorne rápido para mim, o trabalho se acumula.

E assina: C. Buisson.

Landru, o falsário, acrescenta um pequeno texto enigmático, que merece ser interpretado: "Chegaram os dois vagões de aço, e o Diretor espera imperativamente o carvão". Frase estranha e solta, em que há apenas o diretor que espera o carvão. Frase que chama a atenção. Landru escreve o Diretor com letra maiúscula, que pode referir-se a ele, com o carvão que ele utiliza para queimar suas vítimas.

Para Biagi-Chai, é como que a transparência do sujeito que se manifesta contra a corrente, como alguém que pretende agredir o outro. É algo como a mudança de Guillin para Guillet. Guillet, que é um conhecido engenheiro, tendo ele riscado no caderno o *i* de Guillin, substituindo-o por Guillet.

A frase sobre o carvão é um enunciado fixo, como que um axioma, fora de contexto e fora do discurso, como uma verdade fundamental.

Embora Landru tenha procurado insistentemente Madame Lacoste, com manobras bem-sucedidas para afastá-la da irmã, o

Cap. III – Landru

filho de Célestine reclamará por sua mãe. Esse será o ponto de partida das buscas que vão levar à prisão de Landru.

3.2.8. Anne Marie Pascal

Foi em 1916 que Landru encontrou Anne Pascal, divorciada, vinda de Toulon, no sul da França, amável, de hábitos "frívolos". Era conhecida como a "bela arlesiana". Conhecida por sua beleza, não tinha todos os dentes, e usava uma peruca, que foi encontrada com Landru.

A imagem que vai traçar o juiz será bem menos simpática, bem agressiva, aliás: "Infelizmente, era uma mulher fácil, doente, talvez, histérica, chegaram a dizer algumas testemunhas; não recebera nem princípios e nem instrução; sem direção na vida, estava destinada a cometer as maiores loucuras e não deixou de fazê-lo".[137]

Anne não era inibida pela religião, e logo se tornará amante de Landru, sem a resistência de Léopoldine. É o que se verifica pela carta de 4 de outubro, que ela dirige a Landru:

> Todos os meus desejos que você demandou tanto ditá-los para você não poderei mais formulá-los para você, agora que o ato foi realizado, porque perdi sua estima e o grande respeito que você me endereçava cada dia. Não me considero a seus olhos senão como uma amante vulgar, tanto pior para mim, tenho apenas que sofrer o jugo, e não creio mais ter o direito de amá-lo como tal.[138]

No ateliê de Anne, falava-se de seu próximo casamento com um elegante senhor chamado "senhor-mistério", de que pouco se

---

137 Biagi-Chai, 2007, p. 220.
138 Biagi-Chai, 2007, p. 221.

sabe. Ele se apresentara a ela como Lucien Forest de Barzieux, industrial que se refugiara dos territórios ocupados. Anne foi uma mulher amorosa e apaixonada, mas Landru não estabeleceu um laço forte com ela. Landru a vê pouco, mas sua correspondência é inflamada. O interesse amoroso de Landru é diretamente proporcional ao seu interesse financeiro. Landru ocupou-se mais de outros casos que lhe renderam mais.

Ela vai desaparecer no dia 5 de abril, e Landru marca a hora de seu assassinato: 5:15. No carnê de notas, ele registra de forma habitual; dois bilhetes de ida e um de volta. No dia seguinte, Landru vende os móveis e coisas de Anne e escreve: recebido saldo da conta, espécies Pascal: 885 francos, dinheiro que ela tinha consigo ao ser assassinada.

Landru vai remeter um conjunto de cartas falsas para a família de Anne Pascal, em Toulon.

Anne descrevera para uma amiga uma experiência estranha que tivera com Landru. Ele lhe pediu que sentasse em uma cadeira, soltasse os cabelos e o olhasse fixamente, até que ela perdeu o sentido do que acontecia. Surgiu desse acontecimento a hipótese de que Landru hipnotizava suas vítimas, o que nunca pôde ser comprovado. Anne Pascal estava apaixonada por Landru, e fazia o que ele lhe pedia, sem que fosse necessário recorrer à hipnose. Na correspondência, ela lhe pede que ele venha ficar próximo a ela, sem se afastar.

Como explicar essa atitude de Landru? Pretendia ele estudar as mulheres, ou, como afirma Samy Cohen, acalmar o "temperamento excessivo, a paixão doentia e sempre insatisfeita" das suas vítimas.[139]

---

139 Cohen, 1975, p. 130.

Cap. III – Landru

3.2.9. Marie Thérèse Marchadier

Landru, em dezembro, estava cheio de dívidas e tentava conquistar a senhora Falque, que resistia e não ia ceder às suas investidas. Pediu 103 francos emprestados a ela, entre os dias 1º e 13. Madame Falque lhe emprestou 900 francos, com papéis a serem pagos em 1919, e um outro, no fim de março.

Landru gastou tudo em uma semana. O novo crime vai ser cometido em três semanas.

Landru só sabia simular o noivo profissional – ele vai, então, atrás de uma presa fácil.

"Era uma prostituta sem família, sem relações, sem amigos, uma dessas infelizes que nenhum afeto envolve e que podem desaparecer sem despertar a solicitude angustiada de um ser querido",[140] diz o requisitório geral da instrução criminal.

Marie Thérèse aspirava a uma vida honesta e ao casamento. Conseguira economizar 8.000 francos.

Ela alugou locais de moradia na rue Saint-Jacques, sublocou-os e investiu na compra de imóveis. Mas os negócios não foram bem, e ela os pôs à venda.

Landru não conheceu Marie Thérèse através de anúncios. É o que diz o juiz Bonin. "Foi o Sr. Moret, empregado do comércio, com o qual Landru se relacionava, desde abril de 1918, que o colocou em relação com Mlle. Marchadier, e que, por diversas vezes, se intrometera para entabular projetos matrimoniais e tratar de diversas questões".[141]

Esse caso é, para Biagi-Chai, "um enigma no enigma", porque o dossiê da instrução criminal e vários livros consagrados a Landru revelam que ele abandona o uso de pequenos anúncios para seduzir mulheres. O primeiro assassinato coincide com o

---

140 Darmon, 1994, p. 227.
141 Biagi-Chai, 2007, p. 94.

início da guerra. Com o término da guerra, ele iria terminar os assassinatos. Ele se voltaria a outros projetos? Marie Thérèse Marchadier é assassinada em 13 de janeiro de 1919, o que constitui uma negação dessa hipótese. E, mais ainda, o tempo da relação e o do assassinato é o mais curto de todos. Esse tempo constitui para Biagi-Chai "uma épura do real".[142] Esse caso vai durar menos que um mês, como escrevemos. Há uma pausa nas buscas e uma aceleração no tempo da passagem ao ato.

Qual a lógica desse crime, dessa passagem ao ato?

Esse encontro tem caráter bem particular, e deve ser posto em paralelo com o encontro com M. Falque, que vai revelar a posição fora-do-discurso de Landru.

Nesse caso, como em outros, desconhecemos como Landru matou as vítimas. Numa carta ao procurador da República, por alguém que não se identificou com o sobrenome, apenas se assinou Alberte, disse que fora levada a Gambais, por Landru, e que descobrira, "sob o travesseiro da cama, uma cordinha disposta em laço".[143]

Landru teria, várias vezes, tateado o pescoço, rindo e dizendo: "quando penso que bastaria apertar um pouco forte para te mandar para o outro mundo, quão pouca coisa é uma vida humana![144]

O estilo de Landru não parece diferente dessa fala. A autora desse depoimento não deseja ser identificada, por ser casada, e seu marido, um homem honrado. Muitas cartas foram recebidas pela instrução, mas essa chamou particularmente a atenção dos que conduziram a investigação. Em Gambais, foram encontrados pedaços de fio encerados utilizados por coureiros para costurar um couro espesso. E há que não esquecer

---

142 *Idem.*
143 Biagi-Chai, 2007, p. 95.
144 Cohen, 1975, p. 114.

Cap. III – Landru

que Landru reconhecera que havia estrangulado os cãezinhos de Marie Thérèse Marchadier, dizendo ser esta "a mais doce e humana das mortes".[145] Há também que lembrar que Landru, ao ser preso pela primeira vez, estava fazendo um nó em forma de corrente, um nó que corre numa corda a fim de se enforcar, quando foi surpreendido por um guarda. E seu pai se enforcou anonimamente no Bois de Boulogne.

---

145 *Le journal*, 20 de novembro de 1921.

CAPÍTULO IV

Ulrich – A escrita e o gozo no crime paranoico ou o crime na embaixada

Sabemos, a partir de Freud, que a investigação analítica da paranoia apresenta dificuldades, que são superadas pelos escritos dos paranoicos, onde estes "revelam (de forma distorcida, é verdade) exatamente aquelas coisas que outros neuróticos mantêm escondidas como um segredo".[1] A experiência analítica permitiu, aqui, uma elaboração do drama desse sujeito, embora não o tenha libertado de seu delírio de perseguição. Produziu um período extenso de pacificação, em que ele pôde escrever e reduzir consideravelmente a agressividade nas relações com a família e nas suas relações amorosas. Não permitiu uma elaboração que evitasse certos traços perversos, sádicos, de sua posição: "eu acredito que houvesse um tanto de sado-masoquismo na minha atitude provocadora: eu o provocava muito, eu o irritava. Por outro lado, eu procurava a absolvição, dando coisas a ele".

O romance que escreveu pode ser cotejado com os elementos ditos durante a análise. Por isso, recorri amplamente a seus textos que circunscrevem alguns aspectos essenciais de seu drama. Esse paciente preocupava-se intensamente com a ideia de redenção, amplificada, para ele, com a leitura de Dostoievski, depois da tentativa de homicídio do chefe, o embaixador num

---

1   Freud, 1911/1991, p. 6.

país estrangeiro em que trabalhara. Ele fora submetido a exame psiquiátrico, constataram tratar-se de um caso de paranoia e, depois de um processo, fora afastado do trabalho, quando tinha um pouco menos de 50 anos. Disse que, "a partir de uma certa idade, fui ficando mais emotivo e mais nervoso". Escreveu um romance, *O crime na embaixada*. Utilizou a escrita para dar conta de sua história. Como narrador, Ulrich diz fazê-lo "em tom ligeiro e de maneira pouco eficiente". "(...) mas sei que estou contando uma história tenebrosa. Foi a tragédia que atingiu a vida de um homem". Referindo-se a si próprio, como possível leitor do texto que ele próprio escreveu, diz: Ele sofrerá menos, se vier a ler este livro. Mas sofreu bastante. O que o perdeu – e o leitor poderá julgar melhor do que eu, foi, no meu entender, aquilo que os gregos chamavam de "*hubris*", ou seja, até certo ponto, uma exagerada pretensão à pureza. Ora, nenhum homem é puro. É verdade que atuou sua paixão, talvez a maior que teve na sua vida pelo jovem Orlando, e essa paixão já lhe desequilibrava o espírito, que, aliás, seja dito, nunca brilhou pelo equilíbrio. Ulrich é, como sujeito, o narrador, o próprio sujeito que escreve. Seus traços particulares aparecem, no entanto, em outras figuras: na fala do padre De la Roca, em Bernardo, e nas experiências de outros personagens.

4.1. DELÍRIO, VOZES E CRIAÇÃO

Ao enviar os originais a uma casa editora, recebeu resposta negativa de conhecido editor carioca. "Seu romance... foi considerado bom, bem-escrito, mas para um público muito reduzido. Não que essa restrição seja um defeito, pois o povo não lera grandes escritores..." O texto, ele o termina em 1989. Apresentou-o à editora em 1991, no segundo semestre. Em 1992, a psicose, relativamente estabilizada com a escrita, traduções, desencadeou-se

Cap. IV – Ulrich

novamente, tendo ele procurado uma clínica, onde se internou por pequeno tempo.

4.2. A PASSAGEM AO ATO E O INÍCIO DA ANÁLISE

Ulrich tornou-se meu paciente no começo de 1993, depois de uma tentativa de suicídio frustrada, em que tentara fazer "*harakiri*". Disse-me que, na véspera da "tentativa de suicídio, eu achei que estava sendo enganado por todo mundo. Passei muito tempo procurando um revólver, senão eu teria acabado com a vida." "Tive muito a sensação de que era perseguido". "Estive tentando comprar uma arma. Eu era mal compreendido. O bar aonde me dirigi era de gente mais ou menos metida nessas coisas. Eles interpretavam essas coisas como se fosse para matar o rapaz. Tentei o suicídio, com pílulas, em vez do "*harakiri*", muito mais complicado. A empregada abriu a porta: "Eu mato, eu mato, eu dizia".

Eu o encontrei na sala de atendimento de um hospital público, onde ria intensamente. Dizia a mim e a seu ex-colega de trabalho – outro diplomata –, a quem eu acompanhara ao hospital, que o método japonês era por demais doloroso.

Entregara ao amigo uma carta na qual escrevera: "Há uma conspiração contra mim, por isso, vou-me suicidar". O amigo tomara-lhe a carta da mão, a ele endereçada, seguindo-se, pouco depois, a tentativa de passagem ao ato. A "conspiração" tomara forma, porque telefonava insistentemente para o colega Francisco e o companheiro deste, Diogo, a quem se mostrava irritado com seus telefonemas; ele desligava e voltava a telefonar seguidas vezes, sem se identificar. Uma vez, ao repetir o ato, disseram-lhe: "é você, Ulrich! É você quem sempre está telefonando". Pare de incomodar", e repetia que não fora ele. Pouco depois, foi visitar o amigo, com a carta onde anunciava a conspiração e o projeto de suicídio. "Eu estava num estado outro". Uma ideia lhe vinha constantemente à cabeça: "sou Simão, o mago". Simão, o mago que vendia coisas sagradas. Procurou um psiquiatra, tendo uma entrevista apenas com ele. Pouco depois, deu-se a tentativa de suicídio.

A dimensão da rivalidade imaginária se dá com Diogo, que, efetivamente, o rejeita e que impede sua comunicação com Francisco, amigo atual, ex-companheiro muito ponderado, com quem não podia comunicar-se. Ela se manifesta também com Cláudio, seu namorado atual, pelo qual se acha enganado, e que ele refere rapidamente, quando fala que, no bar por onde andava, procurava um revólver, e que, nesse caso, pensavam que seria usado contra o Carlos, alguém com quem se desentendera no local.

4.3. DE SCHREBER A ULRICH: O DELÍRIO SOLAR E A ORDEM DE MATAR O DEMÔNIO

Conversava com o Sol, de quem ouvia respostas, enquanto corria por parques e jardins, contando o número de passos. A dimensão da voz, do vocal, objeto pequeno a, que não pertence à ordem do sonoro, assim como o olhar não pertence ao visível, confirma, aqui, o diagnóstico de psicose. "Ele deve articular-se a toda cadeia significante, porque implica uma atribuição subjetiva, quer dizer, assinala um lugar para o sujeito".[2] O objeto a, olhar e voz, Lacan os situa em sua álgebra e, como diz Miller, deve ser articulado ao sujeito, definido por Lacan. Sujeito sempre dividido entre um significante e um outro, seja aqui Ulrich, ou Simão, ou ainda entre um significante e todos os outros, como no matema grande A. Lacan chama a este matema "discurso do inconsciente".

Quanto ao objeto a cabe ressaltar que, como objeto da pulsão, se trata de um objeto paradoxal, na medida em que "não é

---

2   Miller, 1998.

Cap. IV – Ulrich

um elemento da estrutura linguística, que ele não é nem um significante, nem um significado".[3]

Podemos observar, aqui, em Ulrich, a carência do Nome--do-Pai, que desencadeia seu delírio e, depois, a tentativa de passagem ao ato suicida. Ela é observável também na grande crise, na década de 1970, que se concluiu, na passagem ao ato em que tentou matar seu chefe, o embaixador no Peru, e que determinou uma imensa mudança na sua vida.

Como no caso Pierre, descrito por Joseph Attié (1999), há o apelo a uma posição que o define como sujeito sexuado, no caso, seu colega, que fora, no passado, seu amante, e que vivia com outro. A afirmativa de Diogo, que efetivamente o excluía, mas o identifica, traz à tona a carência do Nome-do-Pai. A recusa e a nomeação materializam o conflito sem saída. A interpelação – é você, Ulrich, que ele nega, depois de sucessivos apelos telefônicos, tem efeito de acentuar a perseguição e pôr em ação a carência que desencadeia o delírio. A relação imaginária agressiva existia com seu namorado atual, Cláudio, e também com Diogo, que diz que ele pare de telefonar para seu amigo e antigo parceiro amoroso.

No caso Pierre, o desencadeamento se dera da forma seguinte: ele tinha 20 anos, e era estudante universitário. Diz Attié que "ele era virgem, e a ideia de que devia ir para a cama com uma mulher impôs-se a ele.[4] Nesse mesmo período, a mãe viera do outro lado da França, para visitá-lo, o que o leva, durante 15 dias, a um estado de grande aflição.

> Nesse contexto, bastou que uma amiga da cidade universitá-
> ria propusesse ir almoçar com ele, no dia seguinte, para que
> os acontecimentos se precipitassem. A iminência inteiramen-

---

3   *Idem.*
4   Attié, 1999, p. 203.

214   O crime à luz da psicanálise lacaniana

te imaginária de um ato sexual desencadeou, naquela mesma noite, as primeiras alucinações.[5]

A forclusão do Nome-do-Pai pode ser demonstrada no momento do desencadeamento da psicose, ou depois de uma estabilização.

No caso Ulrich, depois da tentativa de suicídio, ficou por dois meses internado numa clínica psiquiátrica, onde fui visitá--lo diversas vezes. Foi tomado de um estado de euforia, enquanto lá esteve, que o intrigava. Um pouco depois disso, começaram suas sessões. Embora, no romance, diga que Bernardo peregrinara de clínica em clínica, só fora internado duas vezes: uma por iniciativa própria, e a outra, depois da segunda tentativa de suicídio. Seus superiores, devido a seus bons serviços, pretendiam aposentá-lo, mas a mãe resolveu encampar as críticas que fazia Ulrich ao embaixador, publicando pequenas notas em colunas sociais, falando do suposto escândalo de corrupção em que se envolvia "Marmontel ladrão". O resultado foi que a Presidência da República informou à embaixada no Peru da necessidade de investigar as acusações. O processo constatou a agressão praticada por Ulrich, e foi acompanhado por um laudo, onde se atestava sua paranoia. Comentando o período que se segue ao drama, disse: "Passei dez anos desesperado – de 82 até a morte de minha mãe. Bebendo muito". Passou um período numa cidade praiana, com o namorado.

> Fiz coisas fora do comum. Trabalhei muito lá. Saía de madrugada pelas ruas. Diziam que era uma cidade muito insegura. Eu estava vendo ladrões por toda a parte. Ouvia: mata o inimigo, dizia o sol. Eu achava normal. O inimigo era o demônio. Estava nos cães. Sempre que olhava para o sol, havia uma men-

---

5   *Idem.*

Cap. IV – Ulrich

sagem. Foi um tempo terrível. Eu me sentia bem; do ponto de vista da criação, escrevi, compus música, criei poesia.

A dimensão imaginária, visual, do delírio se traduz na presença, no "ver ladrões por toda parte". E na dimensão real da presença do Mal, do demônio. A dimensão vocal está presente, na voz áfona, que lhe dá ordens de matar: "Mata o inimigo". Diz Lacan que os deuses são da dimensão do real. Este demônio aqui se pode dizer também um real, um pedaço de real no delírio do sujeito Ulrich, que diz: "Mata!"

Referindo-se, ainda, à produção poética e musical desse período, Ulrich diz:

> Alguns poemas são bons. No Rio, eram mais desequilibrados. Meu namorado relutava em chamar o médico. Brincava com as pessoas na rua. Eu estava na feira de livros, e brinquei com palhaços de circo. Comprei livros. Fiz coisas que eram esquisitas. Falei persa com um livreiro, e ele me deu um retrato de Khomeiny. Eu disse que era o Shainshá. Mas, nessa época, eu me sentia bem, eu andava muito feliz. Eu conheci uma euforia muito grande. Isso me lembra Machado de Assis – Quincas Borba, que vem ao Rio encontrar com uma mulher. Pensa que é Napoleão. Ele diz-se chamar-se Léon. Eu pensava que esse lado era falso; eu ainda pensava. (...) Eu estava num período de autodestruição aguda. Estava insatisfeito. Estava num galope.

A presença do demônio, dizia ele, era alguma coisa que, sentida como extremamente real, presença no mundo, presença do mal.

Vê-se a multiplicidade dos nomes de Ulrich, ser Simão o Mago e ser o Shainshá, ainda que pensasse que esse lado era falso.

E há as mensagens do Sol, associado à dimensão do olhar, lugar de mensagens. No caso Schreber, Freud observa que suas

216 O crime à luz da psicanálise lacaniana

"relações com o sol são algo totalmente especial".[6] Com efeito, o sol lhe fala uma linguagem humana e se revela, assim, a ele como sendo um ser animado ou o órgão de um ser ainda mais elevado que se encontraria por trás dele".[7] Freud cita um relatório médico que diz: "Schreber urra ao sol ameaças e injúrias".[8] No caso Ulrich, é o sol que dá ordens a ele para matar. E se, no delírio de Schreber, existem as divisões de Deus, aqui há o par Sol-Demônio, que o primeiro manda destruir. Se, no delírio de Schreber, há a presença de Ahriman, figura da religião persa, a oposição bem e mal, em Ulrich, embora seja de base essencialmente cristã, tem também ecos de sua experiência nesse país do Oriente, no Irã. No entanto, o sol, no delírio de Ulrich, é um agente, um S_1, um significante mestre, e não é ameaçado por Ulrich. Como o sol de Schreber, que não toma as tonalidades de ser ameaçador. Sol que, segundo Schreber, devia empalidecer e esconder-se diante dele. De qualquer forma, um elemento fundamental do sistema do mundo, o Sol, no delírio de Ulrich, é modificado, e toma a palavra. Ele não se modifica de forma semelhante ao delírio de Schreber, em Sonnestein. O próprio Schreber facilita a interpretação do seu mito solar, diz Freud. Ele identifica o sol diretamente a Deus, "ora o Deus inferior (Ahrimann, ora o Deus superior, Ormuzd").[9] Freud diz que "Schreber age de maneira inteiramente lógica, quando identifica o Sol como sendo Deus em pessoa". No caso de Ulrich, a oposição entre o Sol e o Demônio coloca também o sol que dá ordens para matar o demônio naturalmente nessa posição de Deus, no delírio. Quanto ao demônio, ele está presente também em outro lugar, nos cães, ele também tem uma presença material, real.

---

6   Freud, 1911/1991, p. 300.
7   *Idem.*
8   *Idem.*
9   Freud, 1911/1991, p. 301.

Há que ressaltar que Ulrich diz achar isso "normal", naquela época.

Na análise de Schreber, Freud diz que não é responsável pela monotonia das soluções que a psicanálise aporta e que, "em consequência do que acaba de ser dito, não seria de novo senão um símbolo sublimado do pai".[10]

Aqui, devemos avançar no que introduziu Lacan ao aporte freudiano, como conceito de forclusão do Nome-do-Pai. Joseph Attié lembra que "o nome-do-pai é uma referência à ideia do pai, e não ao símbolo do pai".[11] Arriscaríamos ao dizer símbolo do pai, em cair em todo tipo de armadilha, "pois símbolos do pai existem em toda parte. Para apreender a ideia do Nome-do-Pai, temos que fazer uma operação, revirar a fórmula, e dizer do pai como símbolo".

O pai como símbolo é um ponto de referência, uma ancoragem, uma função essencial para o sujeito humano. Existe, para cada um pai e mãe, mas sua ordem é de natureza, ou melhor, de estrutura diferente. Afirmar que o Nome-do-Pai está forcluído quer dizer que a referência que ele representa – o que quer dizer, que ele é a referência por onde passa a lei – não existe. A lei entendida aqui no sentido de lei da fala e não no sentido jurídico do termo – lei, no sentido da verdade e suas variações, ou da mentira, ou do embuste, ou da esperteza. Realizar o ato sexual, no paciente Pierre, de Attié,[12] ou em Ulrich, corresponder-se com seu namorado, ou falar com ele, chocando-se com um outro, produz o desencadeamento.

No caso Ulrich, a mãe proibida claramente produzia um interdito de relação com as mulheres, e, havendo mesmo, existia um imperativo de excluir o pai, para viverem juntos. Ela era

---

10 *Idem.*
11 Attié, 1999, p. 203.
12 Attié, 1999.

218   O crime à luz da psicanálise lacaniana

inclusive chamada, nos círculos próximos de Ulrich, o que conheciam o mito antigo e, certamente, a psicanálise – de "Jocasta"!

4.4. O ÓDIO TRATADO NA ANÁLISE

Realizou uma forma de autoclínica, onde diagnosticou seu estado: "Eu tive um estado de confusão mental. Eu tive amência de Meynert – estado de exaltação, de satisfação, ligado à confusão mental". A dimensão da autoclínica, a mais importante, estende-se principalmente a seus escritos, como veremos adiante.

Na análise, vinha regularmente às sessões, nunca faltando. Depois da tentativa de suicídio e do extremo abatimento em que começou a análise, foi recuperando o tônus vital. Era, no entanto, habitado por ideias de perseguição. Sentia prazer em fazer medo às pessoas, com um punhal, objeto de sonhos e do título de um livro de poesias – *Uma punhalada de poemas.*

Pensava, também, em marcar com ferro um amante que, achava, o tinha explorado por dinheiro. Essa ideia era recorrente.

> As ideias de solução que tenho, todas as soluções são ruins: ideia de vingança, ideia de fazer mal – de marcá-lo no rosto, é uma fantasia. Vingança e ódio. Esse ódio a mim mesmo que se projeta no outro – que se projeta nos outros. Procuro melhorar. Li Kirkegaard. Fiz uma opção vital por uma existência ética.

Sobre a mãe, diz: "tivemos uma relação muito estreita. Eu fiz o voto de não me casar. É uma espécie de compromisso comigo mesmo. Eu recuei muito diante da ideia de casamento. Eu achava que a relação de meu pai com minha mãe era insatisfatória". A divisão está presente entre o voto de não se casar, recuar diante do casamento e namorar mulheres, e mesmo ter vivido com uma nos Estados Unidos.

4.5. A MORTE DO PAI, O DESEJO DA MÃE

Do pai, disse:

> (...) era muito sensível, vaidoso fisicamente. Sofria muito por vaidade. Com um lado muito fechado. Não foi um homem feliz. Era um homem muito introvertido. Era um homem inteligente. No fim, ficou muito isolado, muito só. Morreu com 87 anos. Já estava cansado de viver. Ficou solitário com a surdez e a cegueira. Era preciso gritar. Isolava-se e não conversava com ninguém. Ninguém se aproximava para falar. Ele não falava com ninguém. Era um homem de valor, mas teve esses percalços.

Quando o pai esteve muito doente, à beira da morte, Ulrich angustiara-se muito. A mãe, então, disse-lhe: "não compreendo você. Assim que ele falecer, ficaremos mais juntos".

> O desejo de minha mãe é que eu fosse uma pessoa excepcional. Fez tudo para me dar felicidade. As relações com minha mãe foram boas até certo momento. Eu bebia muito. Ela sofria em silêncio. Mas ela se foi. Acho que não vou vê-la nunca mais. Acho que não há sobrevivência.

Sobre o desejo da mãe, cabe lembrar que seus colegas a chamavam Jocasta, mãe de Édipo.

A crise que desencadeara o suicídio fora precedida pelo desaparecimento de 5 mil dólares, em sua casa; acusava ora a amante, ora a empregada, de que dependia totalmente e com quem já tivera relações amorosas. Disse: "está comigo há 23 anos". Esta falava "com gente de minha família, com minhas cunhadas, minhas sobrinhas, meu irmão e sua mulher".

O romance que fez dá conta de sua experiência num país sul-americano. É uma intriga no interior de uma embaixada; o embaixador o espiona, viola sua correspondência e vem a conhecer seus laços com um amante, no Brasil. Ao mesmo tempo, faz negócios escusos no mercado negro. É uma atmosfera paranoica. Referindo-se ao embaixador, que tentou matar, diz, numa sessão:

> Como começou a coisa com ele? No início, não nos dávamos bem. São essas coisas de postos. Postos que a gente escolhe na carreira na diplomacia. Eu escolhi muito mal. A minha ideia era romântica: eu queria ficar perto do rapaz que estava em Brasília. Não é muito longe. (...) Havia uma campanha para me ridicularizar. Eu tivera cargos em Washington e Nova York, muito cedo (na área jurídica do consulado). O pessoal de lá (Caracas) estava esperando promoção. Havia um jogo de direita e esquerda. Eu queria dominar o jogo. Fiquei com muita raiva. Tenho sempre a impressão de que as pessoas estão me olhando, me perseguindo.

A relação com a autoridade, com o chefe, o embaixador, coloca aqui a dimensão do significante mestre, S_1, que vai aparecer claramente na novela, onde ele dá conta do contexto político da luta pelo poder, de que ele fala, também, na sua experiência no Oriente.

4.6. A CONSTRUÇÃO DA NOVELA

Na verdade, ele estrutura sua história, a partir do delírio de perseguição que o levou a seu ato. O personagem que o representa é descrito por um outro, pelo narrador. Ele apresenta uma distância com sua própria posição. No entanto, o livro tem o objetivo explícito de condenar o chefe, de apresentá-lo como culpado. Na análise, ele retifica essa posição.

Meu nome aproximava-se do nome fictício que ele inventou para seu adversário, Marmontel, no romance. Na verdade, as le-

Cap. IV – Ulrich

tras do nome Manoel, e sobram mrt, também incluídos no meu nome, o r em Barros e o mt de Motta. Naturalmente, a transferência se fez pela indicação de seu amigo, que fora uma de suas ligações. Mas é possível que, como no "ex" de Huguette Duflos, a ligação com o nome do perseguidor que ele inventara, o fato de ele me considerar um letrado, como o escritor Marmontel, tivesse a ver com o que de negativo podia haver na transferência. O romance foi, no entanto, terminado quatro anos antes de Ulrich começar sua análise. E, uma vez, ele repetiu o nome Marmontel, um pouco soturnamente e baixo.

Os personagens da história têm nomes de algumas figuras da literatura ou do drama de Cristo. Iago, o intrigante, e Julieta, figuras shakespeareanas. Orlando, personagem do romance de Virginia Woolf; Barrabás, criminoso liberto em lugar de Cristo, Marmontel, autor francês do século XVIII, que escreveu utopias através de viagens imaginárias, na tradição da literatura orientalista, que começa no século XVII, com a publicação da Biblioteca Oriental de Herbelot, na qual se inspirou Fénelon e que também produziu obras-primas da sátira, como o Zadig, de Voltaire, ou "As Cartas Persas", de Montesquieu. Ulrich vivera no Oriente, no Líbano e no Irã, o que revela um traço identificatório seu com o personagem que odiava. No sintagma "Marmontel ladrão", existem elementos da estrutura significante do nome próprio de seu chefe, a quem desejava matar. Quanto a Iago, diz ele: "procurava intrigar Bernardo com Marmontel, todo mundo compreendia a insegurança política deste, e com ela procurava trabalhar. Bernardo, por isso, não o temia, como se teme o mal: para ele, Iago passou a ser a encarnação do Mal absoluto". É significativo que, quando a paranoia se reinstalou, na crise de 1992, no Rio, o nome que se impunha era o de Simão, o Mago, onde, do ponto de vista fônico, de forma ambígua, pode se ouvir Iago o Mal. A história de Cristo e do judaísmo o interessava, pois traduziu um grande número de livros – cerca de cinco – que tratavam dessa problemática. O real da escrita neste ponto o tocavam particularmente, e não é sem motivo que a voz que o interpela o chame de Simão o Mago.

Nesse texto, ele se faz o narrador minucioso de alguns traços fundamentais de sua psicose e de sua passagem ao ato. Eis um sonho do personagem, construído a partir de sua experiência de trabalho na diplomacia: Perseguia-o um estranho pesadelo. "Sonhava que corria com uma faca, atrás do irmão, que tinha os traços de Iago". De Iago, personagem de seu romance, diz "por que possuía Iago uma espécie de aura paranoica, ele fascinava Bernardo".

A faca, punhais, estiletes, instrumentos cortantes estão presentes nos sonhos de Ulrich, em suas agressões e na sua ficção. Há aqui a tentativa de inscrever uma marca simbólica. Há também a dimensão do objeto *a*, objeto olhar. Assim, certa vez, Ulrich perfurou o olho de um retrato de Marlene Dietrich, na capa de um disco raro, em casa de um amigo. (Na casa de seus pais, existiam várias fotos suas em grande formato e um retrato a óleo em que ele portava uma espada, como um cavaleiro.) Ulrich perseguia o amante com faca, para testar sua coragem; tentou suicidar-se com faca. Diz que, "uma vez, colocou uma faca na mão dele para que o esfaqueasse. Eu me divertia com isso. Possuía um punhal persa com pedras brilhantes, com que tive um sonho". Diz Ulrich:

Sonho sempre que estou de volta lá, a Teerã. Estou numa casa sitiada por guerrilheiros. Estou na embaixada. Há um menino com roupas, como as que se vê no teatro, eram muito bonitas, bordadas com brilhantes. E há a adaga que me foi dada de presente por minha mãe, depois que voltei de Caracas. Ela é cravejada de brilhantes. O edifício estava cercado por gente muçulmana. Tínhamos que pegar caixas de coca-cola, para que não atacassem os carros. Estávamos numa garagem descoberta. Isto, diz ele, vem da leitura dos jornais, muita gente cer-

Cap. IV – Ulrich

cando certos edifícios. Era um menino claro, de olhos bonitos. Me lembra o Oriente.

O presente da mãe lembra a ideia de luta e de nobreza. A família de Ulrich era de linhagem aristocrática e, aqui, a espada, associada a pedras preciosas, remete ao objeto *a*, seja na sua dimensão de objeto fascinante, precioso, seja como ameaçador, mortal.

Ulrich teve outro sonho, depois do qual abandonou a ideia de suicídio. "Estava em Washington. Fora da janela, numa balaustrada. Exposto ao vento. A cidade era linda. Não era só Paris que era linda. Eu tinha tido a vontade de me atirar. Havia o medo de me atirar. Eu me recolhia para dentro de casa". Diz: "Não acordei descontente. Alguma coisa está aliviando".

4.7. A AUTOCLÍNICA DO NOVELISTA

Autoclínica é a referência proposta por Jacques-Alain Miller para os textos de Gide, a respeito de seu caso. Miller diz que eles são mais justos do que a análise psiquiátrica de Delay, na sua *"Jeunesse de Gide"*, estudado por Lacan nos *Escritos* (1966).

Descrevendo, no romance, seu estado subjetivo, ele escreve:

(...) a inquietação tomou conta do comportamento de Bernardo. Suspeitava de que alguma coisa ocorreria, mas ignorava o que era. Tudo se passava na embaixada em desacordo com as normas do serviço. O trabalho era malfeito e parecia-lhe voluntariamente malfeito. Bernardo andava irritado. O evidente nervosismo de Bernardo dava origem à zombaria, porque, de certa forma, era mesmo ridículo. O que o causava era, sem que ele o soubesse bem, o medo. Havia muito tempo que Bernardo sentia medo, talvez, desde a infância, mas isso é outro assunto. (...) Toda a vida de Bernardo fora estreitamente entrelaçada com a vida da mãe, desde o tempo em que ela o protegia, porque era uma criança tímida, que brincava sozinho, de preferência a juntar-se a outros meninos. Crescera ao abrigo da solicitude dos cuidados maternais, e com receio do pai, homem passional e muito emotivo, embora retivesse sua emotividade. Nem por isso os filhos deixavam de notá-la.

Ulrich faz intervir um narrador para falar de si, descrevendo seu delírio a partir da lembrança do encontro com ele, em uma clínica.

Ele já estivera no Manicômio Judiciário, respondendo a perguntas de um psiquiatra. Estava sujeito a um processo penal. Passou a frequentar muitas pessoas, prosseguiu em sua tentativa religiosa e se tornou membro dos vicentinos. A religião era mais importante do que qualquer partido. Mas agravou-se em torno dele a luta entre direita e esquerda. Ele não queria comprometer-se com qualquer partido. Para ele, a religião era coisa muito mais importante e mais funda do que qualquer política. Esta, no entanto, o perseguia. Naquela altura, publicou, num número restrito de exemplares, um livro de poesia, com o título considerado por alguns ridículo, de um punhado de poemas. Por causa desse livro de poemas, passou a receber telefonemas singulares de serviços de inteligência das forças armadas, sob cuja vigilância se achava. Esses telefonemas abalaram internamente o já abalado espírito de Bernardo, que logo entrou numa condição próxima do delírio, e passou a ver em todas as pessoas que o rodeavam elementos que o queriam espionar ou comprometer. Recorreu, cada vez com mais frequência, à Igreja, mas nela encontrou, como encontrara na Venezuela, a desgraçada divisão entre direita e esquerda. Continuava a buscar um contato com Cristo, como revelação pessoal, e, certa vez, julgou ter atingido esse contato. Mas, aos poucos, a sua compreensão ia decaindo, e entrou a interpretar as cores de que se vestiam as pessoas como mensagens a ele dirigidas.

Cap. IV – Ulrich

"É difícil descrever esse chamado 'delírio de referência', a repetição do que o afligira em Caracas, sob certos aspectos: para ele, o vermelho simbolizava, naturalmente, o partido comunista; o amarelo seria a cor da Cia; o azul, a cor da assim chamada 'esquerda festiva'"; o branco, o refúgio entre os médicos, e o verde, a cor do exército. Procurou alívio, trancando-se em casa, com livros, mas, por sua janela, não paravam de desfilar pessoas do prédio vizinho vestidas com uma ou outra cor. Saía com um esforço desesperado e suando frio, para ir à igreja, que lhe ficava próxima da residência. Sua mãe era o maior refúgio, mas passou a acreditar que ela própria estava ciente de coisas que ele ignorava. Exatamente no dia de São Sebastião, foi à igreja e comungou. Quando voltou para casa, a mãe lhe atou uma fita com o nome do santo em torno do pulso. Ele interpretou isso como um convite a que se matasse. Por esse motivo, quando todos foram dormir, ele entrou a cortar as veias dos braços. Por sorte, só atingiu ligeiramente uma artéria. No meio da noite, sua mãe levantou-se e encontrou Bernardo prostrado no chão e coberto de sangue. Havia sangue no banheiro, no corredor, por toda a parte; o irmão de Bernardo levou-o a um hospital, onde o trataram. Do hospital partiu para a clínica. Ainda na clínica, temia as pessoas por causa das roupas, ou por outra qualquer causa.

Bernardo correspondia a um sonho de sua mãe, o sonho de ter um filho que lembrasse Pierre Loti, viajante e escritor. Ela insistira em que aprendesse piano, dera-lhe livros, desde pequeno. E Bernardo era uma criança diferente das demais: brincava sempre sozinho, era retraído a um ponto inacreditável. Direi que as relações no interior da família lhe determinaram a vida: o pai, emotivo e passional, a mãe, sonhadora, os irmãos. Tudo isso ele reviveu na tragédia que recomeçarei a contar. (...) Bernardo esteve muito tempo no Oriente, longe da família com a qual, no entanto, se correspondia com frequência.

O Oriente cativou a imaginação de Bernardo. Parecia-lhe o mesmo mundo das Mil e uma Noites, o que não deixava de realmente ser, embora um tanto alterado pelo tempo e pela influência ocidental. (...) Trabalhara ali, em Beirute e Teerã, em pleno período da guerra fria, e aprendera a conhecer, sobretudo na segunda destas cidades, os caminhos subterrâneos que tomam as empresas multinacionais americanas e também os serviços comerciais russos, em disputa pelo domínio econômico no mundo.

4.8. A PASSAGEM AO ATO NA FICÇÃO

Eis como ele descreve o ato em que tentou matar o embaixador. Na análise, referiu-se a ele a partir de uma conversa de Marmontel com um subordinado. Falando de terremotos, este dizia: "São Francisco vai ser destruída! Ulrich fez a seguinte cadeia associativa: 'sou fiel de São Francisco, vou à igreja de São Francisco; eles vão destruí-la, querem me matar, então eu os mato'". No discurso do chefe, entendeu uma alusão à sua destruição. No texto, ele procura elaborar a questão do terremoto como um dado da conjuntura do desencadeamento. É, na verdade, a própria natureza na sua face destrutiva, ameaçadora, que é aí convocada, para presidir o momento da decisão da passagem ao ato. Na análise, descreveu longamente a noite que antecedeu o ato; a arma que colocara na cabeceira, viu-a brilhar, refulgir como fogo durante toda noite e madrugada que precederam ao que ele chamou de crime na embaixada.

4.9. ATO, ESCRITA E REAL: A PASSAGEM AO ATO DE ULRICH

Sabemos que, se uma articulação é possível entre escrita e real e, como o escrito, supõe-se, passa pelo significante e também

Cap. IV – Ulrich   227

pela palavra. A prática da análise tem seus fundamentos nessa conexão. O próprio Lacan é quem diz que a fala é que abre o caminho para o escrito. Joseph Attié nos adverte que "a questão é mais complexa e mais sutil".[13] Ele cita Jacques-Alain Miller a esse respeito: "fala-se de atos da fala e mesmo disso se fez uma categoria da linguística pragmática, mas a tese de Lacan é, mais exatamente, *que o ato é de escrita*".[14] Trata-se aqui, como nota Attié, de uma dialética complexa. O que se trata de realçar aqui é o fato de que a fala, a palavra, "comporta uma escrita, exatamente como uma narrativa de um sonho".[15] Assim, a fala carrega o escrito que leva a fala. Então, em que medida o ato é de escrita? Ele o é, na medida em que essa "escrita torna-se um matema, uma escrita de um pedaço de real".[16] Algo da palavra se escreve, isto é, algo da palavra do sonho, do lapso, ou do chiste ou do sintoma. Deve-se lembrar, ainda, que ela comporta um real impossível, esse impossível de se escrever.

Devemos ressaltar, então, todo o esforço de Ulrich de trabalhar a escrita, seja pelos poemas, seja por textos e conferências em que recorre a Freud, Dostoievsky, ao direito, à reflexão filosófica, todo um arsenal significante que ele trabalha nessa dimensão da escrita, na tentativa de explicar a mutação que lhe produziu o ato.

Ulrich trabalhava, antes de sua passagem ao ato, e no período que o precedeu, com a palavra poética, na dimensão de alíngua, como observa Attié, "inteiramente distinta da fala que diz respeito ao cotidiano e feita para o jornal".[17] Era a dimensão que Lacan opunha entre fala vazia e fala plena.

---

13   Attié, 2011, p. 146.
14   Miller, 1986, p. 57, grifo do autor.
15   Attié, 2011, p. 146)
16   *Idem.*
17   *Idem.*

No caso Ulrich, a passagem ao ato equivale à agressão ao significante-mestre, encarnado pelo "embaixador". É o que situa esse caso entre crime do simbólico e do real.

Vejamos como aparece o ataque ao embaixador na novela:

O embaixador vinha pálido de medo. Iago também temera e trocou com Marmontel um olhar de compreensão. Randolfo contou que o terremoto o colhera no meio de um campo onde jogava o elegante esporte do golfe, e que uma brecha se abrira em sua frente. De uma forma ou de outra, todos demonstravam nervosismo, porque o terremoto produz a sensação de que aquilo que julgamos mais sólido, ou seja, a terra em que pisamos, é coisa instável e frágil, coisa perigosa.

Influenciado pelas notícias que recebera do desvio de gêneros, e impressionado com o temor de terra, Bernardo redigiu um telegrama que falava do duplo terremoto, físico e político, que abalara a Venezuela.

No dia seguinte, arrumou-se muito bem e partiu para a sede da embaixada. Lá chegando, depositou o revólver na gaveta de sua escrivaninha. Pouco depois, vieram dizer-lhe que estava convocado para uma reunião, na sala de Marmontel. Percebeu que seria aquela a reunião final.

Deixou Bernardo que as conversações entre seus colegas prosseguissem, sem nelas intervir. De repente, tomou uma resolução, retirou a arma do bolso, caminhou até o lugar onde estava sentado Iago, e lhe desfechou um tiro no braço. O embaixador deu um salto. Como se fosse movido por molas, Bernardo mecanicamente atirou em sua direção, mas o tiro falhou. Logo os outros funcionários passaram a jogar cadeiras em cima de Bernardo, e Iago retirou-se da sala. O presidente meteu-se embaixo da mesa. Bernardo aproximou-se, colocou-lhe o revólver na cabeça calva, e disse-lhe que não temesse, que a morte seria instantânea. Marmontel tremia de medo. Mas Bernardo chamou-o de ladrão, e ele, num esforço sobre-

Cap. IV – Ulrich

-humano de vaidade ferida, levantou-se, lançou mão de uma cadeira e enviou-a em direção de Bernardo. Este deixou-o sair da sala, correndo... Conheceu Bernardo um grande alívio. Despediu-se, tomou o automóvel e foi para casa.

Mais tarde, saiu e visitou a praça onde ficava o convento dos franciscanos. Ali, experimentou uma vibrante impressão estética. Já não o perseguia o medo.

Voltou e dormiu, mas, altas horas da noite, foi acordado por pessoas que lhe batiam na porta de casa. Eram três altos funcionários da embaixada e assessores da polícia, que vinham para levá-lo a uma clínica. Bernardo seguiu com eles, acompanhado de uma tropa inteira de carros da polícia de Venezuela.

Então, começou a peregrinação de nosso herói, de clínica em clínica, com intervalos religiosos.

A narrativa revela o esforço de passar para o real da escrita a experiência da passagem ao ato.

Na análise, ainda teve sonhos de que ia se atirar.

Tinha a intenção de me segurar na janela. Eu já tive isso. Isso passou. Isso estava ligado à minha paixão. Ligado também ao meu passado. Pensando no efeito de meu caso em minha mãe. Foi atingida pelo meu fracasso. Isso me abate. Não consegui satisfazer a ela.

Falando de sua experiência, fala "nessa teimosia de seguir pelas vias proibidas. Pelas vinhas da ira. Os caminhos que produzem raiva, ódio, arrependimento. Isso é um pouco a minha história".

CAPÍTULO V

Um crime do imaginário – O duplo crime das irmãs Papin

Crime algum feito na vida cotidiana teve impacto tão forte e tão amplo na França, como a passagem ao ato terrível realizada por Christine e Léa Papin, duas criadas de uma família burguesa do interior, da província, na cidade de Le Mans, em 3 de fevereiro de 1933.

Lacan situa o caso na sua dimensão trágica: "lembramo-nos das circunstâncias horríveis do massacre de Le Mans e da emoção que provocou na consciência do público". É assim que inicia Lacan seu importante estudo, que, inicialmente, foi publicado no terceiro número de *Le Minotaure*, "Motivos do crime paranoico",[1] a revista dos surrealistas, a quem muito interessou também, entre outros, Paul Éluard e Benjamin Peret, além de Man Ray. Mais tarde, ele será acrescido com outros estudos sobre a paranoia, em sua tese. O crime irá tocar o movimento existencialista, objeto de reflexão de Simone de Beauvoir e de Jean Paul Sartre. Francis Dupré, pseudônimo de Jean Allouch, vai realizar um importante dossiê, acompanhado de uma análise, em que vai pesquisar toda a documentação e antecedentes do caso, assim como os acontecimentos do processo que acompanham o destino de Christine e Léa Papin.

Lacan diz que "o mistério das duas assassinas" foi acompanhado por uma ampla divulgação e debate na imprensa, inclusive

---

1 Lacan, 1932/1975a, p. 389-398.

parisiense. Ele chama atenção para os trabalhos dos "mais advertidos dos jornalistas, por exemplo, do *Paris-Soir*, por exemplo, Jerôme e Jean Tharaud.

Foi uma espécie de *fait divers* registrado pela imprensa no jornal *La Sarthe*, um acontecimento ínfimo, que desencadeou um ato cujo furor vai ser levado ao extremo.

O ferro de passar quebrou, parou de funcionar; ele já se quebrara no dia anterior. Foi esse pequeno incidente que desencadeou a passagem ao ato, súbita e violenta. Realizada com um excesso de força, é toda a dimensão do excesso, em que os gestos seguidos do assassinato, da fragmentação dos corpos, do arrancar dos olhos – um caiu na escada. Dito um "crime que sidera", por Marie Madeleine Lessana, mas "cuja verdade cega".

O massacre se deu na casa da família Lancelin, que estava mergulhada na obscuridade, por causa de uma pane de eletricidade, por volta das 18:30 h, no inverno. Geneviève e Cécile Lancelin, mãe e filha, foram, de repente, atacadas pelas criadas, duas irmãs, Christine e Léa Papin, suas empregadas, quando entram em casa. Eis como Lacan descreve o caso:

> As duas irmãs, vinte e oito e vinte e um anos, são, há muitos anos as empregadas de honrados burgueses da pequena cidade de província, um advogado, sua mulher e sua filha. Empregadas modelos, se diz, invejadas para o serviço doméstico; empregadas-mistério também, porque se notou que faltou estranhamente aos patrões simpatia humana, nada nos permite dizer que a indiferença altiva das domésticas nada fez senão responder a essa atitude; de um grupo ao outro "não se falava". Esse silêncio, no entanto, não podia ser vazio, mesmo se fosse obscuro aos olhos dos atores.[2]

---

2   Lacan, 1932/1975a, p. 389-398.

Cap. V – Um crime do imaginário

Lacan situa, assim, um quadro de tensão, de silêncio e mistério, que precede o desencadeamento da passagem ao ato. Essa obscuridade da relação, diz Lacan, "uma noite se materializa". Ela toma forma "numa banal pane da rede elétrica". Uma inabilidade das irmãs é que a provocou e, por coisas menores, as patroas já haviam mostrado seu humor. Que disseram a mãe e a filha quando voltaram, descobriram o pequeno desastre? Seja como for, o drama se desencadeia muito rapidamente, e sobre a forma de ataque é difícil admitir outra versão diferente da que deram as irmãs, a saber, que:

> (...) ele foi súbito, simultâneo, levado ao paroxismo do furor; cada uma delas subjuga a sua adversária, arrancando-lhe, em vida, os olhos da órbita – fato inédito, dizem os anais do crime – e a espanca. Depois, com a ajuda do que encontraram, martelo, pichel de estanho, faca de cozinha, elas se encarniçam no corpo de suas vítimas, esmagam-lhes as faces, e, deixando à mostra o sexo delas, cortam profundamente as coxas e as nádegas de uma para ensanguentar as da outra. Lavam, em seguida, os instrumentos desses ritos atrozes, purificam-se a si mesmas e deitam-se na mesma cama: "agora está tudo limpo!" Esta é a fórmula que trocam e que parece dar o tom de desilusão, esvaziado de qualquer emoção, que a elas sucede a orgia sangrenta.[3]

Lacan ressalta que elas não vão dar "de seu ato nenhum motivo compreensível",[4] qualquer ódio, qualquer queixa contra suas vítimas. A preocupação única das irmãs "parecerá a de compartilhar inteiramente a responsabilidade do crime".[5]

---

3   Lacan, 1932/1975a, p. 401-402.
4   Lacan, 1932/1975a, p. 390.
5   *Idem.*

Lacan segue, em parte, a contraposição que os jornalistas do *Paris-Soir*, que ele elogia, fizeram entre a distância do motivo trivial que catalisa o crime e o horror da forma que ele toma. Ligadas ao mal, as irmãs Papin, mas indiscutivelmente loucas: "Mas entre um estado irritável e o massacre que ela fez interpõe-se a imagem trágica, impenetrável, que tomou diante de mim, como um muro, a forma das duas irmãs, e que se chama a loucura".

Se eu nada soubesse do processo, nada apenas vendo-as (e eu as via muito tempo mentalmente), tão impressionantes em suas atitudes, tanto uma como a outra, em suas atitudes diferentes, eu teria imediatamente a impressão de me encontrar diante do anormal, do inexplicável, do não explicado".[6]

Mas, observa Lacan, segundo a opinião de "três médicos que fizeram uma *expertise*", elas apareceram sem qualquer signo de delírio, nem de demência, sem qualquer perturbação atual psíquica nem física, e lhes é forçoso registrar esse fato".[7]

Os corpos serão encontrados pelo marido, na parte inferior da casa: a mãe estendida, o rosto totalmente desfigurado, sem os olhos, as nádegas e pernas em chaga viva.

O olho arrancado, imagem concentrada do ódio, foi encontrado por um policial.

O que se passou precisamente entre essas mulheres, no instante de concluir, o que foi dito, os gritos, que ocorrem como em um clarão. Os interrogatórios do processo vão produzir um discurso no processo criminal. Mas a passagem ao ato, que transmuta as duas irmãs, este é carregado de um saber inconsciente, marcado por uma certeza, diversa das dubitações do pensamento.

O depoimento do Dr. Logre, médico da prefeitura de polícia, psiquiatra chamado pela defesa, é descrito no jornal *La Sarthe*, é retomado por Dupré, na íntegra. É ele quem serve de forte

---

6   Dupré, 1984, p. 87.
7   Lacan, 1932/1975a, p. 390.

Cap. V – Um crime do imaginário

ponto de apoio para Lacan. O jornal diz que ele fez uma "exposição muito interessante sobre o caso".[8] O jornal ressalta que ele "retomou, com muita habilidade e discrição, alguns pontos sobre os quais seus confrades não se detiveram, segundo sua opinião".

O que ele ressalta é que "se trata de um crime que parece ser sem motivo imediato, ou com um motivo extremamente fraco.[9] Como contraste, "nota-se a violência, a ferocidade mesma e o encarniçamento, e essa enucleação, que é sem precedentes".[10] Ele observa, ainda, "coisa singular, alguns ferimentos parecem marcar uma impulsão sexual, quase sadismo".[11]

Ele vai enumerar alguns diagnósticos possíveis "que poderiam ser retidos".[12]

O Dr. Logre refere-se, "em primeiro lugar, à ideia possível de uma perseguição".[13] E invoca como apoio do que diz "o incidente da prefeitura".[14]

Um outro aspecto "perturbador" lembrado pelo psiquiatra é "o extraordinário duo moral que formam as duas irmãs, a personalidade da jovem sendo absolutamente aniquilada pela mais velha".[15] Aproxima as "preocupações sexuais, que parecem ser as de Christine, na prisão, as feridas feitas no corpo das vítimas".

Eis como o Dr. Logre põe suas questões que procuram situar a causalidade do crime. Em primeiro lugar: "Será que o sadismo não desempenhou um papel no determinismo do crime?".[16] Ele passa, então, a examinar o diagnóstico de histero-epilepsia. Fal-

---

8   Dupré, 1984, p. 90.
9   *Idem.*
10 *Idem.*
11 *Idem.*
12 *Idem.*
13 *Idem.*
14 *Idem.*
15 *Idem.*
16 Dupré, 1984, p. 91.

tam para este "a amnésia total, mas houve uma amnésia parcial".[17] E, depois de haver uma segunda crise, na prisão, "houve um retorno da memória".[18]

Esse depoimento do Dr. Logre foi agendado pelo presidente do Tribunal, que, "com muita imparcialidade, lhe forneceu os detalhes precisos que escaparam durante a audiência, porque não assistira ao depoimento das irmãs Papin na prisão". Ele sugere que o exame seja feito em um "estabelecimento especial", psiquiátrico. E diz ainda: "é sempre possível julgar que um ser esteja doente, mesmo se não podemos dizer imediatamente qual é sua doença".[19]

Para ele, impõe-se um suplemento de inquérito. Mas, se ele não for feito, "uma dúvida vai subsistir".[20]

Em seguida, os jornalistas, os irmãos Tharaud, deram conta do depoimento do Dr. Logre.

O Dr. Logre veio ao tribunal contradizer "os três *experts* oficiais que concluíram pela total irresponsabilidade das acusadas".[21] Há, para ele, "testemunhos e feitos que não se podem elidir nem adotar, como fizeram seus colegas.[22] Quais são esses testemunhos? Em primeiro lugar, "o do prefeito da cidade, em um episódio que vamos analisar mais detalhadamente logo adiante. Há, além do prefeito, a opinião de "seu secretário e a do comissário central". Eles, bem antes do crime, tinham tido "a impressão de encontrar-se diante de perseguidas".[23] E ainda mais: "há a ideia de perversão sexual nas duas irmãs, complicada com sadismo, quando se vê levantarem as saias de suas vítimas e talhá-las ferozmente".[24]

---

17 *Idem.*
18 Dupré, 1984, p. 90.
19 Dupré, 1984, p. 91.
20 Dupré, 1984, p. 90.
21 Dupré, 1984, p. 91.
22 *Idem.*
23 *Idem.*
24 *Idem.*

Cap. V – Um crime do imaginário

Tharaud diz que se vê, depois do crime, ao menos em uma das matadoras, preocupações homossexuais, "sobre as quais os *experts* conservaram silêncio completo".[25] E, mais ainda, a violência e o encarniçamento inaudito no ato criminoso e, mais tarde, as crises na prisão, que ele descrevera, são outras tantas coisas que, no relatório do Dr. Logre, apresentam claramente um caráter patológico. O repórter lembra que, para Logre, era necessário prosseguir a pesquisa.

Dupré lembra que Lacan propõe uma solução mais unívoca do problema, centrada na paranoia e no complexo fraterno.

5.1. O INCIDENTE DA PREFEITURA

No fim de agosto, ou no começo de setembro de 1931, um incidente na prefeitura de Mans dá conta da existência de uma psicose não desencadeada em Léa e Christine.

Ambas se dirigem à prefeitura de Mans, onde encontram o Sr. Le Feuvre, o prefeito. Qual o objetivo desse encontro? Francis Dupré nos lembra que várias respostas foram dadas.

Dois dias depois do assassinato, o jornal *La Sarthe* iria noticiar o que ocorrera na prefeitura: "Há dois anos, as irmãs Papin, que tinham tomado a precaução de se vestirem com belas toaletes, e vestindo luvas brancas, se apresentaram no gabinete do Sr. Le Feuvre, que era, nessa época, prefeito de Le Mans".[26] O jornal descreve, então, suas queixas: "elas manifestaram diante dele estranhas considerações, acusando várias pessoas de as seguir e perseguir".[27] Foi feita uma rápida investigação pelos inspetores de

---

25   *Idem.*
26   Dupré, 1984, p. 147.
27   *Idem.*

238 O crime à luz da psicanálise lacaniana

segurança da cidade, que logo demonstraram que "todas essas alegações eram mentirosas".[28]

A atitude das moças, porém, pareceu suspeita; então, "o comissário central as comunicou ao Sr. Lancelin".[29]

A descrição do comissário Dupin traça um retrato das irmãs Papin e do incidente: "na rua Bruyère e suas cercanias, as duas irmãs Papin são pouco conhecidas, nunca dirigem a palavra a qualquer vizinho, nem mesmo às domésticas das casas vizinhas". Eram, no entanto, consideradas como "trabalhadoras limpas e sérias, mas de caráter taciturno e sombrio". A conduta de Léa e Christine nunca dera lugar à crítica. Todo domingo, iam à missa das 8 e meia, na catedral. "Não frequentavam nem os bailes, nem o cinema, delas não se conhecia qualquer ligação. Alguns pretendem que elas têm horror dos homens e que são histéricas. Eram inseparáveis". Eis a conclusão de Dupuy:

Pessoalmente, constatei, há vários meses, que essas duas jovens e, mais particularmente, a mais velha, Christine, tinha alguma coisa de anormal. Foi no fim de agosto de 1931 que as duas se apresentaram na prefeitura de Le Mans e pediram para serem recebidas pelo prefeito, o Sr. Le Feuvre: foram introduzidas no seu gabinete. Christine exprimiu a esse magistrado considerações que o espantaram. Léa limitou-se a aprovar as palavras de sua irmã. Christine o acusou de prejudicá-las em lugar de defendê--las. O Sr. prefeito as fez conduzir ao meu gabinete. Não me foi possível obter precisões sobre as queixas que tinham contra o Sr. Le Feuvre. Fiz proceder a uma investigação no bairro, e as informações foram as mesmas recolhidas depois de seu crime. Não foi possível ouvir seus patrões, os Lancelin, estavam viajando. Minha impressão estava feita, essas jovens eram perseguidas.[30]

---

28 *Idem.*
29 *Idem.*
30 *Idem.*

Cap. V – Um crime do imaginário

Dupuy narra o encontro com o Sr. Lancelin, que foi procurá--lo. Ele expôs a *démarche* de suas empregadas junto ao prefeito e também no gabinete de Duuy. O Sr. Lancelin "não contestou que elas eram um pouco bizarras".[31] Mas acrescentou que "elas davam total satisfação do ponto de vista do serviço, e que ele não podia demiti-las".[32] O comissário advertiu o Sr. Lancelin, permitindo-se dizer-lhe: "se eu tivesse domésticas como essas, eu não as conservaria por muito tempo".[33] O Sr. Lancelin saiu do gabinete, "deixando a impressão de que tinha toda a confiança nessas jovens".[34]

O prefeito Le Feuvre fez um depoimento a respeito, 18 meses depois do incidente. Ele diz: "uma coisa que me chamou a atenção foi seu estado de superexcitação".[35] Ele não se lembra do que falaram, mas "lembro-me que elas falaram de perseguição. Ele as acalmou a fim de conseguir uma maior confiança". Recomendou que fossem falar com o secretário-geral.

Este também não se lembra precisamente do que disseram. Mas observa: "sua linguagem deve ter sido incoerente e estranha, porque fiz para o prefeito a seguinte reflexão: você vê que elas são extravagantes, meio malucas" (*piquées*). Elas acusaram o Sr. Le Feuvre, na prefeitura, e o ameaçaram".

5.2. A SEGUNDA "CRISE DE CHRISTINE"

Em julho de 1933, no dia 13, no dia seguinte, depois de seu crime, as duas irmãs, Christine e Léa, vão ser levadas para a prisão de Le Mans, mantidas em celas separadas uma da outra. Suas re-

---

31   *Idem.*
32   *Idem.*
33   *Idem.*
34   Dupré, 1984, p. 148.
35   *Idem.*

240 O crime à luz da psicanálise lacaniana

ações vão ser descritas na imprensa local, no *La Sarthre*, que dirá que o encarceramento "entristeceu Léa e exasperou Christine".[36] Christine, no segundo interrogatório, diante do juiz de instrução, "nega sempre a premeditação, mas reconhecendo que é culpada e merece um castigo, repetiu, empertigando que esperava ser guilhotinada".[37] Ambas vão deixar de se alimentar, "recusam-se mesmo a deitar, e ficam sentadas no leito".[38] O detalhe desses eventos vai ser seguido por Dupré. Lacan vai-se reportar aos antecedentes, que não vão ser bem estudados nem pelos responsáveis médicos nem judiciais. Ele escreve apenas sobre o aparecimento de traços de perturbação séria que vão surgir alguns meses mais tarde: "só após cinco meses de prisão é que Christine, isolada de sua irmã, apresenta uma crise de agitação muito violenta, com alucinações aterradoras".[39]

> No decorrer de uma outra crise, ela tenta arrancar os olhos, por certo que em vão, porém com algumas lesões. A agitação furiosa necessita, dessa vez, da aplicação da camisa de força; ela se entrega a exibições eróticas, depois aparecem sintomas de melancolia: depressão, recusa de alimentos, autoacusação, atos expiatórios de um caráter repugnante; depois disso, várias vezes, ela diz frases de significação delirante.[40]

Lacan comenta o fato de que Christine, depois, afirmou ter "simulado tais estados", dizendo que essa declaração "não pode de modo algum ser tida como a chave real de sua natureza: o sentimento de jogo é, nesse caso, frequentemente sentido pelo

---

36 Dupré, 1984, p. 47)
37 *Idem.*
38 *Idem.*
39 Lacan, 1932/1975a, p. 403.
40 *Idem.*

Cap. V – Um crime do imaginário

sujeito, sem que seu comportamento seja por isso menos tipicamente mórbido".[41]

Ele termina com duas vidas, e inicia uma tragédia, que tem uma primeira escansão com uma condenação à cadeira elétrica da mais velha, e de Léa, aos trabalhos forçados.

5.3. A HISTÓRIA DE CHRISTINE PAPIN

Marie Magdeleine Lessana faz uma aplicação do conceito de dispostivo – príncipio de articulação de instituição e discurso, linguagens e práticas à posição materna, para aplicá-lo ao caso das irmãs Papin. Nos matemas lacanianos, essa articulação de lugares, práticas sociais e discursos é também perceptível na fórmula da metáfora e também nas fórmulas dos discursos. Aqui, trata-se de algo importante, porém mais modesto na sua estrutura formal, porque se trata de situar a relação mãe-filha, a forma própria que Léa toma na história das irmãs Papin, na história de Christine e Léa.

A mãe de Christine, Clémence Deré, casou-se com Gustave Papin, pai de ambas. Tiveram três filhas: Émilia, em 1902, Christine, no ano seguinte, no dia 8 de março, e Léa, em 15 de setembro de 1911.[42]

Christine vai ser entregue aos cuidados de Isabelle Papin, irmã de seu pai, com apenas um mês depois de seu nascimento. Vai permanecer com eles até a idade de sete anos. A mãe deixa as filhas e as entrega aos cuidados de outros muito cedo. Um acontecimento traumático leva Clémence a retirar Christine de onde estava, porque Émilia teria sido violada pelo pai. Esse evento coincide com o nascimento de Léa. Nessa ocasião, Clémence se

---

41 *Idem.*
42 Dupré, 1984, p. 128.

242 O crime à luz da psicanálise lacaniana

divorcia do marido. Christine vai ser colocada em um pensionato religioso, Le Bom Pasteur. Émilia já fora internada antes, e vai-se tornar religiosa. Essa será também a pretensão de Christine, ao completar 15 anos. Ela vai-se defrontar, então, com a oposição decidida de sua mãe, que não aceita, e começa a colocá-la como empregada em várias famílias da burguesia da província. Christine gostaria de retornar ao Bom Pasteur, e tenta fazê-lo várias vezes, mas sua mãe interdita esse desejo. Para Lessana, a escolha de "tornar-se religiosa" equivaleria a inscrever a renúncia de uma sexualidade procriadora.[43] No entanto, o aspecto principal da questão é que, ao se tornar religiosa, entrará no domínio de "uma outra lei, diversa daquela da mãe, e se emancipava desta".[44]

Ainda que Christine insista, Clémence não cede, e rompe com sua filha mais velha, religiosa. Émilia, com relações problemáticas com o pai, deixou a mãe, e adotou uma outra filiação. Ela tomou o nome religioso de Sainte Marie de La Nativité. Seu novo nome indica a que renuncia: a ter mãe, marido e filho. Para Lessana, Christine ocupa um lugar especial no desejo da mãe. Esta "a coloca durante toda a vida na presença de uma "irmã Papin".[45] A primeira "irmã é sua tia Isabelle (irmã do pai). Em seguida, Émilia (irmã mais velha e religiosa), chamada, no círculo da Igreja, "irmã". Léa vai acompanhá-la sempre nos mesmos lugares. Lessana acrescenta, ainda, a proximidade com as irmãs do casal Lancelin, pois seria provável que as duas irmãs Lancelin estivessem em casa antes do casamento da mais velha. Dessa maneira, as irmãs Papin se tornam empregadas das irmãs Lancelin.

É a questão que coloca Lessana. Irmã Papin é uma importante nomeação imposta por Clémence na vida de Christine: "será ela cifra de uma desejo materno?".

---

43 Lessana, 2010, p. 362.
44 *Idem.*
45 Lessana, 2010, p. 363.

Cap. V – Um crime do imaginário   243

A questão é saber o que representa Léa, a irmã que Clémence cola a Christine. A função materna de Clémence, sempre com uma distância da filha, ela se faz suceder por uma irmã que deve estar perto de Christine. Deve velar por ela, não ficar só, em um mundo estranho, longe da mãe. Clémence velaria, através da irmã interposta. Lessana nota, no entanto, que essa interpretação traz em si uma ambiguidade, porque esse velar é ambíguo, porque implica, ao mesmo tempo, "proteção tanto quanto vigilância". Tratar-se-ia de manter Christine em uma proximidade familiar, "o calor de uma irmã interpondo-se às influências educativas, afetivas e eróticas dos outros que se aproximam".[46] Trata-se de impedir que Christine passe para uma outra dominação. Mas há também que ver que Christine deve cuidar da mais jovem e, nesse ponto, também exercer o papel que a mãe, longe, não cumpre. Clémence quer manter Christine sob a sujeição de seu amor. Como esse amor não pode ser desdobrado de forma direta, ela mantém Christine a uma boa distância, graças à irmã. Clémence sempre retira as filhas das casas, quando sente que vai perder o poder sobre elas. O pretexto que usa é serem as condições de trabalho inadequadas. É também Clémence quem recebe o pagamento das filhas.

Qual a atitude da mãe frente às filhas, na vida cotidiana? Clémence não se ocupa delas, porém exigia que se apresentassem bem. Ela observava e controlava sua toalete, sempre de forma muito exigente. Quando as via, seu olhar exigente e severo observava se a apresentação era impecável. É Allouch que observa, retomado por Lessana, que a foto das duas, que se encontrou na casa da mãe depois do assassinato das Lancelin, mostra a imagem muito bem-cuidada das irmãs, que Lessana chega a chamar de "perfeita".[47] Tal como a mãe as queria ver, sob seu poder. Mas

---

46 *Idem.*
47 Lessana, 2010, p. 364

244   O crime à luz da psicanálise lacaniana

Clémence, com as filhas trabalhando, submetidas à presença de outros sujeitos, seus patrões, corria o risco de que elas se afastassem dela, de perdê-las. O que já ocorrera com Émilia. Assim, Clémence deve observar sua obediência, ver se seu poder continua a existir. Clémence parecia perseguida pela possibilidade de perdê-las. Para Lessana, trata-se de "um amor tirânico e totalitário, parasitado por seu avesso de ódio dirigido aos possíveis raptores de suas filhas".[48] Essa sensação de rapto possível da criança ocorre na mãe, na extensão mesma de sua própria incapacidade de se ocupar da filha. O desejo de se ocupar é, então, "parasitado por impulsos agressivos, assassinos, para com as crianças". Esses impulsos, que são dificilmente reconhecíveis, dirigem-se contra os que ocupam o lugar de substitutas, dos que se ocupavam da criança, vivem perto dela, tocam-na, gozam de sua presença.

Assim, para Clémence, a raptora é a que a substitui, ocupando-se de suas filhas. Clémence podia sempre retirar as filhas do emprego e receber também seu dinheiro. Na interpretação de Lessana, Clémence visava como perseguidoras potenciais às que tinham autoridade sobre suas filhas. A autoridade que substituía a mãe podia sempre ser interrompida, estava permanentemente sob o risco de ser suspensa. Tratava-se de evitar que se "faça qualquer ato de inscrição de suas filhas em uma nova filiação, que ela não as adote".[49] O que Lessana chama o dispositivo de Clémence repousava em "uma desconfiança comum para com os patrões, que soldava, ligava a mãe às filhas. Isso se traduzia por uma fórmula. É preciso não se "importar com o que se faz ou diz" (*laisser faire*). Qual era o papel de Léa, na perspectiva de Clémence, junto a Christine? Ela não era suscetível de rapto. E votava à irmã um amor ilimitado e, portanto, não representava um risco, seu papel era positivo. Christine, por outro lado, se

---

48   *Idem.*
49   Lessana, 2010, p. 365.

Cap. V – Um crime do imaginário

ocupava da irmã mais jovem. É Lacan quem diz que não existia distância entre elas para se ferirem. Lessana atribui uma importância especial à distância, ao longe, no que aparece como a prática materna de evitar o ódio. As duas irmãs ocupavam seu tempo livre em bordar a roupa branca fina, roupa de cama, de uma maneira refinada e dotada de delicada perfeição. A roupa branca toca de forma íntima a pele. A jovem que a veste, que se envolve com ela, mostra-se bela e desejável. Mas também a roupa esconde, oculta o que há de provocador na feminilidade. Ela a cobre com pudor e virtude. As duas irmãs mantinham sua toalete em uma mala especial. Era um traço de união silenciosa com a mãe. Era assim esse saber fazer que mantinha uma relação erótica entre as duas. Era o que lhes permitia manter uma imagem de elegância que as assemelhava e as fazia "perfeitas", sob as vistas da mãe exigente. Era uma imagem fabricada e enquadrada pela roupa íntima. Havia, assim, graças ao uso da aparência "uma versão nobre de sua condição subalterna".[50] O que Lessana chega a chamar de par mágico, que não aceitava, recusava a humilhação.

5.4. ALLOUCH E SEU ESTUDO DO CASO: UM CRIME DO IMAGINÁRIO

Na segunda parte de seu livro sobre o crime de Christine e Léa, Allouch dedica-se ao estudo clínico do caso. No primeiro desta série, o oitavo do livro, ele se interroga se o caso das irmãs Papin seria um caso de esquizofrenia: no nono, ele discute o diagnóstico de Lacan entre autopunição – como no caso Aimée – e paixão narcísica. No último, ele procura fazer um balanço do aporte psicanalítico, interrogando-se sobre os registros que ope-

---

50 Lessana, 2010, p. 366.

246   O crime à luz da psicanálise lacaniana

raram no crime e, particularmente, sobre o diagnóstico de "loucura a dois", além de interrogar-se sobre a natureza da passagem ao ato, ou a quem o criminoso ataca, que será também o objeto de um trabalho sobre o crime, feito por Silvia Tendlarz.

5.4.1. Christine: sob o império da cólera

Na parte terminal, é com a questão "de que a passagem ao ato foi a solução?". Essa questão é seguida de outra: "Qual o preço desta solução?". Francis Dupré, pseudônimo de Jean Allouch, considera, em primeiro lugar, "que a perspectiva nosográfica não basta, mesmo que contribua para o debate concreto", diz ele, do caso.[51] Allouch cita Christine: "Eu lhe peço, senhor, como fazer, porque tenho dificuldade em confessar e lhe dizer como fazer para reparar".[52] São as últimas palavras escritas por Christine Papin, em 21 de setembro de 1933, de que dispomos, e é possível que tenham sido, de fato, as últimas que escreveu, como afirma Allouch. Um pouco antes, ela dirigiu-se ao juiz de instrução de Le Mans, em 10 de agosto de 1933, ela fala do "estado de fraqueza moral em que estou há um certo momento".[53] E se escusa "por tê-los perturbado, a todos".[54] E, também, "de ter dito coisas absolutamente falsas, as quais lamento muito lhes ter confessado, ter agido sob o império da cólera, o que é verdade".[55]

Para Allouch,

> (...) o crime de Christine e Léa vai permitir a Lacan avançar no que está em vias de tornar-se sua teoria, o primeiro elemento do ternário RSI, na verdade o imaginário. Não apenas as irmãs

---

51   Dupré, 1984, p. 248.
52   Dupré, 1984, p. 262.
53   *Idem.*
54   *Idem.*
55   Dupré, 1984, p. 172.

Cap. V – Um crime do imaginário

atacaram imagens, mas atacaram "a si mesmas", "almas siamesas", tendo atacado também o par mãe-filha.[56]

Esse ataque a si mesmas, como diz Allouch, Lacan vê os sinais no delírio de Christine, depois de alguns meses. No delírio, Christine vê Léa morta: "ela vê sua irmã morta".[57] Morta com o golpe que fez contra si mesma. Como a morte de uma siamesa, que acarreta a morte da outra.

Allouch diz que Lacan forçou os fatos, por estar absorvido na elaboração de sua teoria. Lacan vê o crime como "súbito, simultâneo". Na descrição da passagem ao ato, ele se refere ora a cada uma, ora a elas; "cada uma se apropria de uma adversária, arranca-lhe, viva, os olhos da órbita". E acrescenta: fato inédito nos anais do crime – e a mata a pancadas. "Elas, diz Lacan, se encarnecem sobre o corpo, arrasam a face etc.".[58] Allouch nota que Lacan não diferencia entre as duas irmãs, "seja nos seus atos, seja nas suas palavras".[59] E mostra que "uma não foi a reduplicação exata da outra".[60] Diz que não são propriamente um duplo.

Allouch recorre a Lacan, para quem não há, "no delírio a dois", contágio mental nem elemento indutor.

5.5. AS MULHERES IDEAIS PARA AS IRMÃS PAPIN; A INTERPRETAÇÃO DE COLLETTE-CHOURAQUI SEPEL

Christine morreu aos 32 anos, com uma psicose que a comunidade terapêutica não punha em dúvida. Léa, liberada em

---

56 Dupré, 1984, p. 242.
57 *Idem.*
58 Dupré, 1984, p. 241.
59 *Idem.*
60 *Idem.*

1943, bem depois, empregou-se em um hotel. O jornal *France Soir* a entrevistou. As respostas, associadas às recolhidas por Paul Houdoyer, para seu filme, "*Le Diable dans la peau*", ajudam a compreender "as reduplicações", como as chama Lacan, na verdade, esclarecem a psicose de Christine. Permite, de fato, reconstruir a biografia de Christine e acrescenta elementos que esclarecem sua psicose.

O que se observa? Diz Colette Sepel: "um certo número de figuras ideais, modelos identificatórios vêm opor-se à figura materna, temperá-la.[61]

É o fio condutor que ele seguirá para dar conta do percurso, da lógica do delírio perverso de Christine Papin. O antes e o depois do assassinato de Léonie e Geneviève Lancelin. Sepel dá conta também do lugar do objeto olhar para Christine "entre olho e observação".

Da vinheta sobre a história clínica da família Papin, Colette Chouraqui-Sepel extrai alguns elementos importantes que vamos ressaltar.

Do casamento de Gustave e Clémence, os pais de Christine e Léa, em 1901, ela ressalta a reprovação geral a que visa Clémence. Ela é considerada fantasiosa, insolente, volúvel, com ideias de grandeza. Gustave, no entanto, está loucamente apaixonado. Ela nota, também, a crescente discordância entre os pais. Mau comportamento e arrogância do lado de Clémence. Quanto a Gustave, ciúme acompanhado por violência. Eles se divorciam em 1913.

Só Émilia vive com os pais. As outras ficam com a assistência social desde o nascimento. Elas ficam com a tia. A mãe obteve a guarda de Christine e Léa depois do divórcio. Mas Christine vai ficar com Isabelle, irmã de Gustave, desde os 28 meses de vida, até o divórcio do casal. Isabelle é empregada doméstica desde os

---

61 Chouraqui-Sepel, 1995, p. 84.

Cap. V – Um crime do imaginário

13 anos e conta com o respeito e a confiança de seus patrões, de quem recebeu até alguns bens. Respeitada na aldeia como trabalhadora e independente, dotada de sentido de honra e do dever, sua moralidade é irreprochável. Nesse ponto, ela se opõe a Clémence, nota Colette Sepel, "a escandalosa".

A educação que submete Isabelle resume-se estritamente, assim, a "tornar-se irreprochável, para obter a consideração dos patrões".[62] Ela lhe serve também de pai, de quem herda o patrônimo. Há uma interrupção desse período idílico, que Christine chama de feliz, e que Gustave, o pai, teria tentado violar Émilia, a mais velha.

Clémence não vai denunciá-lo, mas obtém o divórcio, retirando a filha dos Papin e internando-a no "Bom Pastor". Trata-se de um orfanato, mas que tem a reputação de "*bagne*", na França da época, uma espécie de prisão com trabalhos forçados. Estilo das instituições modernas da disciplina para obter os "corpos dóceis", como analisa Michel Foucault. Algo equivalente a Mettray, onde esteve Jean Genet. É uma instituição dirigida por religiosas. Até então, Christine não conhecia Émilia, que vai encontrar e conhecer no "Bom Pastor". Émilia era considerada rebelde, insubordinada. Clémence, em uma carta sobre Émilia, diz: "espero que eles a dominem, ela tem o diabo no corpo".[63]

Émilia detesta a mãe e ama o pai, pensando em sacrificar-se a Deus por ele. Prometera tornar-se religiosa, caso ele sobrevivesse à Primeira Guerra Mundial. Ela vai-se tornar, com efeito, em 1918, irmã do "Bom Pastor", com o consentimento de Gustave e a reprovação de Clémence, pois Christine é menor. Clémence passa a sentir-se roubada pelos católicos. Estes lhe roubaram a filha. Ela pretendia colocá-las como domésticas desde que pudesse.

---

62 *Idem.*
63 *Idem.*

Colette Sepel ressalta que Christine apresenta, desde sua entrada no orfanato, "fenômenos elementares". Notação clínica importante. Ela apresenta manifestações de angústia, despersonalização, tremores e vazios interiores, estranheza de suas mãos e de seu corpo, que não reconhece mais como seu.[64] Ela é protegida e tranquilizada por Émilia. A figura fraterna torna-se objeto de amor, e, diz Sepel, "mulher ideal". Ela é duplicada pela irmã superiora, dotada de extremo rigor e senso de justiça, ao mesmo tempo.

Assim, Émilia está para Christine na posição de ego ideal i(a), e a madre superiora, na posição de ideal do ego, I.

Em 1920, Christine tem 15 anos, e deseja, assim como Émilia, tornar-se religiosa. Clémence se opõe, retira-a do "Bom Pastor" e a emprega como doméstica. Christine foge por três vezes, para tentar tornar-se religiosa, mas sem o consentimento de Clémence, isto é impossível para uma menor. Teria que esperar a maioridade. "Não há, assim, recurso possível ao pai real ou aos Papin".[65]

A tia Isabelle se casou, deixando-a, e o pai não dá sinal de vida, tendo-se, talvez, casado novamente.

O apelo ao pai simbólico é assim impossível para Christine. Como observa C. Sepel, ela está inteiramente entregue ao "desejo materno". É nesse ponto que a psicose se desencadeia. Sepel pensa que a entrada na ordem religiosa poderia ter evitado o desencadeamento. "O significante "Bom Pastor" poderia produzir uma suplência do Nome-do-Pai forcluído.[66]

Christine vai ter que se resignar a seu emprego, que seria uma maneira de perder seu patrônimo. Ela irá recobrá-lo com o assassinato. É o que Jean Genet vai ressaltar na sua peça "Les bonnes" – As Criadas –, escrita a partir do crime das irmãs Papin.

---

64 *Idem.*
65 *Idem.*
66 *Idem.*

Antes, só teria o nome Christine, tornando-se a "jovem Papin" depois da passagem ao ato.

Ela vai seguir os princípios que lhe inculcou a tia Isabelle; trabalhar o melhor possível para conseguir o respeito de seus patrões.

Colette Sepel nota que aparecem, então, novos sintomas: "rituais de limpeza, irritação compulsiva com objetos que resistem a ela, tentativa desesperada de pôr ordem em seu universo.[67] Este, pela segunda vez, se decompõe. Seu humor piora, "seu caráter se torna cada vez mais sombrio".[68]

Christine teve três empregadores, de 1920 a 1927, que estavam plenamente satisfeitos com ela. Eles relevam sua extrema suscetibilidade. Ela não tolera qualquer observação, por menor que seja, seja dos patrões, seja de sua mãe. Sente-se visada por qualquer observação, como se tratasse "de um olhar duplicado por uma injúria".[69]

Clémence continua a estar presente, de forma arrogante, na vida de sua filha, seja através de Léa, seja através de seus patrões. Clémence retira as filhas do emprego, quando considera os salários insuficientes. Ninguém se interpõe entre Christine e a mãe, que não é amada e nem ama a filha. Clémence age como perseguidora. Age, dirigindo segundo seu capricho.

Em 1927, Christine atinge a maioridade. Ela não vai dirigir-se ao "Bom Pastor", de onde recebeu três recusas. Émilia, por outro lado, afastou-se dela, ligando-se às irmãs de sua congregação. Ela não se tornará irmã de caridade. Será uma criada. Aliás, ela já está como criada. Será necessário que se torne irmã, irmã mais velha materna de Léa. Ela deverá tornar-se protetora da mais nova. Vai ser preciso arrancá-la de Clémence. Essa é a missão que agora vai animá-la. E isso torna-se tanto mais forte porque encontrou

---

67 Chouraqui-Sepel, 1995, p. 85.
68 *Idem.*
69 *Idem.*

em Léonie Lancelin "uma figura materna ideal".[70] Madame Lancelin aceita Léa, dois meses depois de ter empregado Christine. Geneviève, a filha de Léonie Lancelin, exerce fascínio sobre ela, por seu refinamento, sua sofisticação. Mas é Léonie Lancelin quem Christine admira, sua patroa. Madame Lancelin segue os ditames da moda, seus vestidos, sua toalete são extremamente finos. Toda a sua *lingerie* é da melhor qualidade. E Christine destina às belas roupas e tecidos que viera a conhecer no "Bom Pastor" um "amor apaixonado".[71] Tanto Léonie como Christine têm um forte sentido de organização. Léonie Lancelin é muito justa e religiosa, mas estabelece uma distância marcada para com suas criadas. Ela age junto à mãe de Christine, para que as filhas de Clémence conservem a totalidade do salário. A mãe tenta que as filhas deixem Madame Lancelin, por demais exigente. Mas não tem sucesso nesse projeto. As irmãs não se submetem mais a Clémence, e Léonie Lancelin as defende. Pouco depois, Christine, ao conversar com Léa, vai chamar Madame Lancelin de mamãe.

Em 1929, a ruptura entre as irmãs e Clémence torna-se completa, sem retorno. Léa e Christine interrompem as visitas aos domingos. Elas vão manter-se juntas, no seu quarto, no domingo à tarde, e ocupar-se em bordar com agulha roupas de baixo; fazem belas roupas, de que se vai encontrar, depois do crime, uma mala cheia.

Clémence, porém, não se detém nem desiste. Insiste, escreve e remete duas cartas que vão permanecer sem resposta. Clémence as endereçara a Christine. Nessa carta, a mãe adverte as filhas contra as amigas aparentes, que são, de fato, inimigas. Na verdade, trata-se de suas patroas católicas que desejam colocá-las no convento. Trata-se da obsessão delirante de Clémence, que, su-

---

70 *Idem.*
71 *Idem.*

Cap. V – Um crime do imaginário

postamente, já vira Émilia, sua filha mais velha, ser-lhe roubada, e agora vê as outras sê-lo também.

Há, em seguida, o episódio da queixa na prefeitura, que já descrevemos. Colette Chouraqui Sepel coloca a questão importante do que teria levado Christine, seguida por Léa, a procurar o prefeito, para queixar-se. Sua hipótese, sua pergunta, é que teria sido a insistência de Clémence. Ela se dirige à prefeitura, superexcitada, fala de forma incoerente. Queixa-se de vagas perseguições. Em seguida, passa a acusar o prefeito de procurar prejudicá-la, em vez de defendê-la. Nem Léonie Lancelin "mamãe" é capaz, não pode impor uma barreira à perseguição de Clémence. O comissário de polícia interroga as irmãs, e preocupa-se com seu estilo exaltado, extravagante – *"piqué"* – , chama a atenção do Sr. Lancelin, mas sem consequência alguma. A investigação a que ele procedeu junto aos vizinhos fez com que ele concluísse que Christine e Léa podiam tornar-se perigosas. "Sombrias, taciturnas, inseparáveis, fechadas sobre si mesmas, não dirigem a palavra aos vizinhos há dois anos",[72] é o que conclui o comissário. Formam o que o Dr. Logre vai chamar, no seu depoimento, "um binômio moral, um par psicológico". De natureza patológica. Delas, diz Jacques Lacan: "verdadeiras almas siamesas, formam um mundo fechado desde sempre... Com os meios apenas de seu pequeno mundo, devem resolver seu enigma, o enigma humano do sexo".[73]

O estado de estabilização de Christine é muito precário. Assim, ser a irmã amante de Léa em (i) sob o olhar benevolente e respeitoso de Léonie Lancelin em (I), para quem trabalha como criada, sem defeitos ou falhas, tem na verdade o estatuto de uma metáfora delirante, instável. Essa instabilidade não lhe permite aceder a uma estabilização real. O que ocorre é que o

---

72 *Idem.*
73 Lacan, 1932/1975a, p. 390.

estatuto de Léonie Lancelin não consegue, de fato, neutralizar Clémence. A mãe encarna o Outro real perseguidor. Trata-se de um *quatuor*: Christine-Léa-Léonie Lancelin-Clémence, que é "perigosamente explosivo".[74] O drama explode, como sabemos, em fevereiro de 1933. O ferro de passar, que fora consertado no dia anterior, apresentou de novo um defeito, e as irmãs não puderam terminar seu trabalho. Léonie e Geneviève Lancelin entram subitamente, vindo de um evento caritativo. Christine desce as escadas, por causa da pane de eletricidade, com uma vela na mão. Ela passa a informar as Lancelin.

Como explicar o que se passa, então, o furor da passagem ao ato de Christine, seguida por Léa, que vai arrancar-lhes os olhos e depois ferir-lhes o sexo e matá-las?

"Acho melhor ter a pele de minhas patroas a que elas tenham a minha e a de minha irmã", é o que vai dizer e redizer no interrogatório.

Há aqui dois elementos: primeiro uma observação, depois segue-se um gesto de Léonie Lancelin.

De que gesto se trata? Léonie Lancelin a pega pelo braço, colocando a mão sobre ela. Falta-lhe com o respeito. O gesto de tocá-la trata-se de um domínio, de uma imposição de poder intolerável, de que Christine vai liberar-se de forma extrema, radical, feroz.

Colette Sepel, falando do domínio, acha que ele deve ser entendido não apenas no sentido de uma tomada de poder, no sentido simbólico, mas no "sentido mais real, literal".[75]

É um gesto que ecoa um outro, na sua entrada no "Bom Pastor", em que uma moça, considerada como má, a teria sub-repticiamente beliscado. Ela teria, então, sido defendida pela Madre Superiora.

Léonie Lancelin encontrava-se, então, na posição de ideal, assim como a Madre Superiora, e vai cair dessa posição, ao pe-

---

74 Chouraqui-Sepel, 1995, p. 85.
75 *Idem.*

Cap. V – Um crime do imaginário

gar Christine pelo braço. Ela passa à posição de outro perseguidor, que pode gozar de seu corpo de forma sádica. Ela pretende submetê-la ao arbítrio, ao seu capricho. A observação feita por Léonie Lancelin, Christine nunca conseguiu recordá-la. Teria Léonie Lancelin dito a ela que seu trabalho não era irreprochável?! Outra hipótese não respondida é que teriam descoberto a relação homossexual de Christine e Léa.

Para Chouraqui-Sepel, o que importa, o que é fundamental, não é o conteúdo da observação, mas o próprio significante "observação".[76] Este significante deve ser tomado como real, enquanto tal. Trata-se de um olhar e de uma injúria. Elas visam, de forma persecutória, a Christine.

Donde o ato de arrancar os olhos de Léonie, que, com sua dupla intervenção, com o gesto e a observação, tornou-se, em um instante, a perseguidora.

A tentativa de cura pelo ideal "fracassou".[77]

Desaparecem assim Léonie Lancelin, "mãe ideal",[78] Léa , ego ideal, das quais Christine vai-se separar de forma definitiva.

Christine vai dizer, então, a frase que entendemos ser uma épura da passagem ao ato criminoso: "Meu crime é por demais grande, para que eu diga o que é".[79] Nele se condensa a distância entre o ato e a simbolização.

Qual vai ser, então, o recurso de Christine? A quem vai recorrer?

Ela tivera sua vocação religiosa barrada pela mãe. Ela vai encontrá-la no delírio místico que a toma. Christine vai recusar a graça presidencial, isto é, a comutação da pena de morte em prisão perpétua, e também vai recusar as visitas do religioso do asilo. Sua

---

76 *Idem.*
77 Chouraqui-Sepel, 1995, p. 84.
78 *Idem.*
79 Chouraqui-Sepel, 1995, p. 85.

relação com Deus é direta, não passa por seu ministro, por seus representantes. Ela só pode ajoelhar-se diante de Deus, ela, Christine, a que antes recusava a submissão. Lacan chama atenção que é diante dele que se ajoelha quando recebe a comunicação da pena de morte pela guilhotina. Será o único olhar que vai poder suportar.

Esquema R e esquema I na interpretação de Chouraqui-Sepel

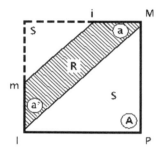

(i): Émilia
M: Christine
I: Madre Superiora
P: Bom Pastor

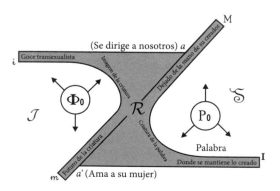

(i): Léa
M: Clémence
(n): Christine
I: Leonié Lancelin

5.6. AINDA UM CRIME DO IMAGINÁRIO: A PASSAGEM AO ATO DAS IRMÃS SIAMESAS CHRISTINE E LÉA NA ANÁLISE DE CATHERINE LAZARUS-MATET

Catherine Lazarus-Matet começa interrogando o caso das irmãs Papin pelo seu lado mistério, pelo seu lado enigma. Mistério inscrito na mitologia dos grandes casos de crime. No entanto, neste caso logo se soube quem matou, com o que, como e quais foram as circunstâncias do duplo assassinato das Lancelin. O dito de Christine:

> Meu crime é por demais grande para que eu possa dizer o que ele é, dá bem a medida da dimensão extrema da passagem ao ato, muito mais extensa do que a do delírio. Este crime não parou de ser interpretado em face da dimensão extrema de horror que ele encarnou.

Lazarus-Matet dá uma resposta tríplice ao que nele pode ser decifrado do ponto de vista psicanalítico. Nele se decifra com efeito "uma lógica quanto ao estatuto do corpo, ao enigma da vida e do sexo".[80] Nesta lógica trata-se também "da construção de uma outra realidade, de um outro corpo".[81] Esta elaboração se faz a partir dos detalhes que encadeiam a vida marcada pela tragédia de Christine e Léa Papin.

---

80   Lazarus-Matet, 2004, p. 169.
81   *Idem.*

Houve, como já vimos, o massacre de dois corpos feito por duas mulheres jovens de atitude aparentemente irreprochável, as duas irmãs cujo laço constituía para Lacan[82] o lugar em que se manifesta o enigma de sua passagem ao ato.

Lazarus-Matet vai seguir o caminho que Lacan indica no seu texto "Homenagem a Marguerite Duras do arrebatamento de Lol V. Stein",[83] em que Lacan vai formular o duplo movimento do *ravissement* (arrebatamento), que é ao mesmo tempo êxtase ou arrebatamento e rapto. Aliás, em português o arrebatamento possui também este duplo sentido. Do arrebatamento diz Lacan: "arrebatada. Evoca-se a alma e é a beleza que opera". Quanto ao segundo sentido de rapto: "Raptora é também a imagem que vai se impor a nós esta figura ferida, exilada das coisas, que não se ousa, mas que faz de você sua presa".[84] Beleza, imagem, ferida exilada das coisas, tocar, presa. É este conjunto de termos que se ordenam para traçar o caminho de Lol na direção do que ela chama "sua felicidade", no "fantasma de substituição de seu corpo pelo da outra mulher", lembra Catherine Lazarus-Matet.[85]

São estas mesmas palavras que Catherine vai organizar de outra forma para dar conta do percurso de Christine e Léa Papin, que ela chama "problema ou *affaire* de corpo, no qual se misturam a vida e a morte e a procura de um outro corpo, talvez simplesmente de um corpo". Esta construção é revelada pelo delírio de Christine, ainda que tosco, mal construído. Lazarus-Matet nos diz que a história de Lol V. Stein se enlaça com uma história de substituição de corpo para a qual Jacques-Alain Miller propôs a escrita seguinte:

---

82   Lacan, 1933/1975.
83   Lacan, 2001.
84   Lacan, 2001, p. 193.
85   Catherine Lazarus-Matet, 2004, p. 170.

Cap. V – Um crime do imaginário

$$\frac{i(a)}{a}$$

Trata-se da operação pela qual o corpo de Lol se faz objeto da substituição pela imagem ideal de Tatiana, "o corpo da outra mulher".[86] Esta fórmula, Jacques-Alain Miller a desenvolveu no seu curso "Os usos do lapso", na lição de 14 de junho de 2000. Lol vai encontrar um corpo na outra. Durante uma parte de sua existência as irmãs Papin conseguiram manter seus corpos em um "invólucro, espelho de imagens femininas ideais".[87]

Mas em um instante, de forma fulgurante, Christine vai se tornar objeto, quando um gesto mínimo, realizado sobre ela, feito por uma outra mulher, aqui Léonie Lancelin, acompanhado de um *reproche*, uma crítica, assinala um "domínio persecutório imediato".[88] É neste instante que vai ocorrer a substituição da imagem ideal pelo corpo objeto:

$$\frac{a}{i(a)}$$

Trata-se de um arrebatamento inverso, em sua face de rapto. Neste instante exato, preciso, a outra mulher deixa seu lugar de Ideal pelo lugar de Outro perseguidor.

Há assim um traço que liga Lol e Christine Papin; são mulheres nas quais é melhor não tocar. Assim Lol V. Stein aparentemente é histérica, mas a psicose se revela quando Jacques Hold se apossa de seu corpo. Algo que sempre caracterizou Christine foi a resposta sempre muito violenta frente a qualquer gesto sobre seu corpo. E qualquer observação crítica na qual se combinam olhar

---

86 Lazarus-Matet, 2004, p. 170.
87 *Idem.*
88 *Idem.*

260 O crime à luz da psicanálise lacaniana

e fala se enlaça, produz um deslocamento imediato, instantâneo, da imagem para o objeto, acompanhado de uma reação de intensa e extrema cólera.

O que caracteriza o mundo das irmãs Papin? É um mundo habitado pela paixão que já surgira no caso Aimée. Lacan publica seu artigo "O duplo crime das irmãs Papin"[89] na revista *Le Minotaure*, em novembro de 1933. Lacan segue o que elaborara no caso Aimée, em que o ato de agressão se inscreve em uma paixão imaginária narcísica. Esta paixão conecta o ódio amoroso e a paranoia de autopunição. No caso das irmãs Papin a autopunição não vai o ocupar primeiro plano. Ela se apaga na paixão de Christine por Léa, paixão que liga duas imagens.

Qual o laço que liga as duas irmãs? Não se trata do que diz Eric Laurent de arrebatamento, no sentido de que equivale "à expulsão do sujeito de seu corpo".[90] No caso das irmãs Papin, diz Lazarus-Matet, "mesmo se cada uma se mira na imagem da outra"[91] este sustentáculo imaginário não é uma substituição de corpos. Trata-se, na verdade, de um mesmo corpo, que é apenas uma forma, um invólucro.

Lazarus-Matet insiste na atenção dada por Lacan, citando-a duas vezes no seu texto uma frase que Christine disse a seu advogado Brière a respeito de Léa: "Em uma outra vida eu devia ser o marido de minha irmã".[92] Ela chama a atenção por dois motivos.

A primeira razão é que o caso das irmãs Papin é essencialmente uma questão de mulheres. Em primeiro lugar, as duas vítimas, Léonie e Geneviève Lancelin, em seguida as duas criminosas, a mãe Clémence e a irmã mais velha Émilia, sem contar

---

89 Lacan, 1933/1975a.
90 Laurent, 2000, p. 17-25.
91 Lazarus-Matet, 2004, p. 171.
92 *Idem.*

Cap. V – Um crime do imaginário

as outras patroas, a tia Isabel e as religiosas do "Bom Pastor". Há alguns homens, mas eles são mantidos a distância.

O motivo é que Lacan considera o enunciado de Christine, sua frase sobre a outra vida, como delirante, inscrito em um delírio fantástico. Trata-se da fórmula "em uma outra vida" que assinala a existência de um outro plano da realidade. Lacan utiliza duas formas verbais: uma, *je devais* (eu devia), e a outra *"je devrais"* (eu deveria). O advogado Brière narra que Christine acredita lembrar-se de uma vida anterior em que teria sido o marido de sua irmã. Uma vez perpetrado o crime, vai se iniciar uma reconstrução da realidade. Lazarus-Matet ressalta o uso repetido por Lacan dos termos mistério e enigma. Lacan interessa-se por algo que está para além da realidade cotidiana; seu interesse ultrapassa o que o crime tem de enigmático.

Se a vida das irmãs Papin é enigmática, nem os juízes nem os *experts* tentaram devassá-la. Frente a este mistério, uma resposta com que se impôs a homossexualidade das irmãs. Christine e Léa Papin sempre a recusaram. No entanto, sua relação exclusiva, por demais próxima, levou a pensar que elas mantinham uma vida sexual secreta, escandalosa. Lacan duvida desta hipótese e pensa existir entre as irmãs um laço de outra natureza. Ele situa o laço passional no "mal de ser dois", para um sujeito. Mais tarde, o "ser a três" de Lol V. Stein vai constituir um eco. Lacan pensa que se deve entender as irmãs Papin como ambas "desesperadamente indissociáveis".[93]

Lazarus-Matet cita o filme recente de Jean-Pierre Denis, *Les blessures assassines* – As feridas assassinas –, que traz o caso de novo para a atualidade depois de Eluard – que as situava saídas de um "Canto de Maldoror", ou ainda Benjamin Peret, Genet, Claude Chabrol, Simone de Beauvoir e Sartre. Este filme apresenta o

---

93   Lazarus-Matet, 2004, p. 172.

laço de Christine e Léa como de uma homossexualidade efetiva. É uma interpretação, uma escolha do diretor, que corresponde à conjuntura de nossa atualidade. Este laço é uma possibilidade, mas não se pode estar certo dele nem contestá-lo. Não se pode no entanto fazer da homossexualidade uma das razões essenciais do crime. Esta interpretação reduz a "causa do crime a uma agressão reativa das irmãs Papin, diante da descoberta de sua homossexualidade por suas vítimas".[94] Por outro lado, há também no filme a presença de uma violência silenciosa, já instalada, e nas irmãs Papin mostra momentos de ausência que denunciam seu mal-estar. E mais ainda: Christine só vai encontrar o caminho de um sofrimento erotizado depois da passagem ao ato.

5.7. NO CRIME, A SUBSTITUIÇÃO DAS MULHERES IDEAIS

Desde a descoberta do crime, Christine diz: "É melhor que tenhamos a pele delas do que elas a nossa".[95] Lacan considerara a extração dos olhos como a realização "literal da metáfora do ódio"; esta frase se insere em um registro idêntico. Mostra o processo de perseguição e "dá ao corpo seu estatuto de pele, de casca".[96]

Assim as empregadas apresentam-se como "as imagens perfeitas a serviço de outras imagens perfeitas" (i) e se sustentam neste "apoio imaginário".[97] Sua vida poderia prosseguir, possuindo elas um lugar, se a ruptura com Clémence, a mãe, não modificasse o equilíbrio. De fato, algumas religiosas, assim como as patroas, desempenharam o papel de figuras femininas maternas ideais. Quando Léonie Lancelin intervém opondo-se a Clémence,

---

94   *Idem.*
95   Lazarus-Matet, 2004, p. 174.
96   *Idem.*
97   *Idem.*

Cap. V – Um crime do imaginário 263

ela ignora, não pode saber que é imperativo deixar seu lugar na "relação conflitiva das filhas com a mãe".[98] Vai se operar um deslocamento da posição de Léonie Lancelin, de uma posição de imagem ideal, e mesmo de Ideal, oposta a Clémence, a "uma de perseguidora potencial. Lazarus-Matet concorda aqui com a análise de Chouraqui-Sepel. Com efeito, referindo-se a esta, Catherine diz que pode se conceber que uma estabilização pelo imaginário podia constituir uma suplência a ausência de pacificação simbólica do mundo de Christine".[99] Mas desde o momento em que Léonie se torna "mamãe, sem o saber, ela é no exato momento em que faz uma observação, o Outro perseguidor materno que faz esvanecer a imagem perfeita de Christine. Ela faz desaparecer sua imagem que dá forma "a um corpo e lugar a um sujeito".[100] No mesmo instante Clémence vai ser chamada de Madame pelas filhas.

5.8. O MISTÉRIO DAS IRMÃS PAPIN; " O MAL DE SER DOIS"

Lacan, como dissemos, não acredita na homossexualidade atribuída às irmãs Papin. O casal que formam é de uma natureza diversa, não se trata de uma parceria sexual. O enigma de sua passagem ao ato criminoso se localiza no laço muito forte que as une. O Dr. Logre, que se opusera aos diagnósticos de normalidade e afirmava a existência da loucura pedindo uma outra *expertise*, atuou no processo como testemunha. Como vimos, ele propôs vários diagnósticos e notou o caráter estranho do par. Dirá que se trata de um "casal psicológico" e, diante dos depoimentos praticamente iguais, diz que se tem a impressão, "se acredita ler duplicado".[101]

---

98   Lazarus-Matet, 2004, p. 175.
99   *Idem.*
100 *Idem.*
101 *Idem.*

264 O crime à luz da psicanálise lacaniana

Na década de 1930, Lacan entende este caso como "fruto de uma fixação do ego ao objeto mais próximo do sujeito".[102] Ele concebe que a estrutura das paranoias se deve ao complexo fraterno, como propôs para o caso Aimée. A construção do caso das irmãs Papin vai ser para Lacan fruto de "um esforço desesperado para se libertar da fixação primeira do ódio amoroso".[103] Aqui se trata de uma irmã que tem valor de ideal. Diz Lacan: "Paixão mortal que acaba por se matar".[104] Lacan define este laço passional como o "mal de ser dois", que pouco "as liberta do mal de Narciso".[105] Ele diz ainda: "Parece que, entre elas, as irmãs não podiam mesmo tomar uma distância para se machucar".[106] O crime vai então operar como o agente da separação impossível das irmãs. O que em Aimée seria a dimensão da autopunição aqui se apaga diante de um outro uso do corpo das vítimas.

Nesse duplo, Léa aparece como a réplica de Christine, sua irmã. Aparece como "quieta como uma imagem", doce, e como sua irmã não suportando as observações críticas.

Depois que foram detidas e encarceradas, vão ser inicialmente separadas. Christine vai narrar seu ato criminoso e reclamar aos gritos a presença de Léa. Esta vai dizer: "Eu sou surda e muda",[107] sem reclamar a presença de Christine. Depois ela vai repetir de forma idêntica, as declarações de Christine, partilhando com ela a responsabilidade no crime. Mas, como vimos, os inquéritos vão estabelecer a responsabilidade inicial de Christine. Léa vai apoiá-la e fará como sua irmã as mesmas violências e agressões. Christine acredita ter sido em outra vida o marido de sua irmã. Léa, na realidade, apoia e "esposa" o discurso delirante de sua irmã.

---

102 *Idem.*
103 *Idem.*
104 *Idem.*
105 *Idem.*
106 Lacan *apud* Lazarus-Matet, 2004, p. 175.
107 Lazarus-Matet, 2004, p. 176.

Cap. V – Um crime do imaginário

Simone de Beauvoir assim fala da tragédia das irmãs Papin. Diz que nas suas grandes linhas ela lhe parecera, como a Sartre, "imediatamente inteligível".[108] Ela prossegue:

Mas quando lemos o resumo da instrução, ficamos desconsertados: indiscutivelmente a mais velha estava tomada por uma paranoia aguda, e a mais jovem esposava seu delírio. Tínhamos nos enganado em ver nos seus excessos o selvagem desencadeamento de uma liberdade: elas tinham atacado mais ou menos cegamente através de terrores confusos: tínhamos repugnância em acreditar nisto e continuamos a admirá-las surdamente".[109]

Simone diz que ela e Sartre se indignaram quando "os psiquiatras as declararam sãs de espírito".[110]

Próximo do período do "Frente Popular", em 1936, o crime parecia a expressão de uma liberdade dos corpos submetidas à vontade das classes burguesas, é o que comenta Lazarus-Matet. Mas na verdade é uma outra liberdade que Christine e Léa vão procurar no seu crime, tendo afirmado que as patroas as tratavam bem. Sem contar que seus patrões não tinham direito algum ao gozo de seus corpos. Neste caso, qualquer gesto intrusivo "marca um limite inaceitável".[111] A perfeição das patroas dá-lhes um lugar ideal. E, quanto às irmãs, "é enquanto imagens perfeitas e intocáveis, que elas preservam o lugar de seus corpos".[112]

---

108 Beauvoir, 1960, p. 151.
109 Beauvoir, 1960, p. 152.
110 *Idem*.
111 Lazarus-Matet, 2004, p. 178.
112 Lazarus-Matet, 2004, p. 177.

5.9. DEUS E O DELÍRIO DAS IRMÃS PAPIN

Lacan vai dizer que se questionarmos seu "paralelismo criminoso" encontraremos a resposta no laço exclusivo das irmãs Papin. Os participantes do processo ficaram impressionados pela preocupação constante e repetida das irmãs de partilharem a responsabilidade do crime. O caráter extremamente forte de sua ligação aparece não apenas no que Lacan chamou paralelismo criminoso mas também na confissão paralela. Chegou-se a falar de delírio a dois. Lacan aceita e adota a ideia do delírio a dois, no sentido comum de "um sujeito ativo e um sujeito passivo".[113] Isto ocorre entre pessoas próximas e serve para esclarecer o paralelismo criminoso.

Deus é uma figura presente para as irmãs Papin, e substitui totalmente seu pai, inteiramente afastado. Émilia se dedicara inteiramente a Deus, único que pode dispor de seu corpo, quando tomou seus votos.

E Christine, ajoelhando-se na hora da sentença, fará entender que "aceita morrer para Deus", e que não se submete à justiça humana.

Como outros autores viram – Allouch (1990), Lessana (2010) –, Clémence, a mãe, é delirante.

Isso pode ser visto nas cartas que ela endereça a suas filhas depois da ruptura com elas. Clémence insiste aí no temor de que queiram fazê-las entrar no convento, que as pessoas que elas – Christine e Léa – creem serem suas amigas são, de fato, inimigas, que Deus não vai permitir que façam delas o que querem, mesmo sendo seus patrões. Estas ideias delirantes tomaram conta de Clémence depois que Émilia escolheu entrar no convento. Quem encarna o inimigo são os católicos que desejam tomar suas filhas. Clémence era possuída pelo temor das ideias religiosas. Christi-

---

113 Lacan *apud* Lazarus-Matet, 2004, p. 177.

Cap. V – Um crime do imaginário

ne vai partilhar ideias de perseguição com sua mãe e também o amor de Deus como sua evolução na prisão vai mostrar. O delírio a dois ligaria Christine à mãe, outro duplo, além de Léa. Entre as irmãs não seria um delírio a dois, mas "loucura a dois". Loucura entendida aqui no laço sem separação.

Para Lacan, Christine e Léa são afetadas por psicoses não idênticas, porém, "correlativas". Depois da passagem ao ato, com a separação das irmãs, pode-se ver uma confirmação desta distinção. Como dissemos antes, cinco meses depois de presa, Christine vai ter fortes crises de agitação e vai tentar arrancar os olhos e pede a presença de sua irmã. Léa vai ser trazida depois de uma violentíssima crise, para acalmá-la. Diante da irmã ela quase a sufoca e arranca uma parte de sua roupa. Ela vai apresentar alucinações em que vê a irmã morta e com as pernas cortadas. Vai encontrar a irmã diante do juiz e grita para ela: "Diga sim, sim!". Lacan, no que outros vão considerar uma confissão do segredo de sua homossexualidade, vê a "expressão da paixão revelada à luz do dia".[114]

Christine não vai mais falar de Léa e vai acreditar que suas vítimas estão vivas, mas em outro corpo. Para ela, Léa morreu mas suas vítimas permanecem vivas. Christine é tomada por um delírio místico. Depois da condenação à morte, cai na melancolia, e vai ser internada em um asilo, onde morre quatro anos depois.

Léa vai cumprir sua pena de trabalhos forçados. Algumas vezes pede a presença da irmã. Saindo da prisão, vai encontrar a mãe e trabalhar como camareira em um hotel. Depois da morte da mãe, teria ido para um convento, mas não se sabe se era o mesmo de Émilia. Teria morrido segundo alguns, mas um documentário de Charles Ventura, em 2000, diz que ainda estaria viva, afásica, diminuída. Ela teria se ligado a um homem, que a conhecera jovem, seguindo um percurso diverso de sua irmã Christine.

---

114 Lacan *apud* Lazarus-Matet, 2004, p. 178.

Qual o sentido de seu gesto? Se ele tira a vida, seu objetivo era encontrá-la. Ela chegou a este ponto por não encontrar o que atribuía a suas vítimas. Confundem-se aqui o olho e o olhar, assim como "a pele e a visão".[115] Era o que deveria ter se obtido com o rapto do corpo: o enigma do sexo.

5.10. PELE E OUTRO CORPO

O gesto excessivo de Léonie Lancelin, o toque de mão no braço de Christine, "faz deste braço um instrumento mortal que reduz a imagem ideal em um corpo assaltado".[116] Mas que corpo é este de M. Lancelin? Trata-se de um corpo que não é uma casca (*pelure*). Diferentemente do corpo de Christine, o de Léonie goza da vida, está provido de força fálica, o que não ocorre com a pele de Christine.

Christine, no seu delírio, vai ter ideias de reencarnação. Depois do assassinato de suas vítimas, ela alucina que sua irmã morreu e que suas vítimas vão continuar vivas em um outro corpo. É o que se configura na afirmação de ter tido uma vida anterior, ou que fora o marido de sua irmã. Ela constrói, assim, uma outra realidade, fantasmática, onde tem um corpo, um corpo masculino, o de um homem. Seria então o marido de Léa. Esta ideia, de um marido, poderia dar consistência reforçada à ideia de homossexualidade.

Esse corpo outro que ela imagina é o duplo das irmãs siamesas. Ele vai lhe permitir encontrar não apenas um corpo, mas um espaço, um lugar simbólico, o de um homem e de um marido.

Para Catherine Lazarus-Matet, ainda que se possa ver aí a homossexualidade, pode-se ver melhor, neste ponto, "a substituição de um corpo que substitui a casca, a imagem de um corpo

---

115 Lazarus-Matet, 2004, p. 179.
116 *Idem.*

Cap. V – Um crime do imaginário

falicizado".[117] Este corpo barraria, assim, o gozo materno. Mas ela não consegue construir este corpo.

Imagens, tecidos finos que as irmãs Papin bordam, gosto por belos tecidos, cinzeladura, prega, gesto no braço: trata-se de um conjunto de termos que constituem uma série que gira em torno do estatuto instável do corpo objeto, pele, casca. Segue-se uma outra série, na qual o corpo possui uma função diversa, diferente, outra. Esta situa-se além da imagem: uma outra vida, as ideias de ressurreição, um outro corpo, um outro lugar, o de marido.

Na língua francesa atual não se usam mais os termos "*pinçure*" e "*cinzelure*", isto é, prega e cinzeladura. São termos que se referem a formas de trabalhar os tecidos. Refere-se ao que ambas aprenderam no "Bom Pastor", a costura. Era o que se ensinava às jovens então.

E o que são os corpos? "Peles (*pelures*) que se dobram, em que se praticam incisões, como os tecidos. Aqui se misturam os significantes do corpo e da costura. É onde se pode ter a disjunção do Imaginário e do Simbólico.

5.11. MORTE, RAPTO/ARREBATAMENTO

Dessa forma, o duplo assassinato não se situa apenas no nível em que acreditamos, mas também no plano do visível. E esta dimensão exige um deciframento. Ela deve ser decifrada.

Lacan pensa que, a partir do desenvolvimento do delírio de Christine, o crime separa as irmãs. Ele mata "o mal de serem duas, inseparáveis. E, no delírio, vai matar Léa. Diz Lacan: "É sua aflição que elas detestam neste par que as leva numa quadrilha atroz".[118] Na outra realidade em que vai se localizar Christine, vão

---

117 *Idem.*
118 *Idem.*

inverter-se as noções de vida e morte. É que os corpos mortos não vão suprimir a vida das vítimas.

Foi Jacques-Alain Miller que elaborou na sua "Biologia lacaniana" várias modalidades de articulação do significante e do corpo, dos significantes de vida e de morte.

Trata-se aqui no crime de Christine e de Léa, do que Miller chama de corporificação dos significantes. É o que surge no fato de que as palavras de *reproche*, de crítica e o gesto de tocar tornam-se olhar e olho. Este crime tem a marca da "uma realização do significante sobre o corpo".[119] A partir disto, diz Catherine Lazarus-Matet que "um corpo morto pode liberar um segredo sobre a vida".[120]

Foi na "Terceira"[121] que Lacan situou nas rodelas do nó borromeano, o corpo no imaginário, a vida no nível do real, "sendo o que é mais impossível de imaginar pelo ser humano",[122] a morte inscrita no nível simbólico, porque o significante tem caráter puramente lógico.

A morte equivale, para Christine, a salvar sua pele: a forma do corpo perde sua imagem, tornando-se superfície onde se localiza a vida. A imagem cede lugar ao organismo, zona da vida, não submetida à simbolização.

Em Christine, não enodamento do simbólico e do imaginário, o que torna indistintas para ela as ideias de vida e morte. Lacan, quando Christine cai de joelhos diante do anúncio da sentença de morte, vê neste gesto um sinal de autopunição. Christine aceita a punição feita por Deus, não a que é comandada pela justiça dos homens. Ajoelhar-se corresponde, no entanto, à autopunição, porque aceita a pena de morte que lhe é anunciada.

---

119 Lazarus-Matet, 2004, p. 180.
120 *Idem.*
121 Lacan, 2000.
122 Lacan, 2000, p. 180.

Cap. V – Um crime do imaginário

Há aqui a predominância do registro do imaginário que se mostra na série de substituições que se operam.

1 – Em primeiro lugar, o crime faz desaparecer um par para salvar outro. Os dois pares estão em relação especular, em relação de agressão mútua.

2 – Em segundo lugar, há a paixão recíproca das irmãs que pode ser notada aa´. Catherine Lazarus Matet escreve a relação sem qualquer traço de separação, onde a agressão é impossível.

3 – Em terceiro lugar, sua admiração por suas patroas elegantes. Léonie Lancelin estava em posição de ideal permite as duas irmãs de se sustentar em i(a).

4 – Há por fim a substituição de um corpo por outro, espelho que reflete a si próprio, por um outro corpo, o "do marido da irmã". Trata-se de uma leitura no plano do delírio, de encontrar um lugar simbólico, que não é acompanhado de qualquer fenômeno corporal.

O crime de Christine e Léa Papin fragmenta, reduz a pedaços, o ser duplo. Nele se desdobram duas modalidades de rapto e de substituição que "não deixam lugar algum para o corpo vivo".[123]

Vejamos o que ocorre antes do ato:

Ocorre a observação dirigida a Christine: produz-se então "o esvanecimento brutal de sua imagem – seu corpo é raptado para se fazer "*pelure*" – casca". Isto ocorre no momento em que o Outro a olha ou a toca. Então a casca "*pelure*" e o Outro perseguidor vão suplantar o sujeito enquadrado por seu invólucro corporal. O controle ou o domínio imaginário vão dar lugar, ceder lugar, a um corpo desabitado.

O que procura Christine no crime? Procura nas suas vítimas "o que falta a ela para habitar seu corpo".[124] A outra realidade, a outra vida que ela vai supor mais tarde – no enunciado fantas-

---

123 Lacan, 2000, p. 181.
124 *Idem.*

mático –, aqui o marido de minha irmã, onde seria mais forte, não chega a ser uma construção simbólica consistente. Trata-se de uma tentativa de inscrição no simbólico que não vai funcionar, que fracassa.

Depois da passagem ao ato criminoso Christine vai passar por grave sofrimento físico em que seu corpo vai ser erotizado e vai se exibir de forma obscena, entregue ao grande Outro. Ela vai deixar-se morrer.

Christine, diferentemente do personagem de Marguerite Duras, Lol Von Stein, não vai encontrar sua felicidade.

O crime não suspendeu, não resolveu o enigma humano do sexo. Christine, no entanto, vai ter acesso a uma sexualidade degradada acoplando-se a Deus fisicamente. Neste ponto ela se afasta completamente de sua irmã Léa.

É uma solução que passa pelo delírio. Difere, no entanto, do que ocorre com Schreber, que consegue realizar a restauração narcísica.

Trata-se de uma certa modalidade de "empuxo-à-mulher". Nela o sujeito Christine se submete, com seu corpo e sua alma, à vontade de Deus. Mas Christine não se considera "mulher de Deus". Ela não falta a Deus. Dispõe de um corpo feminino visitado por Deus.

O corpo de Christine vai encontrar de fato um gozo a que não tinha acesso.

A casca (*pelure*) que fora acoplada a Léa torna-se corpo de mulher possuída por Deus. A paixão torna-se "possessão, duas modalidades de des-possessão".[125]

---

125 *Idem.*

CAPÍTULO VI

Pierre Rivière, *serial killer*

Relançar a questão Rivière, "depois de cento e cinquenta anos de psiquiatria, da descoberta da psicanálise, a generalização da medicina penal, da criminologia, era dizer às pessoas de hoje: ei-lo de volta; o que vocês têm a dizer a respeito?" A pergunta de Michel Foucault, que levou à produção de um dossiê sobre Rivière, e um filme com René Allio: "quem era Pierre Rivière", seu enigma, foi que orientou Francesca Biagi-Chai na sua análise do caso, quando estuda os *serial killers*.

Mas, se Rivière, no sentido jurídico e histórico, não é um *serial killer*, como matou, sucessivamente, a mãe, a irmã e, depois, o irmão mais novo? Para que, na sua lógica particular, o pai não tivesse pena dele, assassino, ele segue uma série.

Assim, para Biagi-Chai, ele, a seu modo, inscreve-se nos matadores em série.

6.1. ROUDINESCO: DE SCHREBER A RIVIÈRE

Antes de Biagi-Chai, Roudinesco tentara tratar do caso. Roudinesco recorre a Lacan para situar a posição do sujeito frente a seu ato, no caso do crime das irmãs Papin: "Observamos, para o uso daqueles em que a via psicológica atemoriza, que engajamos o estudo da responsabilidade penal, que o adágio "compreender é perdoar" está submetido aos limites da comunidade humana e que, fora desses limites, compreender ou acreditar compreender é condenar".[1] A psicanálise não deve recuar diante da questão do crime, mas deve explicá-lo mais do que compreendê-lo. Seu registro é o da causa e do sujeito, mas não o da compreensão intersubjetiva.

Três fontes transmitem o que Roudinesco considera o retrato psicológico de Rivière: a canção popular, os anais de medicina legal e o memorial que Pierre, o criminoso, supostamente analfabeto, escreveu para a posteridade, para celebrar e explicar a razão de seu gesto sangrento. Pierre Rivière nasceu na Normandia, no Calvados, no ano de 1815. Foucault e, depois, Roudinesco traçam a nova relação a que está submetido o campesinato, depois da revolução, em que a propriedade da terra é dividida entre os herdeiros. A burguesia compra as terras, e os camponeses se endividam. Roudinesco ressalta, também, o novo poder da psiquiatria, que vai disputar com o direito "à posse do criminoso".[2]

Dependendo da justiça por seus atos antissociais, ele não mais se inscreve no domínio da razão. Pinel, como diz Lacan em Kant com Sade, é um acontecimento na história do pensamento. Para Foucault, ele significa a medicalização da loucura. É o que repete Roudinesco, ao observar que o novo poder psiquiátrico concede ou retira da justiça o poder de punir. Quanto a isso, para Roudinesco, o dossiê de Rivière é exemplar: no dia 24 de maio de 1835, sob a monarquia de julho, com Luis Felipe no trono, rei-cidadão, ele vai ao seu ferreiro afiar a foice. Rivière veste, no dia 30, suas roupas de festa de domingo. No dia 31, ele retoma seus projetos de assassinato, ocupando-se da charrua. Na terça, ele mata sua mãe, a irmã e o irmão. Ele realiza, então, uma fuga "ao mesmo tempo metódica e alucinatória".[3] Vive, na floresta, de ervas, raízes e frutos selvagens; fabrica uma balestra, arma de ar-

---

1   Roudinesco, 1975, p. 2.
2   Roudinesco, 1975, p. 65.
3   Roudinesco, 1975, p. 66.

remesso; dorme nos campos de trigo. "Quando se sente pronto a afrontar a justiça",[4] deixa a floresta e se aproxima de uma aldeia, onde é preso. Rivière "reivindica seu crime em um memorial onde pretende ter vingado seu pai das sevícias que lhe impunha sua maldosa esposa".[5]

Trata-se, assim, da fabricação de um lenda "do ego perseguido".[6] Ele volta contra a sociedade o processo que ela lhe faz. Reivindica contra a racionalidade do mundo da história "a epopeia do delírio", a epopeia da "verdadeira vida fantasmática".[7] Escreve Rivière: "Pensava que a ocasião chegara de me elevar, que, por minha morte, eu me cobriria de glória, e que, no tempo futuro, minhas ideias seriam adotadas, e que se faria minha apologia".[8]

6.2. UM SCHREBER DO POBRE

Roudinesco põe em cena a figura de Schreber frente a Rivière, figura do início do século XX, a partir das análises de Freud de seu caso. Ela nota, diferenciando, pelo menos, que Schreber não era um criminoso nem um rústico. Chama a atenção para o fato de que Schreber saíra de uma respeitável família, e que seu pai, Gottfried Moritz Schreber, de confissão luterana, era o autor de um tratado que versava sobre a educação das crianças. Os jardins que criou nas cidades alemãs, os Schrebergarten, existem até hoje, e são um significante mestre da cultura alemã. A marca da diferença de classe pode marcar uma avaliação negativa do camponês de Calvados, com este apelido de "Schreber do pobre".

---

4   *Idem.*
5   *Idem.*
6   *Idem.*
7   *Idem.*
8   Foucault, 1977, p. 99.

276 O crime à luz da psicanálise lacaniana

"Ora, esse pai, supostamente 'esclarecido', que pregava a harmonia do corpo e do espírito, instalou um sistema educativo de tal rigor, que evocava mais o adestramento dos reflexos do que a inteligência na aprendizagem".[9] Esse pai teve um filho nevropata, na verdade um paranoico. Schreber, jurista muito conhecido, ao ser nomeado para a presidência da corte de Dresde, foi tomado por um delírio e foi suspenso de suas funções, por doença nervosa.

Schreber, paradigma da psicose, ilustra, também, o caráter não deficitário dessa estrutura. Ele próprio apelou à justiça e "reivindicou a pregnância de seu delírio, e foi liberto".[10] Roudinesco lembra que Freud cita o julgamento que o liberou, onde se descreve seu sistema delirante. Roudinesco não estuda as relações formais entre a paranoia de Schreber e de Rivière, como fizeram, utilizando o sistema R, Silvia Tendlarz e Dominique Laurent, para o caso Aimée, e como eu mesmo o fiz, no caso Ulrich. Ela se contenta com o resumo de Freud: "Ele se considerava chamado a trazer a salvação para o mundo e lhe dar a felicidade perdida! Mas ele só podia fazê-lo após ter sido transformado em mulher".[11] Roudinesco situa o caso combinando à paranoia com a situação social de Rivière: ele é o "Schreber do pobre". Como o presidente, ele briga, luta pela imortalidade. "Fazendo-se parricida, vinga seu pai, o pobre coitado, produto da parcelerarização da revolução burguesa".[12] Disputa, diz ela, com o juiz, "o direito de julgar, faz-se poeta do homem decaído, dos heróis desamparados".[13] Roudinesco cita o memorial: Rivière opõe sua mãe às mulheres do passado que lutavam contra a tirania; retira seus exemplos da Bíblia e da Revolução Francesa: "Outrora, viram-se Judith contra os Holo-

---

9 Roudinesco, 1975, p. 66.
10 *Idem.*
11 *Idem.*
12 Roudinesco, 1975, p. 67.
13 *Idem.*

Cap. VI – Pierre Rivière, *serial killer*

fernes, Charlotte Corday contra os Marat". Agora, na atualidade, o quadro se inverte: hoje é necessário que sejam homens que empreguem essa mania, são as mulheres que comandam, agora, este belo século que se diz século das luzes, esta nação que parece ter tanto gosto pela liberdade e pela glória, obedecem às mulheres".[14]

Roudinesco traça um quadro, como ela diz, calcado na "analogia",[15] e não numa homologia de estrutura. De um lado, há Rivière, rústico, filho de um pai cujas terras foram divididas pela Revolução". Mata para "vingar o homem da dominação das mulheres".[16] Mata com a foice, "instrumento de seu trabalho".[17]

Schreber, magistrado, filho do iluminismo e da religiosidade luterana, sua pretensão é "assegurar a perenidade de sua raça e trazer a salvação para o mundo, tornando-se uma mulher".[18]

A leitura de Roudinesco é, por um lado, sócio-histórica, ela situa as disparidades de classe, mas não situa a passagem ao ato, atém-se de forma exclusiva ao delírio. Ela diz: "Uma barreira de classe separa o jurista e o criminoso, vindo lembrar, no entanto, a analogia de um sistema delirante".[19] De um lado, as canções das ruas; do outro, a respeitabilidade. Roudinesco lembra que outros reivindicaram o mesmo direito ao delírio.[20] São os eleitos da lógica delirante, lutando um pelo "renome de uma classe, o outro, pela morte dos vis".[21] Um, criminoso, é tomado pelos tribunais; o outro tem seu texto integrado no saber psiquiátrico. Rivière é localizado no campo médico-legal, Schreber vai fundir-se no grande livro da

---

14 Foucault, 1977, p. 99.
15 Roudinesco, 1975, p. 67.
16 *Idem.*
17 *Idem.*
18 *Idem.*
19 *Idem.*
20 *Idem.*
21 *Idem.*

literatura psiquiátrica.[22] Sem dúvida, a psiquiatria clássica integrou o saber sobre Schreber, mas foi a leitura de Freud e de Lacan e a psicanalítica que lhe deram um lugar especial, único, até hoje.

Roudinesco argumenta que os colaboradores de Foucault "deixaram para outros o conceito de paranoia".[23]

Michel Foucault deixou deliberadamente um espaço aberto para o debate dos psicanalistas e os psiquiatras sobre "quem era Pierre Rivière", ou, ainda, sobre o enigma que constituía sua mãe. Roudinesco argumenta existir uma recusa da "análise dos sistemas delirantes.[24] O que eles tentaram esclarecer foram as "redes de poder nas quais, em um momento da história, e levando em conta o estado da luta de classes, o sujeito, criminoso, encontra-se interpelado".[25]

Trata-se de uma luta muito acentuada, que opõe o poder médico ao poder judiciário. O poder psiquiátrico pretende fazer do "criminoso o sujeito doente do saber psiquiátrico".[26] É o novo homem "livre, o cidadão da revolução, sujeito plenamente responsável por seus atos" (e por seus crimes), que é judicialmente disputado pelo poder psiquiátrico.

A responsabilidade é, agora, encampada pela psiquiatria. Esta revela "o caráter alienante da doença mental".[27] De um lado, o criminoso pode ser um monomaníaco a ser hospitalizado, ou será alguém que simula conscientemente a loucura e deve ser preso? Há, assim, uma disputa entre o asilo e a prisão. A análise genealógica vai restaurar o debate em curso em 1836 "sobre a utilização dos conceitos psiquiátricos na justiça penal".[28] Advo-

---

22 *Idem.*
23 *Idem.*)
24 Roudinesco, 1975, p. 68.
25 *Idem.*
26 *Idem.*
27 *Idem.*
28 *Idem.*

Cap. VI – Pierre Rivière, *serial killer*

gados, médicos com ideologia conservadora opõem uma forte, intensa resistência à nova psiquiatria materialista de Jean-Étienne Esquirol. Há, assim, um campo de luta, em que há vários personagens em presença. Roudinesco lembra a comparação efetuada por Robert Castel entre os três *experts* médicos do caso Rivière. A primeira, de Bouchard, médico tradicional, defensor de uma medicina não especializada, que abandona Rivière à instância repressiva da justiça penal. Em seguida, o Dr. Vastel, autoridade psiquiátrica da Normandia, que utiliza uma "semiologia da loucura ultrapassada".[29] Ela não consegue inscrever "a criminalidade na medicina mental".[30]

Por fim, Esquirol e seus contemporâneos, Pariset e Orfila, tentam anexar Rivière ao novo aparelho psiquiátrico.[31]

Rivière poderia ter-se beneficiado das circunstâncias atenuantes, pela lei de 1832, "mas por seu parricídio, assimilado ao regicídio, é condenado à morte". Ainda que, segundo o juiz, nunca "tenha gozado de toda a sua razão!".[32]

Mais tarde, sua pena é comutada por um recurso ao direito de graça do soberano em prisão perpétua. Mas, Rivière, acreditando-se já morto, suicida-se na prisão central de Beaulieu.

Roudinesco reconhece que, neste caso, não se trata apenas de desenterrar um caso dos arquivos. A pesquisa dirigida por Michel Foucault foi feita com "toda minúcia arqueológica que convém".[33]

O sentido geral desta análise é, a partir de um caso, situar o crime como sintoma social que mantém a delinquência e a infância inadaptadas, condenando-as a um regime de exclusão.

---

29   *Idem.*
30   *Idem.*
31   *Idem.*
32   Roudinesco, 1975, p. 69.
33   *Idem.*

Nesse sentido, a psiquiatria vai ser, muitas vezes, colonizada pela justiça penal.

Mesmo Esquirol, no século XIX, mantendo um "novo saber sobre o louco", não deixa de condená-lo melhor ao ciclo do internamento".[34]

Tratar-se-ia, na análise do caso Rivière, pela equipe do Colégio de França, de uma defesa do direito ao delírio. Essa é a interpretação de Roudinesco, para quem se foi "retraçando pelo viés arqueológico o possível direito ao delírio".[35] Ter-se-iam recusado a "reduzir o assassinato à dimensão sintomática, e, o assassino, à abstração de um caso".[36] Mas não se trata de um tipo clínico, mas da singularidade de um ato de um sujeito. E, quanto à paranoia, Roudinesco observa que "o motivo do crime paranoico permanece inapreensível do ponto de vista de uma lógica social".[37]

O motivo é deslocado sem cessar, como o não dito de um ato que se vem significar no recurso ao delírio.[38] O conhecimento do delírio aparece em uma dupla face: é uma superestrutura que é, simultaneamente, justificativa e negativa da pulsão criminosa".[39] Para Roudinesco, o motivo tem como razão a própria paranoia. Rivière enuncia a revolta do camponês na "linguagem arcaica do inconsciente": os erros do manuscrito, a linguagem distorcida, os lapsos e os neologismos (calibene = instrumento de tortura utilizado para matar pássaros). Schreber, eleito, e o profeta Rivière "deliram a história", criam uma história delirante, na cena do imaginário. Seu produto fantasmático é um homem novo.

---

34 *Idem.*
35 *Idem.*
36 Roudinesco, 1975, p. 70.
37 *Idem.*
38 *Idem.*
39 *Idem.*

Cap. VI – Pierre Rivière, *serial killer*

Para Roudinesco, "o esquecimento da paranoia tem o sentido de um sintoma".[40] Em um livro que denuncia a anexação do crime pela justiça penal, corre o risco de manter o campo do delírio no lugar em o que o inscreve o discurso dominante. Tratar-se-ia de uma historicização mecanicista do processo da loucura. Seu efeito seria projetar "o lugar do delírio na gesta dos heróis da revolta".[41]

Rivière iria encontrar não a história, mas o saber positivo, positivista, "recobrindo o círculo do imaginário e a realidade do fantasma".[42]

O parricida "retrata, na alucinação, a imagem repressiva da dominação patriarcal".[43]

Pierre Rivière tem cerca de 20 anos, na região, quando comete o tríplice assassinato de sua mãe, sua irmã e seu irmão.

6.3. SALVAR O PAI

Para o pai, o médico da família, para os que o conheciam desde a infância, para os psiquiatras que o examinaram, não há dúvida de que ele é louco. Um debate vai dividir os psiquiatras e juízes. A questão que podemos seguir a partir da leitura de Biagi--Chai, no caso Rivière, coloca-se assim: é como orientar-se no registro do real, na clínica dessa psicose, dessa passagem ao ato.

Para Biagi-Chai, a substituição da monarquia absoluta, depois da Revolução Francesa, da era napoleônica, com o advento da monarquia constitucional, instalada em 1830, a figura do pai tinha um novo estatuto. Não mais tem como modelo o Rei de

---

40 *Idem.*
41 *Idem.*
42 Roudinesco, 1975, p. 71.
43 *Idem.*

Direito divino, mas um rei cidadão, Luís Felipe. Assim, com o desenvolvimento do capitalismo e da indústria, Biagi-Chai, com um certo exagero, afirma que o pai estaria em toda parte no século XIX. Mas o pai que Rivière pretende salvar está ligado ao mundo rural, que, sem dúvida, sofreu também o impacto da Revolução Francesa e do código civil.

Rivière diz que seu ato visava a salvar o pai. E que essa ideia que se impusera a ele dera à sua passagem ao ato a impressão de um ato bem refletido, premeditado. Ele, que era visto como um louco da aldeia, por confessar essa premeditação, tomava a forma com uma vontade decidida e segura, inteiramente responsável por seu ato criminoso.

Trata-se de definir o campo do real em que esse ato se inscreve. A escrita do texto, dimensão do real, também, seu memorial, ele o pensara antes. Vai escrevê-lo na prisão. Ela se situa entre delírio e inteligência, delírio e necessidade de escrever, delírio e desejo de reconhecimento.

Quando foi preso, em julho de 1835, errando na estrada, ao lhe perguntarem para onde ia, respondera: "Lá onde Deus manda". Reconhece ter matado, no mês anterior, sua mãe, sua irmã e seu irmão, por ordem divina, de Deus, com o fito de salvar o pai. Depois de cometer o crime, ferindo profundamente os corpos, saiu dizendo que acabara "de libertar meu pai de todas as suas infelicidades. Sei que vão matar-me, mas isso não quer dizer nada para mim".[44] Rivière saiu, em seguida, da aldeia, e, com arcos e flechas que fabricou, passou a caçar animais para se alimentar, colhendo também ervas, na floresta para onde se dirigiu, até o momento em que foi preso.

Da infância de Pierre, os vizinhos falavam de uma criança cabeçuda e bizarra. Colado sempre ao pai, acompanhando-o em toda parte e ajudando-o em tudo.

---

44 Foucault, 1973, p. 26.

Cap. VI – Pierre Rivière, *serial killer*

Mas a marca da ajuda ostenta algo de singular, de estranho. Pierre toma ao pé da letra tudo o que o pai lhe pede. Na sua maneira de reagir, havia algo de cômico, mas também de trágico. Há o testemunho de alguém que viu o pai de Pierre carregando pedras, enquanto ele as colocava na carroça. Quando a viatura já estava cheia, o pai lhe pedia que cessasse a operação. Pierre, como se não ouvisse, preso à primeira ordem, continuava a colocar as pedras. O pai era obrigado, então, a retirá-las. Ele entrava numa repetição automática que só o ato do pai, de retirar as pedras, podia parar. Esse devotamento ao pai toma um aspecto psicótico. A palavra do pai tomava a forma de uma ordem fixa, que se mantinha imóvel, impossível de debater ou de parar, sem qualquer dialética.

Ainda, na dimensão da repetição, ele saía a galopar pelo campo a cavalo sem qualquer preocupação com o animal. Dizia que ia agir como os bichos de chifre, que ia "beuzer", neologismo próximo de *beugler*, "mugir" e "*baiser*". Partia, muitas vezes, subitamente, só sendo encontrado tempos depois. Há, ainda, o testemunho de uma vizinha, que fala de suas "extravagâncias", e até do seu ridículo. Muitas pessoas o encontraram falando sozinho em voz alta. Quando lhe perguntavam por que fazia isso, respondia: "O diabo, o diabo", rindo.

Há um testemunho particular que fala da duplicação da voz, e que merece uma atenção especial. Bem antes do filme *Psicose*, de Alfred Hitchcock, observa Biagi-Chai, a voz do sujeito é duplicada entre a sua própria e a da mãe. Trata-se de uma observação de grande valor clínico:

> Conheço muito mal o acusado, e não posso dar sobre seus antecedentes e seu caráter informações úteis. Lembro-me apenas que, cerca de seis ou sete anos, eu andava repousando no campo à beira de um caminho, ouvi como que duas vozes de homem enfurecidas que se dirigiam uma contra a outra: você é um tratante, eu vou te enganar, e outras coisas semelhantes.

Fiquei aterrorizado e me levantei para, então, ver, por uma brecha que se encontrava no fechamento do campo, e percebi Pierre, que andava sozinho, tranquilamente, fazendo o horrível barulho de que eu falava.[45]

A questão do desencadeamento se coloca: quando esses fenômenos começaram a ocorrer?

Uma descontinuidade, um corte, uma ruptura teriam ocorrido por volta dos 10, 12 anos. O carpinteiro da aldeia de Pierre lembra-se de que ele tinha muita vontade de aprender a ler e a escrever. Mas, "desde a idade de 10, 12 anos, parece que ele se tornou idiota". Entrava em um mundo solitário, de estranheza e de teimosia.

Como, nesse isolamento, se vai colocar a passagem ao ato, a coerção que o leva à ação? E isso, malgrado suas hesitações como sujeito, e mesmo da resistência frente ao crime?

Há um importante testemunho, o do padre Suriray, pároco de Aulnay. Este nota uma dissociação entre a inteligência de Pierre Rivière e o que ele chama de extravagância na imaginação:

> (...) o acusado sempre me pareceu um caráter muito doce, ele passava por idiota na sua aldeia, e mesmo em toda a paróquia, mas, tendo falado algumas vezes com ele, eu não acreditava que ele o fosse. Sempre reconheci nele aptidão para as ciências e uma memória prodigiosa, mas ele me parecia ter uma extravagância na imaginação.[46]

Não pode haver melhor descrição do caráter não deficitário da psicose. Trata-se, aqui, sem dúvida, da independência entre a estrutura psicótica e a inteligência do sujeito. Nota-se, aqui, o in-

---

45 Foucault, 1973, p. 46.
46 Foucault, 1973, p. 45.

Cap. VI – Pierre Rivière, *serial killer*

teresse pela escrita e pela leitura, referidas pelo carpinteiro e que, de repente, vai mudar de caráter.

Nesse ponto é que as infelicidades do pai vão ser assumidas por Pierre, vão tornar-se suas.

O doutor Vastel, médico do estabelecimento do Bon Sauveur, de Caen, defende a tese da loucura de Pierre. Ele recebia os alienados do departamento. Robert Castel[47] refere que ele "fora requisitado pela defesa",[48] e defende a tese da loucura de Pierre. Diz que ele sofre de forma muito intensa e séria com as infelicidades do pai, e que é a partir de então que ele vai ser assaltado por ideias sombrias que não mais o abandonam.

Com a idade de 10, 12 anos, Pierre entra na adolescência, período de mutações que o farão tornar-se adulto, período catastrófico, diz Cottet (1987), e que fragilizam o sujeito.

O pai de Pierre vai encontrar-se, também, nesse momento, fragilizado com a morte do irmão. O pai de Pierre era acompanhado em toda parte por seu irmão mais jovem, quando trabalhava no campo. Haviam comprado juntos terrenos e propriedades. Por outro lado, a relação do casal Rivière estava em crise, o casal não vivia junto. A mãe de Pierre morava com seus próprios pais, e aparecia na casa do pai para insultá-lo. Este não respondia. Quem protegia o pai era o tio de Pierre, que ameaçara sua cunhada, protegendo o irmão em tudo. Com sua morte, ele vai faltar ao pai e a Pierre. Este vai sentir-se chamado a esse lugar de sustentáculo e apoio do pai, com o desaparecimento do tio.

A hipótese de Biagi-Chai é que o desencadeamento se dá com esse apelo insustentável por Pierre. A carência do Nome--do-Pai manifesta-se então. Faltam a Pierre uma proteção e um apoio, e ele sente-se convocado a tornar-se ele próprio um apoio. Situação muito difícil de suportar por uma criança frágil, apoiada

---

47 Foucault, 1973, p. 266.
48 *Idem.*

286   O crime à luz da psicanálise lacaniana

por um pai que era assistido pelo irmão, numa família dividida entre pai e mãe.

Pierre fora viver com o pai, desde a idade de seis anos. Todos sabiam que sua mãe desde sempre atormentava o pai. Para Pierre, tratava-se de uma tortura, sem nenhuma modulação, o pai sendo a vítima, e a mãe, seu algoz. No entanto, o casal tivera cinco filhos, e nunca se separara, o que Pierre não levava em consideração. É o Dr. Vastel, no entanto, que considera que a irascibilidade da mãe poderia ser um sinal de alienação. Diz ele que sua mãe

> (...) era de um caráter tão irascível, de uma vontade tão opiniática e tão oscilante, de uma maldade tão contínua, de uma tal estranheza, que, malgrado tudo o que ela fazia seu marido sofrer, ele não podia lhe desejar mal porque ele reconhecera, faz tempo, que seu cérebro estava perturbado, e que ela não era senhora de seus atos.[49]

Falta, assim, a Rivière espírito crítico para discernir o estatuto particular de sua mãe e o laço com o pai. É o que aparece na primeira parte de seu memorial: em que ele resume "as penas e aflições" que seu pai sofreu por parte de sua mãe, de "1813 a 1835".

Biagi-Chai ressalta que essa narrativa mostra precisa e detalhadamente uma excelente memória, mas que "lhe falta a evocação, a reminiscência, a reaparição das lembranças e, portanto, a implicação do sujeito".[50]

Essa escrita, já do domínio do real, dá conta de um real traumático, podemos dizer, incapaz de qualquer dialética com que se defronta Rivière. Trata-se de uma narrativa feita como um catálogo, sem ponto de vista particular, onde o sujeito possa duvidar, interrogar e questionar o que lhe cabe na subjetivação de sua his-

---

49   Foucault, 1973, p. 155.
50   Biagi-Chai, 2007, p. 206-207.

Cap. VI – Pierre Rivière, *serial killer*

tória na família. Falta-lhe "o retorno sobre si próprio do olhar que ele lança sobre o outro". Assim, parece que ele pertence ao pai, ao Outro paterno, e que a individualidade, sua singularidade, é difícil para ele.

É verdade que Rivière, no memorial, procura justificar seu texto, dizendo estar escrito "em estilo muito grosseiro, já que sei apenas ler e escrever", tendo redigido tudo "da melhor maneira possível".[51]

A história do encontro dos pais, que levou ao casamento, é reduzida a uma notação muito rápida, onde se diz que o pai casou-se com Victoire Brion, depois Rivière, apenas para fugir ao serviço militar. Diz que seu pai a amava, apesar de tudo, e que esta o amava também, pois casara contra a opinião da família. Rivière descreve, de maneira precisa, o contrato de casamento, no civil, onde as propriedades de cada cônjuge são minuciosamente descritas. É o que ele diz sobre a família, tanto do lado paterno quanto do lado materno.

As disputas pela propriedade no mundo rural pobre podem ser muito violentas, e eles vão ser sérios motivos de conflito entre os Rivière. É um aspecto a que Michel Foucault dá particular importância no dossiê que escreveu, embora insista, também, inclusive no roteiro e no filme de René Allio, sobre o aspecto enigmático da mãe de Rivière.

Francesca Biagi-Chai observa, com justeza, que se pode perceber entre as linhas algo da loucura de Victoire Rivière. Ela se recusou, depois do casamento, a viver na casa do marido, vivendo com seus pais. Adoeceu quando do nascimento de Pierre, o que se repetiu no nascimento dos outros filhos. Tratava-se de uma doença física? De qualquer forma, seu humor mudava, e traços persecutórios apareciam, para com sua mãe e sua sogra. Victoire

---

51 Foucault, 1973, p. 51.

Rivière era possuída por enorme ciúme de seu marido, acusando-o de ser um "comedor e um lúbrico e de entreter putas".[52]

Victoire espalhava suas queixas por toda a aldeia, fazendo com que todos as conhecessem, dizendo que a deixavam morrer e que tudo lhe faltava. Vivia, na verdade, em um estado de suspeita e de perseguição generalizada. Ela ataca, também, o marido, e se queixa dele ao padre da aldeia e também ao juiz de paz. A vida da família é exposta aos olhos de todos.

Rivière escuta tudo isso e pergunta a seu pai: "Como não tenho força de me subtrair de tantas perseguições, e muitos escapam por motivos muito menores?" A situação se complica, quando Victoire começa a ter relações extraconjugais. E Pierre se diz: "Por minha fé, ele não está seguro, corre perigo de vida com todos esses tipos de quem ela corre atrás, por todos os lados".[53] Plana sobre o pai a ameaça de morte, assim como a morte sobre a família, depois que Jean, mais jovem que ele, vivia também com o pai e Pierre, adoece e morre.

Victoire passa a dizer a todos que o pai assassinou o filho. Pierre vai mudar de atitude, e, se, antes, ele ajudava o pai, "para além de toda demanda",[54] coloca-se diante da urgência de lhe salvar a vida.

A narrativa de Rivière, na segunda parte do memorial, ancora-se nessa necessidade. Ele começa por explicar sua natureza, pensamento e ações, e resume a história de sua vida até o momento de sua prisão.

Pierre relata como tudo começou, por volta dos sete, oito anos de idade, quando nasceu seu irmão. Ele diz que, então, "eu tive uma grande devoção".[55] Ele prossegue. Isolava-me para orar a

---

52 Biagi-Chai, 2007, p. 84.
53 Foucault, 1973, p. 155.
54 Biagi-Chai, 2007, p. 208.
55 Foucault, 1973, p. 93.

Cap. VI – Pierre Rivière, *serial killer*

Deus. Pensava em ser padre... Decorei sermões, e pregava diante de várias pessoas. Observa-se que a frase inicial no perfeito (*passé simple*) marca uma ruptura com o passado. Ela marca um corte frente à sua experiência e suas ideias. Será que o nascimento do irmão deslocou-o de seu lugar? Ele viverá esse tipo de paixão religiosa, defrontar-se-á com o real do sexo, que o levará a ter um medo, pânico do incesto, e fará gestos e sinais religiosos para afastar o diabo. Mas, depois de quatro anos, isso passa, e Pierre pensa que pode viver como as outras pessoas.

Quando Pierre está com 18 anos, seu tio morre. Essa morte, de repente, o deixa sem abrigo no Outro. É nesse momento, nesse ponto, que fenômenos bizarros, as particularidades de Pierre, aparecem. Não se trata mais de uma revelação que se manifestaria antes e depois fora embora. Para Pierre, trata-se de fatos positivos. Não emite a esse respeito hipótese alguma, nem se recorda, não se lembra como nelas se implica. Parecem tão naturais a ele quanto os elementos de sua imagem própria. Francesca Biagi-Chai aí vê "um indício da exterioridade do sujeito para com ele próprio, característica do estatuto do Outro na psicose".[56]

Pierre tem consciência dessa diferença. Seus companheiros se dão conta e o criticam; Pierre supõe existir uma marca primeira, uma idiotice inicial, a partir da qual haveria uma partilha, uma distinção entre seu mundo e o dos outros. Essa idiotice fundadora o teria desacreditado para sempre, isolando-o do laço social. Mal arrimado no Outro, é preciso inventar sua vida, a fim de tentar tornar-se um sujeito. É nesse ponto que a invenção de sua história vai tomar um tom megalomaníaco. Na sua infância, era a tentativa de ser profeta, filho de Deus. Agora, ele se encontra em um lugar único em sua família, ele vai ser o filho salvador, o que vai libertar seu pai. É o filho que falta ao mundo para libertar o pai.

---

56 Biagi-Chai, 2007, p. 208.

Trata-se de sustentar seu pai, não no plano metafórico, mas real. Pierre é como que um objeto metonímico do pai, parte que faz falta e de que ele precisa para sua existência.

Pierre vai procurar um ideal no Outro. Seria uma operação sublimatória, a da liberação pela honra e pelo dinheiro.

No plano imaginário, que lhe falta, Pierre procura um modelo, buscando nos outros uma maneira de interessar-se para inserir-se no laço social. Trata-se de uma forma de ter acesso à identificação através de um uso da vida cotidiana. Ele se desloca para observar o que dizem os patrões e domésticos, para, diz ele, instruir-se e poder seguir seu exemplo: "Há dois anos eu ia na festa de Santa Clara, em Saint Honorine, sozinho, para observar os discursos que os patrões e os empregados diziam juntos e, com isso, instruir-me, para dizer o mesmo quando a ocasião se apresentasse". Pierre procura de fato uma cópia. Trata-se de uma solução consistente? Não, Pierre se sente frágil diante das moças, assim como frente ao desejo é frágil também sua posição: "Eu não podia ter um ar sociável frente aos jovens de minha idade, era quando se encontravam garotas na companhia de quem me faltavam palavras para lhes dirigir".[57] Para Biagi-Chai, aqui se inverte a situação. Nesse lugar, ponto de ignorância, vão aparecer a perseguição e o ódio do outro. Pierre começa a desprezar os que o desprezam. Vai começar a dizer que poderia vingar-se de todas essas pessoas, poderia escrever contra elas, difamá-las. Pensa mesmo em provocar alguém para um duelo.

Ao aproximar-se de um significante mestre, "um significante enigmático, da relação amorosa, surge no real, com uma face ameaçadora".[58] Ele vai produzir o efeito de obrigá-lo a organizar-se em face dos outros. "Pierre vai, então, fechar-se numa relação

---

57   Foucault, 1973, p. 46.
58   Biagi-Chai, 2007, p. 209.

Cap. VI – Pierre Rivière, *serial killer*

exclusiva com o pai, sua sombra".[59] Há, assim, indicadores sinais de que Pierre, para seu gozo próprio, cria um mundo próprio, dá-lhe uma língua. Essa língua exclui a sexualidade, mas não a morte. É então que ele vai começar a inventar seus instrumentos; aparelhos, dispositivos, armas de guerra:

> (...) resolvi primeiramente fazer os instrumentos para matar os pássaros, como nunca se tinha visto. Dei-lhe o nome de *ca-libene*. Estava resolvido a fazer um instrumento para bater a manteiga, sozinho, e uma viatura que andasse sozinha, com molas que eu queria pegar na minha imaginação.[60]

A invenção psicótica pode-se tornar um *sinthoma*, invenções em que se arrima o sujeito ou não.

No caso de Rivière, vai-se dar um deslizamento do simbólico ao real, que, para Biagi-Chai, vai encerrar esta série. Trata-se de um deslizamento de fundo agressivo, em direção à crueldade: "Eu crucificava rãs e pássaros, eu imaginava um outro suplício para fazê--los morrer. Era de prendê-los com três pontas de um prego contra uma árvore. Eu chamava isto *enceepharer*".[61] Mais uma invenção acompanhada de uma criação significante, um neologismo.

A alíngua de Pierre, com as mudanças pulsionais da adolescência, vão ter uma versão muito singular. Se Pierre tem horror do incesto, sua concepção é muito própria, tem uma significação privada. O incesto encontra-se em toda parte. Não pode aproximar-se das mulheres da família, pois acha que se aproximou demais. Faz sinais herméticos, cabalísticos, para anular o que fez. A aproximação das mulheres da família está interditada de forma absoluta para Pierre. Vê nisso uma ameaça de derrelição. Seu

---

59 *Idem.*
60 Biagi-Chai, 2007, p. 210.
61 *Idem.*

pensamento tomado pelo delírio leva-o a elaborar uma interpretação singular da Bíblia. Acredita possuir a propriedade de emitir um fluido invisível que o relaciona com as mulheres. Mas isso se estende a todo o plano animal, a todas as fêmeas dos bichos que encontra. É um temor que manifesta a materialização de um laço libidinal que não é metaforizado. É como que a expressão do estado de terror em que o sujeito Pierre está mergulhado.

De toda a sua família, o único elemento com função pacificadora é o pai. Esse papel também pode ser ocupado pela avó paterna. Ela, situada ao lado do pai, está excluída da dimensão do incesto. Se Pierre é filho do pai, essa filiação exclui o laço simbólico da mãe com o pai. A mãe não está integrada ao laço, está excluída unilateralmente. Pierre aparece como um apêndice sem autonomia do pai. Podia-se dizer que pertence ao pai, antes de pertencer a si próprio. A abnegação é a forma que toma esse tipo de pertencimento. A opinião comum que capta os aspectos dos indivíduos frágeis chama Pierre, maltratando-o, de louco, imbecil, besta. Ela nota, em todo caso, o pertencimento do filho ao pai, privado de dimensão subjetiva própria.

O que leva Pierre a distanciar-se do pai e chegar à conclusão de que um ponto insuportável foi atingido? Seria o fato de que Pierre, inteligente, interpreta, reflete, ouve e chega a conclusões. Ele pudera ver, pouco antes da passagem ao ato, como ele diz, "o estado de abatimento em que se encontrava seu pai. Seu pai fizera ameaças de suicídio. Pierre as estaria levando a sério. Um ano antes da morte de Jean, o filho mais novo que Pierre, as acusações da mulher, as dívidas que ela fazia sem parar em seu nome, produziram uma situação bem menos suportável, aparentemente, bem mais dolorosa. O pai, não apenas um homem paciente, é, agora, um homem enfraquecido. O pai vai-se tornar menos paciente; sua placidez, sua calma, vai desaparecer. Para Pierre, a operação para salvar o pai aparece como autossalvação. Isso, de forma inconsciente, isso, por um saber inconsciente.

Cap. VI – Pierre Rivière, *serial killer*

As penas que o pai sofre tocam vivamente Pierre. Vão ocupar todos os seus pensamentos e vão constituir o núcleo essencial de sua vida: "todas as minhas ideias se voltaram para essas coisas, e aí se fixaram".[62]

Esse momento marca uma descontinuidade, um corte. Trata-se, agora, de uma oposição radical vida-morte. Pierre entra numa zona de certeza delirante; esta vai impulsioná-lo à passagem ao ato, imperiosamente. Produz-se uma clara separação, para Rivière, entre a lei que vale para Rivière e a lei que vale para todos, e que ele conhece – não matarás – e a que se impõe a ele – deves salvar teu pai. Trata-se de uma lei delirante, de um real sem lei universal e particular a Pierre. Ela não entra em contradição com a outra, mas a ultrapassa.

Pierre vai penetrar, agora, em um espaço crepuscular, uma dimensão subjetiva particular não desprovida de bússolas, de referências significantes, mas diversas das referências comuns. Emergem, por vezes, para o sujeito, mas, com o destino excepcional a que está votado, Pierre rapidamente as rejeita. Sua missão perde o brilho da sublimação. Porque a salvação do pai significa pura e simplesmente a eliminação real da mãe e da irmã, que fazem mal ao pai. O ato está no horizonte, possível. "Vou-me imortalizar morrendo pelo meu pai". Há a inversão característica da morte-sacrifício que opera na guerra. Morrer pela pátria em vez de matar os inimigos.

É no registro do heroísmo que ele se inscreve, em outro tipo de laço social. Ele invoca uma multidão de exemplos, de Judith contra Holofernes, de Charlotte Corday contra Marat, de Jael contra Sirara. Morte de heróis pela glória leva seus pensamentos. Qual é o estatuto dessa glória? É o da paródia e da derrisão, diz Francesca Biagi-Chai. Há uma dissimetria, uma decalagem

---

62 Biagi-Chai, 2007, p. 211.

294   O crime à luz da psicanálise lacaniana

de planos. Sua morte não vai situá-lo entre os imortais. Mas, para ele, seu sacrifício está à altura da história da humanidade.

Rivière evoca a história e o grande herói recente, Napoleão, saído da revolução, cuja sombra plana sobre a França, e que vai prolongar-se ainda mais tarde, no II Império de Louis Bonaparte. "Eu me representava Bonaparte em 1815. Eu me dizia também: 'esse homem fez perecer milhares de pessoas para satisfazer a seus vãos caprichos; não é, portanto, justo que eu deixe viver uma mulher que perturba a tranquilidade e a felicidade de meu pai'". Pensava que "chegou a ocasião de me elevar, que meu nome produziria barulho no mundo, que, por minha morte, eu cobriria de glória, e que, no tempo futuro, minhas ideias seriam adotadas, e que fariam minha apologia".[63]

O tom megalomaníaco é bem claro e se articula ao dever a realizar. Trata-se de uma equivalência entre o sujeito e o ego que se tornou consistente. Não se trata apenas de busca de fama ou de celebridade, mas de heroísmo de um dever louco a realizar. A celebridade virá por acréscimo; o sujeito está decidido.

Pierre deve, então, matar a mãe e as irmãs, que, juntas, fazem o pai sofrer. Pierre deduz, na sua lógica particular, que o pai sofrerá por causa de seu sacrifício por ele. Mas a ideia de sacrifício deve ser deixada de lado, porque ele deverá, então, matar seu irmãozinho, muitíssimo amado pelo pai, para que seu pai o despreze. A própria dedicação ao pai impõe o abandono da ideia de sacrifício. O que desconhece, nesse caso, o delírio? Não apenas a dimensão do amor que liga a mãe e a irmã ao pai, mas, de forma especial, a dimensão que liga o próprio Pierre e o irmão ao pai.

Assim, Napoleão Bonaparte, é apenas um alter-ego caprichoso para ele. O delírio e sua lógica anulam Pierre e os outros como sujeitos, pelo desvio das significações. Pierre se coloca já

---

63   Foucault, 1973, p. 99.

Cap. VI – Pierre Rivière, *serial killer* 295

entre duas mortes, a morte física, entre a decisão e a passagem ao ato. Encontra-se na dimensão de um real singular, separado da ordem simbólica do Outro.

Pierre vai levar um mês, calculando ou premeditando seu ato. Mas qual a natureza dessa vontade? Biagi-Chai ressalta que não se trata de uma vontade lúcida. É uma vontade que está integrada a um sistema de referências, de significantes, que obscurecem o discernimento.

O problema se deve a uma impossibilidade de poder discernir as diferenças de planos em que operam os pensamentos e atos dos sujeitos. A consequência de não poder levar em conta essa diferença pode levar muitos sujeitos a muitos erros de apreciação. Essa problemática tem um alcance muito mais amplo do que a dos atos criminosos efetivos. Toca todo o plano da prevenção dos pequenos delitos. Um universo de considerações paralógicas não é incompatível com a manutenção de uma decisão, ou, mesmo, com certa lógica.

Assim, Pierre está pronto, para que algo lhe seja assinalado, que um sinal apareça, que algo o convide ou incite a passar ao ato, porque ele está em um estado de grande confusão. Esta perturba o encadeamento livre da ação.

Para realizar um ato heroico, Pierre deve usar as roupas de domingo dos dias de festa. A foice foi afiada; as roupas, ele as retirou do armário.

Começa, então, um cenário que vai espantar a família. Pierre veste suas melhores roupas, depois as retira, depois as coloca de novo. Ele se veste e retira as roupas por três vezes, em função das possibilidades de encontrar suas vítimas. É que elas não se encontram todas juntas; há, assim, dificuldade de passar ao ato. Pierre explica com bons motivos seus atos. Ele diz mentir. Biagi-Chai evoca Clerambault quanto à mendacidade, no seu texto sobre o homicídio altruísta nos melancólicos. Essas mentiras, o sujeito tem necessidade delas para se proteger do imperativo superior para o qual tudo se dirige, isto é salvar o pai. Estas manobras de Pierre foram percebidas na família e atrairiam particularmente a atenção da sua avó.

O sinal da passagem ao ato vai ocorrer no quadro de um grande mal-entendido de sua avó, que o interpela a respeito de seu pai. A interpretação da avó de Rivière é que ele pretende abandonar o pai, partir para viver livre, deixar a casa. Seria um desejo secreto de Pierre. A avó pergunta aonde ele quer ir, se ele lamenta não ganhar muito junto a seu pai, se ele não vê em que estado se encontra seu pai. Por que, em fins de contas, ele faz isso? A avó encontra-se, nesse momento, bastante inquieta. Ela observa que, pela primeira vez, Pierre não acompanhou o pai ao trabalho no campo. E, como o pai está doente, ele o deixa partir. Ela pergunta se não seria melhor que ele fosse em seu lugar. Ela acrescenta que os outros logo vão dizer que os filhos não querem ficar com o pai, e que a mãe vai ter mais razão para acrescentar as recriminações que faz. Há uma situação familiar muito grave, e o papel de Pierre nela é primordial.

As considerações da avó falam à instância do superego, e passam a insistir sem parar. Pierre, por fim, diz: "Eu vou falar com ele esta noite! Eu vou-me explicar, quanto a isso, diante dele esta noite". Mas não se trata, efetivamente, de explicações. Faltam a Pierre as palavras; em seu lugar viram os atos precipitados pelas palavras da avó.

Qual o efeito da passagem ao ato? Ele vai abrir uma brecha na realidade delirante com a sua realização. Surge, de novo, entrevista, a lei da comunidade humana. Mas não é um retorno integral da razão, apesar dos choros e lamentos. Pierre diz que, andando, os lamentos se dissipavam. É assaltado por ideias quanto ao pai. Vão pensar que ele é cúmplice. Como avesso de seu delírio, vem a ideia de matar a si próprio. Mas, quanto a isso, não há um sinal desencadeador. Pierre vai errar durante um mês nas florestas. Sua alimentação vão ser raízes e plantas.

Cap. VI – Pierre Rivière, *serial killer*

Depois de alguns meses, preso, Pierre é condenado à pena de morte pelo matricídio. O pai, o confessor e o advogado pedem, com muita dificuldade, que ele assine um pedido de graças. A suspensão da pena de morte vai-lhe ser concedida em 10 de fevereiro de 1836; o rei Luís Felipe comutara sua pena de morte em prisão perpétua. O Ministro da Justiça, dirigindo-se ao soberano, argumentara quanto à loucura de Rivière, e este motivo foi aceito.

Em 20 de setembro de 1940, quatro anos depois, por volta de uma e meia da manhã, Pierre é encontrado enforcado em sua célula. Estava, antes, em um estado de melancolia e catatonia.

Rivière acreditava-se morto, e não queria ter com seu corpo qualquer motivo de cuidado; acrescentava que desejava que lhe cortassem a cabeça, o que não lhe causaria nenhum mal, já que estava morto, e, se não acedessem a esse desejo, ele ameaçava matar todo mundo. Essa ameaça fez com que Pierre fosse isolado de todos, e, então, ele se aproveitou desse momento para se matar. O jornal da província narra essa estória, de que ele já se encontrava morto. Essa morte subjetiva, ele levou quatro anos para passar de novo ao ato, com esse segundo momento.

Conclusão

Do assassinato do pai e do incesto, dois crimes que horrorizaram desde sempre a comunidade humana, Freud construiu o paradigma da estrutura subjetiva, ao considerar o complexo de Édipo como fundamento do sujeito. O mito de "Totem e Tabu" nos mostra que o crime é também a origem da lei, e que vai produzir a interdição. Matar o pai e possuir as suas mulheres são duas interdições combinadas que formula o mito. No que tange a Édipo, seus dois crimes "suportam o pacto de renúncia que institui a lei".[1] Mas, para aqueles que se inscrevem na estrutura psicótica, a ordem simbólica é visada, ainda que de maneira cega.

Sabemos, no entanto, que nem todos os sujeitos são criminosos, nem todos realizam passagens ao ato. A responsabilidade moral dos sujeitos, porém, pode ser vista também nos sonhos, no plano do inconsciente. Nessa esfera, a maioria, e mesmo sua totalidade, mostra, como nos lembrou Miller,[2] sua face de "transgressão".[3] Nossos sonhos atacam o direito e a lei. Neles, trata-se de "crueldade, perversão, incesto".[4] Portanto, temos uma parte de nosso ser que é "imoral". No inconsciente recalcado, isso vai aparecer como sentimento de culpabilidade.

Quanto aos criminosos, eles apresentam para o Outro social, para a justiça, a particularidade de seus casos. Cada caso

---

1 Brousse, 1989, p. 23.
2 Miller, 2008, p. 79.
3 *Idem.*
4 *Idem.*

apresenta o sujeito criminoso como um enigma que desafia juízes, advogados, psiquiatras. No entanto, mesmo os juízes, advogados, psiquiatras e psicólogos, ao tentarem explicar os atos criminosos, examinando a história do sujeito criminoso, transformam a explicação em "circunstâncias atenuantes". É o risco que correm todos os que tendem a desejar "compreender" o criminoso. Assim, supõe-se que a situação familiar, de classe, sua situação social, retiram do sujeito a responsabilidade de seu ato, antes mesmo de seu processo e de seu julgamento. Isso porque não se trata de um ato voluntário, livre. O criminoso vai, assim, ser declarado irresponsável, porque louco, após um exame pelo psiquiatra, ou porque sua infância foi marcada pela infelicidade. É um processo de identificação que é posto em movimento: os objetivos do criminoso podem ser compreendidos por todo mundo e por cada um, na medida em que, nas mesmas condições, todos poderiam ter agido como ele. A relação com o Outro é identificada ao coletivo. Com esse mecanismo de coletivização da identidade, através de um processo especular, imaginário, de identificação, interdita-se a possibilidade de tocar a singularidade do sujeito criminoso.

Sem dúvida, a psicanálise reconhece o efeito criminogênico do laço social – quer nos conflitos e separações da família, de uma da autoridade paterna falha ou conflituosa, ou, ainda, louca. Isso não retira do criminoso seu caráter de sujeito.

A psicanálise leva em conta a dimensão social do crime, não desumaniza o criminoso. Mas não se alinha com esse humanismo que coletiviza e arranca a singularidade do sujeito.

Mas esse realismo no acesso ao criminoso só é possível porque, como diz Lacan, ela "irrealiza o crime".[5] Essa "irrealização", lembra Serge Cottet,[6] pode "parecer paradoxal". O conceito de "irrealidade", colhido nos autores existencialistas, como Sartre e Merleau-Ponty,

---

5   Lacan, 1966.
6   Serge Cottet, 2008, p. 22.

Conclusão

refere-se às "condutas imaginárias".[7] Lacan lembra, com efeito, aqui, a dimensão inconsciente: "Não se pode fazer o sujeito confessar o que ele não sabe".[8] Assim, o crime pode ser, para o analista, "uma confissão de certos efeitos do Édipo sobre o sujeito falante".[9] Que o crime possa mostrar, do ponto de vista psicanalítico, seus aspectos significantes, e ir além de seu "aspecto utilitarista ou intelectual".[10]

O alívio produzido pelo crime na divisão subjetiva, como "interpelação da lei",[11] ou apelo ao Outro, ao contrário do que afirmou Brousse, "ele diz respeito apenas ao registro simbólico".[12] Manter o crime apenas no registro do simbólico diz respeito a uma concepção do ensino de Lacan, que se restringe ao que se considera a fase clássica do seu ensino, centrado no significante; Lacan vai, no entanto, levar-nos para além do Édipo, não apenas para além do imaginário, mas também nos levará a conhecer uma nova dimensão do real.

É o que, seguindo as premissas de Jacques-Alain Miller, nos propusemos a mostrar a articulação do crime com os três registros da estrutura. Há, com efeito, os crimes dos quais se pode dar conta com o estágio do espelho, como o duplo crime das irmãs Papin. Há, por outro lado, os crimes do simbólico, que visam ao significante mestre, como o caso do atentado contra D. José I, o crime de lesa-majestade dos Távora, no século XVIII, ou o assassinato de Kennedy, e de Anouar El-Sadat, no século XX. Há os crimes que se situam entre um registro e outro, como o caso Aimée.

E, por fim, os crimes do Real, como o caso Landru. Trata-se, nesse caso, de seguir o que, no "ultimíssimo ensino de Lacan", é a dimensão do Real. Ele aparece ligado ao nó borromeano. Este é demarcado pelo simbólico e pelo imaginário, mas fora deles. Ele apa-

---

7   Lacan, 1966, p. 132.
8   *Idem.*
9   Brousse, 1989, p. 37.
10   *Idem.*
11   *Idem.*
12   *Idem.*

302   O crime à luz da psicanálise lacaniana

rece, para Lacan, como fora de sentido, como um real sem lei. Essa ausência de legalidade se traduz pela singularidade do real com que se depara o sujeito. A análise do delírio, nesses crimes, assim como na passagem ao ato, mostrou com clareza a pertinência dessa tripartição, para a interpretação dos casos, e mesmo para contribuir para estabelecer o que poderá vir a ser uma criminologia lacaniana.

Na nossa investigação, pudemos estudar para além da predominância de um registro, estudar a presença dos três registros em cada caso, inclusive na passagem ao ato, em cada caso. Evidentemente, esta elucidação dependeu da existência de elementos, fala ou escrita desses sujeitos que não foram analisados por mim.

Na tese de Lacan sobre a paranoia de autopunição,[13] é no superego que se reflete a "anomalia de estrutura".[14] Para Lacan, o desequilíbrio dessa instância psíquica liga-se "às condições sociais do edipismo".[15] Definido como a " raiz truncada da consciência moral",[16] o superego surge como não regulado pelo núcleo edipiano. Atualmente, os que seguimos a orientação lacaniana pensamos que é uma falha no simbólico que liga o superego ao social.

Comentando o texto de Lacan sobre a criminologia, Serge Cottet (2009) ressalta que, para Lacan, na sua tese, o superego vale para o psicótico e para o perverso. Lacan escreveu essas reflexões sobre o crime, ainda no período sociológico de seu ensino, anterior ao estruturalismo. Como nos "complexos familiares",[17] é o quadro social que constitui o pano de fundo da análise, em uma era já marcada pelo declínio da função paterna, e a crise do grupo familiar. É nesse quadro que Lacan situa o "direito em tensão com o superego individual".[18] Lacan nele recusa a ideia de um incons-

---

13   Lacan, 1932/1975a.
14   Lacan, 1966, p. 134.
15   *Idem*, p. 136.
16   Lacan, 2000, p. 122.
17   Lacan, 1938/1984.
18   Cottet, 2009, p. 19.

Conclusão 303

ciente criminoso presente em Alexander ou Staub. Para Lacan, como lembra Cottet, é a identificação da criança com o adulto criminoso que explica o "superego viciado em relação à norma paterna".[19] No aporte essencial da psicanálise vai residir basicamente a refutação dos "instintos criminosos"[20] e será a partir de Friedlander que ele vai encontrar o "caráter dos psicopatas".[21]

Na sua tese, Lacan liga o crime ao delírio. O que não fará na sua reflexão sobre o crime, escrita com Cenac.

Os psicanalistas que interrogaram os casos de Lacan, e contribuíram para atualizar sua leitura, recorreram às inovações conceituais de Lacan no curso de seu ensino. Alguns conceitos, portanto, exigiram uma prévia fundamentação teórica para elucidar essas mudanças. Sabemos que o esforço de elucidação teórica desses conceitos, e mesmo sua leitura histórica e clínica, deve-se ao trabalho de Jacques-Alain Miller, no seu curso da orientação lacaniana. O conceito de forclusão do Nome-do-Pai, que estudamos nas múltiplas inovações que o acompanham, isto é, com os conceitos de suplência, pluralização do Nome-do-Pai, vai poder definir as mutações dos registros do Simbólico, do Imaginário e do Real e seu uso nos casos Aimée e Papin. Elas vão poder esclarecer, também, o caso Landru, o primeiro dos *serial killers*, e os casos Rivière e Ulrich. A análise destes últimos crimes é particularmente pertinente, na medida em que nos defrontamos com a presença crescente dos crimes de gozo e dos *serial killers*, assim como o crescimento dos assassinos de massa.

O desenvolvimento, por Lacan, da teoria da psicose vai afrontar uma pluralidade de conceitos alternativos a uma explicação do ato criminoso como uma defesa ou recalque. Furo na significação fálica, hiância narcísica ou gozo perseguidor e mal-

---

19   *Idem*.
20   Lacan, 1966, p. 146.
21   *Idem*.

doso têm uma pertinência heurística indiscutível. Eles aparecem nas explicações do caso Aimée ou no caso Landru.

Mais importante ainda será o conceito de extração do objeto a que poderá substituir a autopunição narcísica, que explicamos com os casos José e Eppendorfer, a partir de Miller e Maleval, e que se aplica também aos casos Aimée, Rivière e Ulrich.

Entre as urgências de hoje, há ainda os crimes sexuais, que não têm escusa do superego. Eles atraem a hostilidade maciça do povo, que não aceita as imputações de irresponsabilidade. Por exemplo, os crimes determinados pelo gozo, crimes que a psicanálise pensaria no registro do real, apesar de parecerem fruto de cálculo, de inteligência, de perversidade, a opinião comum não os colocaria no campo da loucura, por serem, aparentemente, por demais conscientes. O clamor público exigiria para esses crimes uma sanção severa. Lacan (1950/1998) não pensava que se devia punir mais, porém, argumentava, nos anos cinquenta, que o castigo podia abrir para um delinquente o sentido de sua responsabilidade.

Mas é preciso situar a questão no contexto do século XXI, em que nos deparamos com as consequências do direito ao gozo e seus paradoxos. Assim, o problema das drogas, que aprisiona pobres, pequenos traficantes em massa, leva à constatação de que criminalizar em massa, reprimindo, é uma política que falhou. Por outro lado, a liberalização total, como observa Eric Laurent, "produziria um tão grande 'empuxo à morte' quanto à interdição".[22] Observam-se aqui as duas faces do superego, isto é, "gozar sem entraves" ou a "tolerância zero", "que mostram as duas faces de um mesmo apelo à morte".[23] Assim, o problema crescente das drogas dá uma nova gravidade aos problemas da política da justiça frente ao crime e à delinquência, inclusive dos menores.

---

22 Laurent, 2012a, p. 4.
23 *Idem.*

Conclusão

Vejamos sinteticamente o que podemos recolher da leitura dos casos, referente aos três registros.

Em primeiro lugar, no caso Aimée. Quanto ao simbólico, há o significante "mulher de letras" de seu delírio, que organiza sua relação com os homens, com os amantes, com o marido, com os perseguidores. É também seu ideal do ego que visa às atrizes e aos poetas. A partir dele, as atrizes e os poetas funcionam como ideal do ego. Isso seria o simbólico do qual se depreende a metáfora delirante, na falta da significação fálica. O eixo imaginário aparece nos duplos do delírio de Aimée. E a escrita, na sua dimensão real, tem um papel estabilizador até o momento da passagem ao ato, depois da recusa da edição de seus romances. Podemos ver, na passagem ao ato, os três registros: o real do atentado, o imaginário do lado do gozo mortífero do narcisismo, já que se trata de uma autoagressão, e o simbólico da diferença que Aimée tenta instaurar pelo golpe desferido. A passagem ao ato propriamente dita de Aimée situa-se entre simbólico e real. São as dimensões que aparecem marcadas na singularidade de sua história.

No caso das irmãs Papin, há a predominância do registro imaginário, que se mostra na série de substituições que se operam.

1 – Em primeiro lugar, o crime faz desaparecer um par para salvar outro. Os dois pares estão em relação especular, em relação de agressão mútua.

2 – Em segundo lugar, há a paixão recíproca das irmãs, que pode ser notada aa´. Catherine Lazarus Matet escreve a relação sem qualquer traço de separação, onde a agressão é impossível.

3 – Em terceiro lugar, sua admiração por suas patroas elegantes. Léonie Lancelin estava em posição de ideal perante as duas irmãs, permite a Christine e Léa sustentar-se em i(a).

4 – Há, por fim, a substituição de um corpo por outro, espelho que reflete a si próprio, o corpo "do marido da irmã". Trata-se de uma leitura no plano do delírio, de encontrar um lugar simbólico, que não é acompanhado de qualquer fenômeno corporal.

306   O crime à luz da psicanálise lacaniana

Nesse crime, a dimensão do ato é muito mais importante do que a estrutura do delírio, mas é o quadro imaginário que permite explicar o crime. Ou, como diz Christine: "Meu crime é por demais grande para que eu possa dizer o que ele é".[24]

É a lição a extrair do caso das irmãs Papin e do caso Eppendorfer. Quando o sujeito se encontra diante de uma angústia extrema, o sujeito tenta fazer face a ela pelo ato de forma desesperada.

O paradoxo do crime paranoico é que, neste, quando o sujeito mata, está, quase sempre, certo de que está defendendo-se de um ataque.

Christine e Léa Papin afirmaram estar-se defendendo contra todas as evidências, como examinamos no seu duplo crime. É o mesmo que ocorre no caso Eppendorffer.

O caso Landru foi objeto de interpretação lacaniana a partir de dois pontos de vista teóricos, por duas psicanalistas francesas. Marie-Laure Susini tenta situá-lo no quadro de uma perversão, em que atua o fantasma. Ela situa Landru numa série em que estariam Gille de Rais, Sade, Jack, o estripador, e o Vampiro de Dusseldorf. O traço que merece ser ressaltado é o do espetáculo público em que eles se inscrevem, além de provocar a indignação. Ela procurou elaborar uma categoria clínica nova, para dar conta do fenômeno, a do "autor do crime perverso", que não nos parece dar conta da estrutura singular desse sujeito.

Pertinente nos parece a leitura de Landru feita por Francesca Biagi-Chai, que situa a psicose de Landru e a inscreve no registro do real. Não se trata do real natural, mas do real da psicanálise, um real sem lei. Este real quebra a linearidade do discurso do sujeito, assim como o fio condutor da sua existência. Assim, o motivo dos crimes seria a ideia de "tudo fazer pela família". Esta ideia, no seu caso, não tem qualquer conexão com qualquer lei simbólica. Sua

---

24   Dupré, 1984, p. 5.

Conclusão 307

posição de patriarca é um dogma, um axioma, um postulado de natureza totalmente delirante, para Francesca Biagi-Chai.

Landru praticou a grande maioria de seus crimes, o assassinato de 11 mulheres e um rapaz, durante a Primeira Guerra Mundial. A dimensão do gozo está presente para além da "utilidade" aparente dos crimes, pelo imenso esforço, que produz resultados pífios. A ligação com o Outro social e com a época aparece na identificação de Landru com o significante mestre, com o S_1, "guerra", com seus massacres coletivos, levou-o a matar. São os aspectos delirantes da sua época, com as quais ele se identifica.

Francesca Biagi-Chai situa o triplo assassinato de Pierre Rivière também no campo do real. Rivière reconhece ter matado sua mãe, sua irmã e seu irmão, por ordem divina, com o objetivo de salvar o pai. Ele acompanha seu ato, por um memorial, um escrito, também da ordem do real.

Elisabeth Roudinesco discute, também, o caso, que situa na paranoia, sem atenção específica ou precisa para os registros. Ela analisa o relatório feito pela equipe do Colégio de França, comandada por Michel Foucault, que publicou o caso, para suscitar o debate com os psiquiatras e a psiquiatria.

Essa análise entrara no registro das necessidades contemporâneas atuais de "uma análise dos diferentes aparelhos do poder e repressão de uma sociedade".[25] Justiça penal, poder executivo e saber médico têm, cada vez mais, uma articulação complexa, na medida em que o capitalismo se faz presente. Este marcha para uma concentração cada vez maior de seus poderes, a que se liga "uma técnica sempre mais eficaz".[26] Ocorre, assim, um processo de medicalização e psiquiatrização dos problemas políticos. Para Roudinesco, trata-se do movimento pelo qual "a ideologia domi-

---

25 Roudinesco, 1973.
26 *Idem.*

nante tenta justificar a falta de uma real política social".[27] Trata-se de um sintoma social que tem como corolário a manutenção da delinquência e da infância desadaptada, condenando-as a "um regime de exclusão" que compreende toda uma camada da juventude suscetível de ir para a escola.

Tudo isto para dizer que o saber psiquiátrico é, "muitas vezes, cúmplice da justiça penal".[28] Assim, seus aparelhos funcionam pela repressão. Tendem a transformar "os asilos em prisões, e as prisões, em asilos; o criminoso, em louco, e louco, em criminoso potencial, e o delinquente, em futuro interno".[29] Evidentemente, a psiquiatria tem uma relação com o Mestre, com a ordem social, como todos os discursos. Ela, no entanto, permitiu a constituição de um saber novo sobre o sujeito humano, e a clínica psicanalítica, que representou uma revolução, ancorou-se nas categorias do discurso psiquiátrico. Se a dimensão da análise, com o dispositivo da transferência, vai além da clínica, das categorias clínicas, a elaboração teórica tem um papel de esclarecimento, como no caso dos registros da estrutura, que ilumina também o saber psiquiátrico e o direito.

As mutações do saber psiquiátrico, teóricas e institucionais, levaram a apagar uma parte da herança teórica da psiquiatria e da psicanálise. Em alguns casos, elas tenderiam a fazer da psicanálise um apoio pragmático, cujos efeitos são conhecidos no *american way of life*".[30] Estes efeitos são patentes na excessiva intervenção do direito, que, muitas vezes, impede a ação do clínico, impedindo até o diagnóstico de *serial killers*. No caso da psicanálise, não se trata de um tipo clínico mas da singularidade de um ato de um sujeito.

Frente a formas do saber psicológico e psiquiátrico, que evacuam a responsabilidade do sujeito, através de uma determinação

---

27 *Idem.*
28 *Idem.*
29 *Idem.*
30 Roudinesco, 1973, p. 70.

Conclusão

biológica de seu ser, a psicanálise o enraíza na linguagem, na dimensão do gozo e do desejo. Se o desejo humano não tem função biológica, sem coordenadas fixas ligadas a objetos naturais, nem por isto ele é desprovido de objeto. Como nos diz Jacques-Alain Miller,[31] seu objeto é fantasmático. Os múltiplos artifícios que o desejo humano suscita servem, então, de bússola para o sujeito. Estas bússolas são constituídas por montagens significantes, discursos. São estes que nos dizem o que devemos fazer: os modos de gozar, de pensar, de falar, como casar ou reproduzir. Estas montagens são propostas aos sujeitos. Algumas têm suportes institucionais nas Igrejas, na escola, e, principalmente, na família.

Assim, para Lacan, o direito é primeiro, e o crime lhe é relativo, "antes de ser um feito do criminoso".[32] Sendo um fato social, ele se expressa em representações coletivas, em montagens significantes. São estas que definem o campo da responsabilidade.

Estas bússolas, como nos diz Miller, na sua diversidade, indicavam sempre o mesmo norte: o Pai. Assim, o patriarcado era considerado um invariante antropológico.

Já há algum tempo, o declínio do pai se acelerou. Lacan já se referia a este declínio no seu texto sobre "os complexos familiares".[33] O advento dos regimes democráticos, com a igualdade de condições, e com as mutações tecnológicas que acompanharam o capitalismo, mostra que a era do Pai está em vias de se extinguir. Uma era de transformações rápidas, em que a ordem simbólica antiga foi profundamente modificada.

Freud situa-se ainda sob a égide do Pai. Lacan, que seguiu a via aberta por ele, alterou profundamente a concepção freudiana. Ele vai postular que o pai é um sintoma. E Lacan vai mostrar que o Édipo não é a única solução do desejo, é apenas sua forma "nor-

---

31 Jacques-Alain Miller, 2013, quarto de capa do seminário VI.
32 Cottet, 2009, p. 18.
33 Lacan, 1937.

malizada". Esta normalização é sempre problemática. O destino do desejo não é esgotado por ela. Este é perversamente orientado.

Finalmente, frente à questão do crime, podemos tentar responder ao que poderia ser um direito que se inspirasse na psicanálise ou, como diz Miller,[34] que não desconhecesse a psicanálise. Diante do tribunal, no Brasil ou na França, quando testemunha, o sujeito jura dizer toda a verdade e somente a verdade.

Jacques-Alain Miller nos lembra que um direito que levasse em conta a psicanálise levaria em conta "a distinção entre o verdadeiro e o real",[35] porque "o verdadeiro nunca chega a recobrir o real".[36] A verdade é uma questão de perspectiva e, como disse Lacan, não se pode dizê-la toda. Ou, como diz Miller, "a verdade não é o avesso exato da mentira".[37] Ou, ainda, o maior estatuto da verdade é "a verdade mentirosa".[38] O discurso do direito, como o da psicanálise, é uma rede de semblantes. Ele é uma construção social, relativa em seu estatuto.

Dessa forma, um ato subjetivo não pode ter sua causalidade objetiva, não pode ser inteiramente reconstruído. Porque um sujeito constitui uma descontinuidade objetiva. E é isto que o direito deveria levar em conta. Há, então, algo de insondável na decisão do delinquente e do criminoso. Também, a decisão judicial é habitada pela mesma opacidade. Ela não constitui nunca uma mera aplicação do código penal. Pode ser uma criação, uma invenção.

---

34 Miller, 2009, p. 13.
35 *Idem.*
36 *Idem.*
37 *Idem.*
38 *Idem.*

Bibliografia

AICHHORN, A. **Jeunesses à l'abandon**. Toulouse: Privat, 1973.

ALLOUCH, J. **Margueritte ou l'Aimée de Lacan**. Paris: Epel, 1990.

AMERICAN PSYCHIATRIC ASSOCIATION. DSM IV, Paris: Masson, 1996.

ATTIÉ, J. Pierre sem Nome-do-Pai. In: **O desejo é o diabo**. Rio de Janeiro: Contracapa, 1999.

BELIN, J. **Comissaire Belin, trente années de Sureté Nationale**. Paris: Bibliothèque France Soir, 1950.

BENOIT, P. **Romans, Koenigsmark, l'atlantide, pour dom Carlos, le puits de Jacob, le roi lépreux, le désert de Gobi**. Paris: Albin Michel, 1994.

BENTHAM, J. **Theory of fictions**. New York: Arno Press, 1976.

BÉRAULT, H.; Bourcier, E.; SALMON, H. **L'affaire Landru**. Paris: Albin Michel, 1924.

BIAGI-CHAI, F. **Le cas Landru à la lumière de la psychanalyse**. Paris: Imago, 2007.

BONNEAU, C. Aimée, une femme de letters. In: **Les Cahiers Cliniques de Nice**, (4). Nice, p. 157-166, fev. 2005.

BROUSSE, M.-H. La question – Qu'il ne sache rien de son crime est la marque qu'il en est le sujet. In: **L'ane**, 1989.

CHAUVAUD, F. **De Pierre Rivière a Landru**. Paris: Brepols, 1991.

Chouraqui-Sepel, C. Christine Papin et son chapelet de femmes ideales. In: **Revue de la cause freudienne**, (30). Paris, mai 1995.

COHEN, S. **Landru, l'assassin bien aimé**. Paris: Presses de la cité, 1975.

COTTET, S. Criminologie lacanienne. In: **Mental – Revue Internationale de Santé Mentale et Psychanalyse Appliquée**, (21). Paris, p. 17-37, 2008.

DAMOURETTE; PICHON. **Journal de psychologie normale et pathologique**, 1928.

DARMON, P. **Landru**. Paris: Plon, 1994.

312   O crime à luz da psicanálise lacaniana

DUPRÉ, F. (pseudônimo de Allouch). **La solution du passage a l'acte** – Le double crime des soeurs Papin. Paris: Eres, 1984, 269 p.

DE MAISTRE. **Oeuvres**. Paris: Robert Lafont, 2007.

EPPENDORFER, H. **L'Homme de cuir**. Paris: Libres Hallier, 1980.

ESQUIROL. **Des maladies mentales**. Paris: Ballière, 1838.

FERNANDEZ, D. Le voyou voilé. In: **Revue de la cause freudienne**, (63). Paris, 2006.

FOUCAULT, M. **Vigiar e punir**. Rio de Janeiro: Vozes, 1977.

_____. **Ditos e escritos IV**: Estratégia, poder e saber. Rio de Janeiro: Forense Universitária, 2000.

_____. A Angústia de Julgar. In: **Ditos e Escritos VIII**: Segurança, penalidade, prisão. Rio de Janeiro: Forense Universitária, 2012.

FRIENDLANDER, K. **The Psychoanalitical Approach of Juvenile Delinquency**. Londres: Routledge and Kegan Paul, 1998.

FREUD, S. **Obras Completas**. Buenos Aires: Amorrortu, 1994.

_____. (1911). Notas psicanalíticas sobre um caso autobiográfico de paranoia. In: **Obras completas psicológicas de Sigmund Freud**. Rio de Janeiro: Imago, 1991. vol. XII.

_____. **Névrose, psychose, perversion**. Paris: Presses Universitaires de France, 1973.

_____. **Abregé de psychanalyse**. Paris: Presses Universitaires de France, 1938.

_____. (1925). Quelques additifs a l'ensemble de l'interpretation des rêves: resultats, idées, problèmes, 1925. In: **Oeuvres complètes**. Paris: Presses Universitaires de France, 1985. vol. II.

_____. Communication d'un cas de paranoia contraire à la théorie analytique. In: **Névrose, psychose, perversion**. Paris: Presses Universitaires de France, 2002.

GENET, J. **Les Bonnes**. Paris: Gallimard, 2001.

GUÉGUEM, P.-G. La société de surveillance et ses criminels. In: **Mental – Revue Internationale de Santé Mentale et Psychanalyse Appliquée**, (21). Paris, 2008.

GUIRAUD, P. Les meurtres imotivés, réaction liberatrice de la maladie, chez les hebepréniques. In: **Annales médico-psychologiques**, nov. 1928.

_____. Les meurtres immotivés. Évolution psychuatrique. In: **Annales médico-psychologiques**, mar. 1931.

HOUDYER, P. **Le diable dans la peau**. Paris: Julliard, 1966.
JAEGER, G. **Landru, bourreau des coeurs**. Montreal: Edipress, 2005.
JAKOBSON, R. **Langage enfantin et aphasie**. Paris: Ed de Minuit, 1969.
JOYCE, J. **Oeuvres, I e II** – Bibliotheque de la pléiade. Paris: Gallimard, 1982.
_____. **Finnegans Wake**. Londres: Faber & Faber, 1939.
LACAN, J. Conferência inédita de 10 de novembro de 1967, realizada no Hospital Saint-Anne.
_____. (1932). **De la psychose paranoiaque dans ses rapports avec la personnalité**. Paris: Le Seuil, 1975a.
_____. (1932). Le crime des soeurs Papin. In: **De la psychose paranoiaque dans ses rapports avec la personnalité**. Paris: Le Seuil, 1975b.
_____. Le crime des soeurs Papin. In: **Le Minautaure**, (3-4). Paris, 1933-1934.
_____. Compte rendu de la logique du fantasme. In: **Ornicar**, (9). Paris, 1984. p. 14.
_____. Introduction au commentaire de Jean Hyppolite sur la Verneinung de Freud. In: **Écrits**. Paris: Seuil, 1966.
_____. **Les complexes familiaux**. Paris: Navarin, 1984.
_____. (1950). Introduction théorique aux fonctions de la psychanalyse in criminologie. In: **Écrits**. Paris: Le Seuil, 1966.
_____. **Autres Écrits**. Paris: Le Seuil, 2001.
_____. Petit discours aux psychiatres. Conferência inédita pronunciada em Saint-Anne. Inédito, 1967.
_____. (1953). **Le mythe individuel du nevrosé**. Paris: Seuil, 2007.
_____. (1953-1954). **Le Séminaire, livre I:** les écrits techniques de Freud. Paris: Le Seuil, 1975.
_____. (1954-1955). **Le Séminaire, livre II:** le moi dans la théorie de Freud et dans la thecnique de la Psychanalyse. Paris: Le Seuil .
_____. (1955-1956). **Le Séminaire, livre III:** les psychoses. Paris: Le Seuil, 1981.
_____. (1956-1957). **Le Séminaire, livre IV:** la relation d'objet. Paris: Seuil, 1994.
_____. (1957-1958). **Le Séminaire, livre V:** les formations de l'inconscient. Paris: Seuil, 1988.
_____. (1958). **Jeunesse de Gide**. In: **Écrits**. Paris: Le Seuil, 1966.

314   O crime à luz da psicanálise lacaniana

_____. (1958-1959). **Le Séminaire, livre VI:** le désir et son interpretation. Paris: Seuil, 2013.

_____. (1959-1960). **Le Séminaire, livre VII:** l'éthique de la psychanalyse. Paris: Seuil, 1986.

_____. (1960-1961). **Le Séminaire, livre VIII:** le transfert. Paris: Seuil, 1991.

_____. (1963). **Des noms du pére.** Paris: Seuil, 2005.

_____. (1964). **Le Séminaire, livre XI:** les quatre concepts fondamentaux de la psychanalyse. Paris: Seuil, 1975.

_____. (1965-1966). **Le Séminaire, livre XIII:** l'objet de la psychanalyse. Inédito.

_____. (1966-1967). **Le Séminaire, livre XIV:** la logique du fantasme. Inédito.

_____. (1967-1968). **Mon enseignement.** Paris: Seuil, 2005.

_____. (1967-1968). **Le Séminaire, livre XV:** l'acte psychanalytique. Inédito.

_____. (1971-1972). **Je parle aux murs.** Paris: Seuil, 2011 .

_____. (1972-1973). **Le Séminaire, livre XX:** encore. Paris: Seuil, 1975.

_____. (1974). L'etourdit. In: **Scilicet IV**. Paris: Seuil.

_____. (1974). **Le triomphe de la religion.** Discours aux catholiques. Paris: Seuil, 2005.

_____. (1975). Le Séminaire, livre XXIV: RSI. In: **Ornicar** .

_____. (1975). Conferences dans les Universités nord-américaines. In: **Scilicet**, (6). Paris: Seuil.

_____. (1975-1976). **Le Séminaire, livre XXIII:** le sinthome. Paris: Seuil, 2005.

LAURENT, D. Retour sur la thése de Lacan: l'avenir d'Aimée. In: **Ornicar**, (50). Paris, 2002.

LAURENT, É. **Concepciones de la cura en psicoanálisis.** Buenos Aires: Ediciones Manantial, 1984.

_____. **Estabilizaciones en las psicoses.** Buenos Aires: Ediciones Manantial, 1989.

_____. Une lecture sur la note sur l'enfant. In: **Bulletin sur le groupe petite enfance**, (18), out. 2002.

_____. **POSITIONS** – Le traitement des choix forcés de la pulsion. Entrevista concedida a Fernanda Otoni em **Lacan Quotidien**, (204), abr. 2012a. Disponível em http://www.lacanquotidien.fr/blog/wp-content/uploads/2012/05/LQ-2041.pdf. Acesso em: 25 maio 2012.

Bibliografia

_____. El efecto crisis produce una incertidumbre masiva. Entrevista concedida a Pablo E. Chacón no jornal Clarín, Buenos Aires, em 10 de maio de 2012b. Disponível em: <http://www.revistaenie.clarin.com/ideas/Eric-Laurent-psicoanalisis_0_697730446.html>. Acesso em: 20 maio 2012.

LAZARUS-MATET, C. Les servantes mystère. In: **Ornicar,** (51). Paris, 2004.

LÉVI-STRAUSS, C. (1950). Introduction à l'œuvre de Marcel Mauss. In: Mauss, M. **Sociologie et anthropologie.** Paris: PUF, 1997.

_____. Les structures elementaires de la parenté. Paris: La Haye, 1967.

LESSANA, M. M. **Entre mère et fille, un ravage.** Paris: Fayard, 2010.

LIENHARD, P. Lacan et les femmes paranoiaques. In: **Les cahiers cliniques de Nice,** (10), jun. 2011.

LIPOVETSKY, G. **Le crepuscule du devoir.** Paris: Gallimard, 1996.

_____. **L'écran global.** Paris: Seuil, 2012.

MALEVAL, J. C. Les constructions du cas Aimée, Specilege, Declenchement et non déclenchement dans les psychoses. In: **Section clinique de Rennes,** 1999-2000.

_____. **Logique du délire.** Rennes: Presses Universitaires de Rennes, 2011.

_____. **La forclusion du Nom-du-Pére. Le concept et sa clinique.** Paris: Seuil, 2000.

_____. Meurtre immotivé et foction du passage à l'acte pour le sujet pschychotique. In: **Quarto,** (71). Bruxelles: ACF, 2000.

Maninowski, B. **La sexualité et as repression dans les sociétés primitives.** Paris: Payot, 1967.

MILLER, J.; Cottet, S.; Miller, G. & Rambeau, J. **L'Ane** – Le criminel et son crime. Paris: Navarin, 1994.

MILLER, J.-A. (1988). Comentários de Jacques-Alain Miller ao caso Clínico José. In: **Psicanálise caso a caso.** Belo Horizonte: Scriptum, 2011.

_____. **Matemas I.** Rio de Janeiro: Jorge Zahar, 1998.

_____. **Orientation lacanienne III,** 6. Pièces detachés, 2005. Inédito.

_____. Jacques Lacan et la voix. In: **Quarto,** (54). Bruxelles: ACF, jun. 1998.

_____. Jacques Lacan: observações sobre seu conceito de passagem ao ato. In: **Opinião lacaniana online nova série,** 5(13), mar. 2014.

_____. (1986). Présentation du séminaire de Lacan, L'éthique de la psychanalyse a l'école de la cause freudienne. Inédito.

316 O crime à luz da psicanálise lacaniana

_____. Sociedade, violência y sinthoma. In: **Mediodicho,** (31). Córdoba: EOL, nov. 2006, pp. 11-23.

_____. Préface. In: BIAGI-CHAI, F. (Org.). **Le cas Landru à la lumière de la psychanalyse.** Paris: Imago, 2007.

_____. Rien n'est plus humain que le crime. **Mental** – Revue Internationale de Santé Mentale et Psychanalyse Appliquée, (21). Paris, p. 32-45, 2008.

_____. Clinica del super-yo. In: **Conferencias Porteñas.** Buenos Aires: Paidós, 2009. tomo I.

_____. Nada es más humano que el crimen. In: **Conferencias Porteñas.** Buenos Aires: Ed. Paidós, 2010a. tomo III.

_____. Prefácio a Aimée com Lacan. In: **Conferencias Porteñas.** Buenos Aires: Ed. Paidós, 2010b. tomo III.

MOTTA, M. B. O caso Ulrich. In: JIMENEZ, S.; MOTTA, M. B. **O desejo é o diabo:** as formações do inconsciente em Freud e Lacan. Rio de Janeiro: Contracapa, 1999.

_____. **Crítica da Razão Punitiva.** Rio de Janeiro: Forense Universitária, 2011.

NAVEAU, P. L'extraction de l'objet *a* et le passage à l'acte. In: **Revue de la cause freudienne,** (63). Paris, jun. 2006.

ORDENAÇÕES FILIPINAS, Livro V. Lisboa: Fundação Calouste Gulbenkian, 1985.

RENÓ LIMA, C. **Psicanálise caso a caso.** Belo Horizonte: Scriptum, 2011.

ROUDINESCO, E. **L'inconscient et ses lettres.** Paris: Mame, 1973.

SCHREBER, D. P. **Mémoires d'un névropathe.** Paris: Seuil, 1985.

SCHREIBER, F. Remarques cliniques sur le cas Aimée. In: **Ornicar,** (44). Paris, 1988, p. 39-43.

SUSINI, M. L. **O autor do crime perverso.** Rio de Janeiro: Companhia de Freud, 2006.

TENDLARZ, S. **Aimée com Lacan.** Buenos Aires: Lugar Editorial, 1999.

www.forenseuniversitaria.com.br
bilacpinto@grupogen.com.br

Pré-impressão, impressão e acabamento

grafica@editorasantuario.com.br
www.editorasantuario.com.br

Aparecida-SP